JAMMERST DU NOCH
ODER
LEBST DU SCHON?

Herausgegeben von
Marc Böckenförde & Eva Hinterberger

Die **Deutsche Nationalbibliothek** verzeichnet diese Publikation
in ihrer Sammlung. Detaillierte bibliographische Daten
sind im Internet unter *https://portal.dnb.de/* abrufbar.

Herausgeber: Marc Böckenförde & Eva Hinterberger
Anschrift: Eva Hinterberger c/o Emma Sonnenscheins-Impressumsservice
Auenstraße 37 | 85649 Brunnthal
E.Mail: jdnolds@web.de

Alle Rechte vorbehalten | Erstausgabe: 2024 | 1. Auflage

Das Copyright der einzelnen Beiträge liegt jeweils bei den Autoren:
Marco Ahnert, Marc Böckenförde, Eva Hinterberger, Patrizia Huber,
Heiko Janssen, Andrea Kausche, Andreas Kellermann, Judith Meyer,
Lisa Maria Schweidler, Volker Schweidler, Dr. Peter Siffl

Cover, Design & Illustration: WORKpm, Michael K. Pointner (workpm.de)

Fotobearbeitung: Emma Hinterberger

Layout und Satz: Type on Demand | Grimmenstein 25 | 88364 Wolfegg

Bestellung und Vertrieb: Nova MD GmbH | Raiffeisenstraße. 4 | 83377 Vachendorf
Druck: Custom Printing | Wał Miedzeszyński 217 | 04-987 Warszawa, Polen

ISBN: 978-3-98942-882-9
Instagram: jammerstdunochoderlebstduschon

JAMMERST DU NOCH
ODER
LEBST DU SCHON?

Herausgegeben von
Marc Böckenförde & Eva Hinterberger

INHALTSVERZEICHNIS

WICHTIGER HINWEIS

Die jeweiligen Kapitel stellen keine individuelle medizinische Beratung dar und geben subjektive Ansichten wieder. Das Autorenteam übernimmt keinerlei Haftung für nachteilige Auswirkungen, die aus der Umsetzung der Empfehlungen resultieren. Das Ausprobieren der Empfehlungen erfolgt auf eigene Gefahr und liegt in deiner Verantwortung.

Dieses Buch ist dazu da, zu informieren und zu unterhalten – es liefert keine medizinische Beratung. Du solltest im Zweifelsfall immer einen Arzt aufsuchen, wenn es um deine persönliche Gesundheit geht oder bevor du irgendeine Therapie startest.

Jedes Kapitel stellt eine individuelle, persönliche Meinung dar. Sämtliche Inhalte dieses Buches wurden nach bestem Wissen und Gewissen sorgfältig recherchiert und geprüft und die Quellen sind ordnungsgemäß angegeben.

Die Herausgeber übernehmen keine Haftung für mögliche Fehler oder Unstimmigkeiten. Trotz dieser Sorgfalt kann es zu unbeabsichtigten Fehlern oder Unstimmigkeiten kommen. Wenn du solche feststellst, bitten wir dich, uns diese mitzuteilen.
(Schreibt uns eine Direktnachricht auf Instagram an *@jammerstdunochoderlebstduschon* oder an *jdnolds@web.de*)

Zur besseren Lesbarkeit wird in diesem Buch das generische Maskulinum verwendet. Das heißt, die verwendeten Personenbezeichnungen beziehen sich – sofern nicht anders kenntlich gemacht – auf alle Geschlechter.

VORWORT

Liebe Leserinnen und Leser,

da gehen wir unbedarft auf ein Rhetorik-Seminar, freunden uns mit anderen Teilnehmern an, und schon ist ein Buchprojekt geboren. Zufall, Fügung, Schicksal? Was auch immer dafür verantwortlich gemacht werden kann, das Ergebnis haltet ihr in euren Händen.

Ein erfolgreiches Projekt ist wie ein gut eingespieltes Team: jeder bringt seine Stärken ein, um das gemeinsame Ziel zu erreichen. Mit großer Freude präsentieren wir euch unsere Anthologie, eine Sammlung ausgewählter Texte, thematisch zusammengetragen und nun in Buchform vereint.

Der Titel „Jammerst Du noch oder lebst Du schon?" war eine spontane Eingebung, doch je intensiver wir uns mit dem Inhalt auseinandergesetzt haben, desto mehr entwickelte er sich zu einem Spiegelbild unserer Kernbotschaft.

Wir sind ohne Vorwissen in dieses Projekt gestartet. Ein Buch zu schreiben und herauszugeben umfasst weit mehr als nur das Strukturieren von Texten — es beinhaltet eine Vielzahl an Schritten, die wir mit Leidenschaft und Hingabe durchlaufen haben. Zunächst galt es, das Autorenteam zusammenzustellen. Danach folgten die Konzeption des Inhalts, die sorgfältige Recherche, das Schreiben des eigenen Kapitels und Überarbeiten aller Texte sowie die enge Zusammenarbeit mit Korrektorat und Lektorat. Wir kümmerten uns auch um die Gestaltung von Cover und Layout, wählten das ideale Buchformat und das passende Druckverfahren aus. Die Entscheidung, unser Buch nicht über einen Verlag, sondern im Selfpublishing zu veröffentlichen, war für uns nach sorgfältigem Abwägen aller Optionen eine bewusste Wahl.

Heute wissen wir, wie und wo eine ISBN beantragt wird, welche Schritte erforderlich sind, um ein Buch im Verzeichnis Lieferbarer Bücher (VLB) einzutragen und haben zudem wertvolle Einblicke in die rechtlichen Aspekte der Bucherstellung gewonnen. Darüber hinaus haben wir ein tiefes Verständnis für die logistischen Prozesse gewonnen, die mit der Buchveröffentlichung einhergehen.

Den Vertrieb und das Marketing haben wir den Profis überlassen, damit keiner von uns im Keller ein Versandzentrum einrichten muss. Wir hatten das Glück, dass uns viele fachwissende Helfer auf diesem Weg begleitet haben. Diese literarische Logistik-Reise war durchaus herausfordernd — aber gemeinsam haben wir das Reiseziel erreicht. Ein Buch zu veröffentlichen ist ein Marathon, kein Sprint.

Es hat Spaß gemacht — was für eine wundervolle Expedition!

Die Herausgeber
Marc Böckenförde & Eva Hinterberger

EVA HINTERBERGER

Aufgewachsen im malerischen Ruhpolding, begann sie
ihre berufliche Laufbahn als Zahnarzthelferin, verbrachte
einige Jahre im Ausland, arbeitete als Flugbegleiterin
und wechselte dann ins Office-Management einer
Privatklinik. Seit 2008 ist sie selbstständig und unterstützt
Zahnarztpraxen mit ihrem Kommunikations-Know-How.
Zusätzlich hat sie eine Ausbildung zum Coach und Mediator
absolviert. Im Coaching geht es um Ziele, Ressourcen,
Resilienz und Transformation – genauso wie beim körperlichen Wohlbefinden. Ihr Tipp an Schmerzgeplagte:
„Humor ist der Mut der Verzweifelten."

Mit ihrer Familie und den Katern Monaco und Franze
lebt und arbeitet sie im Norden von München.

Dieses Kapitel ist ihrer Familie gewidmet:
Ihrem Mann, weil er sie in allem, was sie tut,
immer unterstützt und sie sich frei entfalten kann.
Ihrer Tochter, weil sie sie stets antreibt, motiviert
und ihre digitalen Kompetenzen täglich erweitert.
Ihrem Sohn, weil er der beste Beweis dafür ist,
dass in der Ruhe die Kraft und der Erfolg liegt.

MAN MUSS SEINEN SCHMERZ AUCH MAL LIEBHABEN

Herzlich willkommen zum ersten Kapitel ...
es geht gleich schmerzhaft los!

FÜR WEN IST DIESES KAPITEL GEEIGNET?

Du wirst unter Umständen einen Nutzen von diesem Kapitel haben, wenn du unter akuten oder chronischen Schmerzen leidest. Du wirst unter Umständen einen Nutzen von diesem Kapitel haben, wenn du es leid bist, dass deine Lebensqualität aufgrund deiner Beschwerden leidet. Du wirst unter Umständen einen Nutzen von diesem Kapitel haben, wenn du deinen Körper und deine Beschwerden verstehen möchtest. Du wirst unter Umständen einen Nutzen von diesem Kapitel haben, wenn dir Ärzte nicht (mehr) zuhören.

Wenn du dich in einem der Punkte wiederfindest, kann dieses Kapitel auf dem Wege der Genesung und Akzeptanz deiner Schmerzen sehr hilfreich sein. Der Schmerz ist die Tür zum Inneren.

Dieses Buchkapitel spiegelt meine persönliche Reise der körperlichen und geistigen Transformation im Umgang mit Schmerzen wider.

Ich bin Jahrgang 1966, glücklich verheiratet mit einem Apotheker und Mutter von zwei erwachsenen, fantastischen Kindern. Meinem stets aktiven und sehr sportlichen Lebensstil (Reiten, Joggen, Fitness-Studio, Bergsteigen) wurde mit Anfang 40 ein Riegel vorgeschoben. Da war ich nun und fühlte mich wie eine alte Schallplatte mit einem Sprung: Rücken- und Knieschmerzen machten mir das Leben schwer und setzten meiner sportlichen Aktivität ein abruptes **#rienneva-plus.**

Für jemanden mit einem extrem hohen Energielevel war das eine harte Zeit, aber ich ließ mich nicht entmutigen und lernte, auf meinen Körper zu hören. Heute, mit 58 Jahren, erlebe ich die absolute Hochleistungsphase meines Körpers. Ich bin begeisterte Indoor-Cycling-Instruktorin, Hyrox-Trainerin und habe dieses Jahr meine Ausbildung zur Yin-Yoga-Lehrerin erfolgreich abgeschlossen. Nach Jahren der Schmerzen und Einschränkungen wieder in Bestform zu sein, ist für mich eine unglaublich inspirierende und motivierende Erfahrung.

Aber zurück zu den weniger fitten Tagen. Soweit ich zurückdenken kann, erinnere ich mich an Schmerzen.

Das erste Mal so mit 6–7 Jahren. Höllische Schmerzen in den Schienbeinen, meistens in Ruhe und nachts. Meine Eltern waren hilflos, wussten sich keinen Rat. Ab und zu bekam ich einen Wadenwickel. Abwechselnd mal kalt, mal warm, nicht dass sie was genutzt hätten. Erst als ich eigene Kinder hatte und diese die gleichen Symptome und Schmerzen beklagten, habe ich herausgefunden, dass es sich um Wachstumsschmerzen handelte.

Allein das Wissen darum, was es ist oder warum der Schmerz auftritt, hilft mir generell, damit besser umzugehen. Mein „Trial-and-Error" beim Herausfinden meiner Schmerzursachen und meine Gegenmaßnahmen möchte ich gerne teilen.

Vielleicht gibt es ja die eine oder andere Erkenntnis bei dir. Sollten einige Leser, nach Lesen dieses Kapitels, ihren Schmerz oder eine Befindlichkeitsstörung ab und zu einfach mal liebhaben und lernen, sich in den Schmerz hineinzuentspannen, wäre der Zweck meiner Arbeit erfüllt. Solltest du anhand meiner Erkenntnisse in Zukunft sogar weniger Schmerzen haben, wäre ich mehr als zufrieden. Ich bin kein Hypochonder, ganz im Gegenteil. Ich gehe bis heute immer davon aus, dass meine Schmerzen wieder verschwinden werden und sie keinen größeren Krankheitswert mit sich bringen. Ich suche auch nicht krampfhaft im Internet, zu welcher schweren Krankheit meine Symptome am besten passen. Ich gehe genau nicht zum Arzt, weil ich mir 100% sicher bin, dass alles halb so wild ist. Auch bei Vorsorgeuntersuchungen weiß ich vorher schon, der Arzt wird nichts finden.

Jeder kennt sicher den Hinweis in der Pharmawerbung – „Fragen Sie Ihren Arzt oder Apotheker".

Ich persönlich befrage den Arzt also eher selten und den Apotheker noch weniger. Außer natürlich meinen lieben Ehemann.

Falls dein Arzt versucht, einen Eintrag in das Guinnessbuch der Rekorde zu erlangen – unter der Rubrik: am meisten verordnete Medikamente und am wenigsten gründlich untersuchte Patienten –, oder du empathielose Diagnose- und Therapieerklärungen erhältst, die sich verdammt nah an der Verlesung einer Teilungserklärung durch einen Notar orientieren, dann bist du hier richtig! Seinen Schmerz liebhaben, heißt übrigens nicht, dass man ihn immer aushalten muss. Es bedeutet für mich, herauszufinden, wo die Ursache liegt.

Ich bin durchaus ein Fan der Schulmedizin, vor allem bei der Entwicklung von Schmerzmitteln, die einfach ab und zu dringend notwendig sind. Aber wenn ich so die letzten Jahrzehnte zurückdenke, konnten mir Ärzte wenig bis gar nicht helfen (einzige Ausnahme: Chirurgen und Zahnärzte). Die meisten Ärzte erstellen anhand der geschilderten Symptome eine Diagnose, vielfach ohne den Patienten überhaupt ganz und ganzheitlich zu untersuchen. Viele Ärzte, gerade die Fachrichtung-Spezialisierten, haben auch gerne eine Lieblingsdiagnose. Egal mit welchen Beschwerden du hingehst, du wirst definitiv mit seiner Lieblingsdiagnose im Gepäck die Praxis wieder verlassen. Im besten Falle korreliert die Diagnose mit den Befunden und deinen Beschwerden und du erhältst ein Rezept für Medikamente.

Fragestellung: Inwiefern hat der Arzt dich behandelt? Oder du sollst zur weiteren Abklärung in die Röhre: „Erbitte MRT der Wirbelsäule" ... Diagnose: Bandscheibenvorfall – wetten?

Bei der eigenen Schmerzbetrachtung kommt es zunächst einmal darauf an, ob es ein Langzeit- oder Kurzzeitschmerz ist. Bei akuten Schmerzen geht es mir darum, den Schmerz effizient und schnell loszuwerden, falls dieser meinen Alltag zum Erliegen bringen würde – *Stichwort: Schmerzmittel.* Falls ich die nächsten Tage oder Wochen trotz des Schmerzes ganz normal alles leisten kann, halte ich den Schmerz einfach aus, ignoriere ihn, weil ich ja weiß, er wird sich demnächst verabschieden. Bei langanhaltenden Schmerzen, die ich über Jahre hatte, habe ich meine Herangehensweise immer wieder angepasst.

Ich bin der Meinung, dass jeder Mensch seinen Körper und seinen Geist so gut wie nur irgendwie möglich behandeln muss. Wir haben nur diesen einen Körper, dieses fantastische Gefäß, das Tag und Nacht seine Aufgaben erfüllt. Und wir haben nur dieses eine Leben. Ich danke meinem Körper jeden Morgen, dass er funktioniert, dass mich diese Füße über die Marathon-Distanz von 42,195 Kilometer und mehrere Halbmarathons getragen haben und mich auf Gipfel mit 1500 Meter Höhenunterschied begleiten. Ich danke meinem unteren Rücken, dass er nach jahrzehntelangem Schmerz endlich entspannt. Ich danke meinen Knien, dass sie wieder einwandfrei den vollen Bewegungsumfang von 0°–150° erledigen, obwohl sie mir viele Jahre erhebliche Schmerzen und Einschränkungen verursacht haben.

Ich danke jedem Knochen, den Bändern, den Kapseln, allen Knorpeln, den wunderbaren Faszien, den beanspruchten Gelenken und den fleißigen Muskeln, meinem ganzen Stütz- und Bewegungsapparat. **#meinkörperistmeintempel**

Der perfekte Mensch lebt heutzutage unter der Herrschaft der sozialen Medien. Alles muss höher, schneller, weiter, größer, besser sein oder werden.

In Rekordzeit auf den Mount Everest. In 5 Tagen 30.000 € verdienen. In 10 Tagen 1000 neue Kunden gewinnen. Mit 90 Minuten Meditation und Achtsamkeit die komplette Erleuchtung und Glückseligkeit erlangen. In 3 Wochen fit für einen Triathlon. In einer Woche 15 Kilo abnehmen. In 20 Minuten ein Mahl für 20 Personen, ohne Herd und Backofen, zaubern, unter 50 Kcal, vegan, gesund und verjüngend. Mit nur einer einzigen Übung Haltungsschäden von 40 Lebensjahren ausmerzen.

Ich leiste, also bin ich – das kann nicht funktionieren!

Demzufolge fühlen sich viele Menschen in allen Altersgruppen unwohl, wenn sie die Erwartungen von vermeintlicher Stärke, Schönheit, Intelligenz, Selbstständigkeit und Gesundheit nicht erfüllen können.

Schmerz, Leid und Krankheit werden oft als inakzeptable Begebenheiten in der Gesellschaft angesehen, die keine Schwäche mehr dulden will. Also überspielen, Medikamente rein, sinnlose Operationen und weiter geht's. Aber es gibt auch andere Wege. Zuerst geht es um Anerkennung des Schmerzes. Der Schmerz ist da! Er soll nicht weggeredet werden in einer Gesellschaft, die auf Gesundheit, Fitness und Jugendlichkeit setzt. Der Schmerz gehört zu unserem Leben. Der Schmerz hat eine Ursache, die sehr oft auf den ersten Blick nicht erkennbar ist. Der Knieschmerz kommt vielleicht durch eine Fehlstellung der Hüfte oder durch jahrelanges Sitzen auf der gleichen Seite. Hier heißt es, sich auf die Suche zu begeben. Um die Schmerzursache aber zu benennen, muss ich dem Schmerz erst einmal Raum geben. Daran scheitert es zumeist, denn wir haben verlernt, Schmerz als etwas Positives zu erleben und ihn auch mal gut gelaunt auszuhalten. *Ich leide, also bin ich?*

Alles, was ich zur Linderung meiner Schmerzen und „Befindlichkeitsstörungen" versucht bzw. konsequent durchgeführt habe, hatte häufig keine ärztliche Begleitung (Ausnahmen bestätigen die Regel). Eine vermeintlich nichtige Befindlichkeitsstörung fällt zunächst nicht unter die Kategorie „Schmerz", kann in uns aber durchaus allgemeines Unbehagen und Gemütsstörungen auslösen.

Meine Geschichte ist kein medizinischer Ratgeber im klassischen Sinne. Das, was mir geholfen hat, muss nicht zwangsläufig bei jemand anderem helfen. Jeder muss für seinen Schmerz herausfinden, was ihn lindert oder was ihn verstärkt. Das kann Jahre dauern. Ich habe gelernt – Niemals aufgeben! –, es ist ein lebenslanger Prozess. Unser Körper altert und unterliegt degenerativen Prozessen. Therapien, Übungen und Herangehensweisen, die mit 25 funktioniert haben, sind mit 55 möglicherweise kontraproduktiv oder wirkungslos.

Dieses Kapitel ist eine Reise durch meinen Körper von Kopf bis Fuß. Schmerzen oder Einschränkungen, Verschlechterungen, Krankheitsbilder, Befindlichkeitsstörungen, die ich unter anderem in meinem Leben hatte, welche Maßnahmen ich ergriffen habe oder eben nicht, ob mir ein Arzt, Physiotherapeut oder Osteopath helfen konnte oder eben nicht.

Dieses Kapitel ist kein Therapievorschlag. Die genannten Medikamente, Produkte und Maßnahmen haben bei MIR geholfen.

Die Seite der Deutschen Schmerzgesellschaft e. V.[1] gibt an, dass in jedem dritten Haushalt in Europa ein Mensch lebt, der unter Schmerzen leidet. In Deutschland sind ca. 17 % von langanhaltenden chronischen Schmerzen betroffen – also mehr als 12 Millionen Menschen. Durchschnittlich dauert ihre Leidensgeschichte sieben Jahre, bei mehr als 20 % über 20 Jahre.

Bei mehr als der Hälfte aller Menschen mit chronischen Schmerzen dauert es mehr als zwei Jahre, bis sie eine wirksame Schmerzbehandlung erhalten, und nur ein Zehntel aller Patienten mit chronischen Schmerzen wird jemals den richtigen Schmerztherapeuten finden. Leider wird hier viel zu wenig Augenmerk auf die Ursachenforschung gerichtet. Vornehmlich soll dem Patienten der Schmerz genommen werden. Das ist richtig und wichtig, geht aber am Grundproblem vorbei.

Schmerz ist, laut Wikipedia[2], eine komplexe subjektive Sinneswahr-

---

1 Vgl. *https://www.schmerzgesellschaft.de*, aufgerufen am 23.03.2024
2 Vgl. *https://de.wikipedia.org/wiki/Schmerz*, aufgerufen am 18.05.2024

nehmung, die als akutes Geschehen den Charakter eines Warn- und Leitsignals aufweist und in der Intensität von unangenehm bis unerträglich reichen kann. Das Schmerzempfinden ist eine Sinneswahrnehmung als ein Teil der eigenen Körperwahrnehmung. Das ist ein wichtiger Punkt – es geht um die eigene Wahrnehmung und wie viel Raum wir unserem jeweiligen Schmerz geben.

Gemäß Weltschmerzorganisation IASP[3] (= International Association for the Study of Pain) ist Schmerz ein unangenehmes Sinnes- und Gefühlserlebnis, das mit einer tatsächlichen oder drohenden Gewebeschädigung verknüpft ist oder mit Begriffen einer solchen Schädigung beschrieben wird.

Entwicklungsgeschichtlich gehört der Schmerz zu den frühesten, häufigsten und eindrücklichsten Erfahrungen eines jeden Menschen. ABER: Schmerz ist überlebenswichtig – trotz allen Leids, das er bewirken kann.

Aus körperlicher Sicht gesehen, stellen Schmerzen eine lebenserhaltende biologische Reaktion auf schädigende Einwirkungen dar. Deshalb ist es wichtig, auf seinen Schmerz zu hören und ihn liebzuhaben. Schmerz ist per se erst einmal nichts Negatives, sondern ein wunderbares Frühwarnsystem, das uns hilft, weiteren Schaden abzuwenden. Aber wer Schmerzen hat, will sie in der Regel loswerden. Damit das gelingt, muss man sie erst einmal ergründen und die Ursache herausfinden.

Natürlich habe ich als Frau Schmerzen, die Männern unbekannt sind. Die „femininen Absätze" kann Mann ja überspringen. Über den Umgang mit Schmerzen lernt man trotzdem was. Oder du nimmst die Informationen mit und hilfst in Zukunft deiner Partnerin durchs tiefe Tal der Menstruations- und Wechseljahrbeschwerden. Ansonsten, liebe Männer – diese Abschnitte einfach auslassen.

Aber nicht vergessen: „Der Schmerz" ist männlich und erklärt sich somit selbst. ☺

---

3 Vgl. *https://www.iasp-pain.org,* aufgerufen am 18.05.2024

MEIN KOPF

Der „beste" Kommentar, den ich jemals in Jugendtagen zu meinen Kopfschmerzen erhalten habe: „Der Kopf täte mir auch weh."

Ich gehe davon aus, dass jeder, der dieses Kapitel liest, irgendwann in seinem Leben schon mal von Kopfschmerzen geplagt war. In meinem Schädel brummt's, sticht's, klopft's, hämmert's, pulsiert's und dröhnt's. Wie verlockend, einfach zur Schmerztablette zu greifen. Aber zunächst muss ich den Schmerz analysieren und ggf. eine kommende Migräne als solche identifizieren. Ich nehme ungern Medikamente, wenn ich sie doch eigentlich gar nicht gebraucht hätte. Die beginnende Migräne zu erkennen, ist aber oft gar nicht so einfach. Manchmal habe ich den Mut und warte ab, wie sich die Kopfschmerzen entwickeln. Sind es Spannungskopfschmerzen, Migräne oder kommt die Föhnlage (oder zu viel Aperol Spritz am Vorabend)?

Die Migräne gehört zu den häufigsten Schmerzerkrankungen. Zu den Schmerzen kommt in vielen Fällen noch die Aura hinzu, von Medizinern nach Aurora, der römischen Göttin der Morgenröte benannt. Denn ähnlich wie die aufsteigende Sonne den Tag einleitet, kündigen Wahrnehmungsstörungen die bevorstehende Kopfschmerzphase an.

Für mich ist die Migräne noch zusätzlich Kriegsgott Mars. Das Attribut des Mars ist die Lanze, gezeigt wird er auch mit Helm und Schild. Die Lanze bohrt sich stetig und genüsslich durch meine Augen in meine Hirnwindungen, der Helm presst den Schädel unerbittlich zusammen.

Die Aura beginnt bei mir mit einer Sehstörung, meistens im rechten Auge. Dann tauchen lustige bunte, in sich drehende Zickzack-Girlanden auf. Die Sehkraft lässt nach und irgendwann fällt das komplette Gesichtsfeld aus. **#vonjetztanblind.** Das ganze Spektakel dauert meistens zwischen 20 und 60 Minuten, währenddessen baut sich der Kopfschmerz auf. Gegen diese Kopfschmerzen nehme ich tatsächlich mittlerweile Schmerzmittel — und das nicht zu knapp! **#manchmalgehtesnichtanders**

Das Mittel der Wahl wäre selbstverständlich ein typisches Migräne-Medikament, z. B. Triptan. Das Problem bei Triptanen: Wenn sie bei der Migräneattacke nicht wirken, was durchaus vorkommt, gerade wenn ich sie zu spät einnehme, ist die Wiederholung der Einnahme des Triptans in der gleichen Attacke in der Regel nicht wirksam. Die wirksamste Kombination bei sicherer Migräne ist für mich Ibuprofen 600 plus Paracetamol 500 plus Tilidin als Retard Präparat. (Erzählen Sie das weder Ihrem Arzt noch Ihrem Apotheker — **#arzneimittelmissbrauch**). Ibuprofen und Paracetamol wirken schnell, Tilidin erst nach ca. 60 Minuten. Diese Wirkstoffkombination nimmt mir zwar auch nur die absolute Schmerzspitze, aber mit den verbleibenden Schmerzen kann ich die nächsten 1-3 Tage gut leben. Bei mir helfen Analgetika (Arzneistoffe, die eine schmerzstillende oder schmerzlindernde Wirkung besitzen) sowieso oft nur bedingt, deshalb dann auch die „Superdosis".

Eine Anmerkung zu Schmerzmitteln: Medikamente sind oft die erste Wahl bei Schmerzen, aber sie helfen nicht immer wie erhofft. Forscher fanden heraus, dass individuelle Schmerzempfindungen von Genen beeinflusst werden. Diese Gene beeinflussen auch, wie der Körper auf Medikamente reagiert, indem sie Proteine steuern, die den Abbau der Wirkstoffe regulieren. Die Aktivität dieser Proteine variiert je nach den geerbten genetischen Variationen. Deshalb wirken Schmerzmittel bei manchen Menschen weniger oder gar nicht. Daher ist das Konzept einer Standarddosis problematisch.[4]

Bevor ich den oben genannten Analgesie-Hammer einwerfe, stelle ich sicher, dass ich mich bei Wirkungsbeginn des Tilidins möglichst zu Hause auf dem Sofa oder im Bett befinde. **#tripdestages** Frauen sind auf alle Fälle dreimal häufiger von Migräne betroffen als Männer. Danke dafür!

Bei den meisten meiner Leidensgenossinnen treten heftige Attacken rund um die Regelblutung, aber auch bei Eintritt in die Wechseljahre auf. Angeblich verbessern sich die Symptome in vielen Fällen während der Schwangerschaft. Bei mir war es genau umgekehrt.

---

4   Vgl. *https://ac-forscht.de/neue-studie-zeigt-auf-die-dna-abgestimmte-medikamentekoennen-unerwuenschte-arzneimittelwirkungen-um-30-prozent-reduzieren*, aufgerufen am 06.04.2024

Migräne während der Menstruation Fehlanzeige, aber während der Schwangerschaft fing sie bei mir erst an. Danach hatte ich einige Jahre Ruhe, um die Migräne mit Beginn der Wechseljahre erneut in meinem Leben zu begrüßen.

Bei „normalen" Kopfschmerzen hilft Ruhe und Hinlegen oder leichter Sport. Bei Migräne wird es schwierig. Hinlegen geht gar nicht. Ganz aufrecht sitzen – 90°-Winkel, Kopf nicht anlehnen, nicht bewegen, nicht blinzeln, nichts denken, bis die Schmerzmittel wirken.

Generell gehe ich persönlich davon aus, dass die Entwicklung meiner Migräne hormonell bedingt ist.

Dass Hormonschwankungen mit Migräne in Zusammenhang stehen, ist seit Langem bekannt. Wie genau sie das tun, ist dagegen noch immer größtenteils unklar. Da meine Migräne völlig willkürlich, ohne einen bestimmten Trigger beginnt, bin ich hier von Hormonschwankungen ausgegangen. Seit über einem Jahr liegt mein „Attacken-Rhythmus" bei 2–3-mal im Monat.

Wie schon einmal nach den Schwangerschaften wird meine Migräne eines Tages weniger werden und sich hoffentlich für immer verabschieden. Da bleibe ich positiv und zuversichtlich. Zur Unterstützung nehme ich nun seit einigen Monaten eine Kombination aus Magnesium 600 mg, Vitamin B2 und Coenzym Q10 (Ubiquinol).[5, 6] Hier wird eine Einnahme von mindestens 6 Monaten empfohlen, um Resultate zu erlangen. Meine Migränehäufigkeit und -intensität haben bereits nach wenigen Wochen signifikant abgenommen. Die erhöhte Frequenz meiner Attacken könnte also zusätzlich durch einen Magnesiummangel verursacht worden sein, der auf mein intensives sportliches Training zurückzuführen ist, obwohl meine Blutwerte hier im Normbereich liegen.

---

5 Weitere Infos unter *https://pubmed.ncbi.nlm.nih.gov/25916335/*, aufgerufen am 06.04.2024

6 Weitere Infos unter *https://www.ubiquinol.info/migraene/* aufgegrufen am 06.04.2024

MEINE OHREN

Meine Ohren bereiten mir, Gott sei Dank, keine Schmerzen, dafür darf ich einen stetigen Tinnitus im linken Ohr und stetiges Klopfen im rechten Ohr mein Eigen nennen. Angefangen hat alles vor ca. 25 Jahren, als ich ohne Gehörschutz neben einer Bohrmaschine stand. Mein Mann bohrte Löcher für die Vorhangstange, ich, das H- (holen, halten, heben) Männchen, musste mit dem Staubsauger assistieren. Dann war wohl der Fenstersturz im Weg. **#100db #klingelingeling** Mein Leben lang habe ich meine Ohren vor Lärm geschützt. Kein Discobesuch ohne Taschentuch-Wutzel im Ohr. Mein Ohrenarzt bestätigte mir bei einer Untersuchung im vorangeschrittenen Alter von 40+, ich hätte ein Hörvermögen eines 7-jährigen Kindes in den 70er Jahren. Ich höre zu 125 % im Vergleich zu meiner Altersgruppe. Aber genau dieser Vorteil ist mein Nachteil. Meine Ohren sind maximal geräuschempfindlich und ich bin ein sogenannter Misophoniker. Misophonie ist eine selektive Geräuschempfindlichkeit. Die Intoleranz bezieht sich auf bestimmte Alltagsgeräusche.

Mein Tinnitus ist manchmal so laut, dass ich nachts davon aufwache, und ein zusätzliches dumpfes Klopfen im Ohr macht es fast unmöglich, im stillen Raum zu lesen oder am Computer zu arbeiten. Jedes Seitenumblättern, jeder Mausklick trommelt im Ohr.

Über die Jahre ist mein „Ohrgeräusch" immer wieder mal gekommen und gegangen, um nun die letzten 2 Jahre relativ hartnäckig zu bleiben. Da ich aber immer wieder schon mal längere Abschnitte ohne Beschwerden hatte, gebe ich die Hoffnung nicht auf, dass er auch dieses Mal wieder verschwindet.

Grundsätzlich wird Tinnitus von den Betroffenen wie folgt beschrieben: Pfeifen, tiefes Brummen, Rauschen, Zischen, Summen, Pochen oder gar Hämmern. Mein Tinnitus ist verdammt nah am Testbild-Ton (die älteren Leser wissen, was ich meine), nur noch höher und feiner.

Bislang ist keine Therapie nachgewiesen, die einen Tinnitus lindern kann. Allerdings gibt es Apps, die bei gesicherter Diagnose sogar von der Krankenkasse bezahlt werden, um den Tinnitus durch Ablenkungsgeräusche auszutricksen.

Das hat mir in meiner schlimmsten und lautesten Phase tatsächlich Linderung und Entspannung gebracht.

Tipp des Tages Nr. 1: Digitale Therapie mit der Tinnitus-App

MEINE AUGEN

Die Glaskörpertrübung, auch Floater oder „Mouches volantes" (fliegende Mücken) genannt, ist eine im Laufe des Lebens zunehmende Veränderung des Glaskörpers. Der Glaskörper ist eine klare gelartige Substanz, die das Innere des Auges zwischen Linse und Netzhaut füllt. Die Lichtstrahlen gelangen durch ihn normalerweise ungehindert zur Netzhaut. Mit zunehmendem Alter verflüssigen sich jedoch Teile davon, während andere Teile sich verdichten und strangartige Strukturen aufweisen. Dies ist ein natürlicher Alterungsprozess, der etwa bei einem Drittel der Menschen ab dem 65. Lebensjahr Beschwerden verursacht. Es können aber auch jüngere Menschen, z. B. Kurzsichtige, davon betroffen sein. Meine „Mücken" flogen mit Ende 20 in das rechte Auge ein, nach einer Keratokonjunktivitis epidemica. Zunächst plagte mich nach einer Infektion eine charakteristische Hornhauttrübung, sogenannte Nummuli, die das Sehen über einen langen Zeitraum beeinträchtigen kann. Die Glaskörpertrübung steht medizinisch nicht unbedingt damit im Zusammenhang, stellte sich bei mir allerdings so ein. Bei der letzten augenärztlichen Untersuchung wurde nun auch der tatsächliche Alterungsprozess bei mir bestätigt: beginnender Grauer Star, altersgerecht. Na dann ...

Ich bin seit meiner Jugend leicht kurzsichtig, jetzt kommt die Altersweitsichtigkeit dazu. Ich hatte gehofft, das hebt sich gegenseitig auf. #falschgedacht. Ich sehe in der Nähe nix und in der Ferne auch nicht... *Neues Motto: „Wenn sehen nicht mehr möglich ist, ist fühlen keine Schande." Oder um es mit Karl Valentin zu sagen: „Gut sehen tu ich schlecht, aber schlecht hören tu ich gut."*

DIE ZÄHNE

Knirschst du noch oder presst du schon? Wenn du im Laufe des Tages oder der Nacht wiederholt und unbewusst mit den Zähnen knirscht

oder deine Zähne aufeinanderpresst, bezeichnet man das als Bruxismus[7]. Wenn du betroffen bist, gehörst du zu den ca. 25 % der Deutschen, die unter Bruxismus leiden.

Ich persönlich knirsche nicht, ich presse nur. Allerdings mit den
üblichen Begleiterscheinungen wie Kiefergelenksschmerzen, Verspannungen im Nacken und den daraus resultierenden Kopfschmerzen. Es heißt immer, Stress führt zu Knirschen und Pressen. Aber ich
habe gar keinen Stress. Mein Problem war die Zahnstellung und die
Stellung der Kiefer zueinander, Frühkontakte auf manchen Zähnen
und eine fehlende Eckzahnführung — okklusale Interferenz — für die,
die es medizinischer brauchen. Meinem Unterbewusstsein schien das
nicht zu gefallen. Also habe ich mich im fortgeschrittenen Alter von
42 Jahren zu einer kieferorthopädischen Therapie mittels Alignern
entschieden. „Aligner" heißt ins Deutsche übersetzt „Ausrichter". Sie
bringen schiefe Zähne oder Bissanomalien in die richtige Stellung. Es
handelt sich bei Alignern um dünne, transparente Schienen aus
Kunststoff, die individuell für das Gebiss und die zu korrigierende
Fehlstellung angepasst werden und ca. alle zwei Wochen ersetzt werden. Diese Therapie über zwei Jahre hat viele meiner Verspannungen
gelöst.

Heute trage ich nachts temporäre Aufbiss-Schienen aus bikom-
patiblem Kunststoff. Am angenehmsten und wirkungsvollsten sind
für mich die Schienen der Marke RehaSplint®[8] (erhältlich in verschiedenen Stärken). Die vom Zahnarzt gefertigten Aufbiss-Schienen sind
bei mir kontraproduktiv. Zu hart, drücken immer zu viel auf die Zähne, dann presse ich erst recht.

Meine Zahnschmerzen würden ein einzelnes, separates Buch füllen.
Der Gegenwert meiner Zahnsanierungen segelt wahrscheinlich irgendwo vor der Costa Smeralda. Hätten meine Eltern mehr darauf
geachtet, dass wir als Kinder regelmäßig unsere Zähne putzen, wären mir viel Leid und Kosten erspart geblieben. Aber auch diese teil-

---

7 Weitere Infos zu Bruxismus unter *https://flexikon.doccheck.com/de/Bruxismus*
8 Mit freundlicher Genehmigung der Firma Dentrade — *https://www.dentrade.com*

weise jahrelangen Extrem-Schmerzen habe ich ertragen und deshalb immer noch alle eigenen Zähne im Mund, wenn auch teilweise überkront und auch 3-mal wurzelgefüllt. Wurzelgefüllte Zähne sind tot. Der Nerv ist entfernt, das Pulpencavum mit plastischem Material gefüllt. Röntgenologisch ist alles tipptopp in Ordnung. Meine wurzelgefüllten Zähne schmerzen (selbstverständlich, ... was denn sonst...?), ich lebe damit. Ich weiß, dass die Schmerzen in einer halben Stunde oder morgen wieder vergehen.

DER HALS

Die Phase meiner Pubertät war geprägt von eitrigen Mandelentzündungen, mindestens 6-mal im Jahr. Mit dickem Hals und noch „dickeren" Schmerzen wurde ich zur Schule und später dann an den Ausbildungsplatz geschickt, da ich dummerweise kein Fieber hatte. Zuhause bleiben durften wir nur bei Temperaturen über 38 °C. Immer wieder wurde von Ärzten die operative Entfernung der Mandeln angeregt. Ich hatte zu diesem Zeitpunkt absolut keinen Bock auf Operation, hätte mich allerdings mit der Aussicht auf massenweise Eiscreme fast breitschlagen lassen. Ich habe mir damals schon immer gedacht, warum habe ich Mandeln, welche Funktion haben sie, und was passiert, wenn sie fehlen? Inzwischen geht man mit der Entfernung der Tonsillen sehr zurückhaltend um.

Die Mandeln bilden die erste Verteidigungslinie gegen Keime, die versuchen, in die oberen Atemwege zu gelangen. Nach ihrer operativen Entfernung geht diese Schutzfunktion verloren, wodurch die Schleimhäute im Rachen anfälliger für Angriffe durch Viren und Bakterien werden.

Ich habe diese Schmerzen durchgestanden, irgendwann haben die Entzündungen aufgehört, meine Mandeln erfüllen bis heute brav ihre Aufgabe und verhindern, dass eindringende Erreger in meine Atemwege gelangen.

MEIN RÜCKEN

„Isch habe Rücken." Nun – wer nicht?

Über 12 Millionen[9] Menschen sind in Deutschland von chronischen Schmerzen betroffen, über alle Altersgruppen hinweg. Die häufigsten Schmerzen?

Rischtisch – Rückenschmerzen. Von Hals bis Becken und wieder retour. Und ich habe selbstverständlich alle. Fangen wir oben an:

DER NACKEN

4 x Schleudertrauma innerhalb von 16 Jahren waren für meinen Nacken *too much*. 3-mal Auffahrunfall in München, mit Fahrern, für die der Begriff Sicherheitsabstand nicht wirklich in der StVO verankert war, und einmal der hektische Taxifahrer in Budapest, der seinen 7-Sitzer mit Vollgas rückwärts an den Laternenpfahl setzte. Meine Halswirbelsäule sieht heute aus wie eine schiefe Treppe mit zwei falsch eingebauten Stufen. Zum Bruxismus kommt hier also auch noch zusätzlich Belastung auf den Nacken. Die brennenden, beißenden Schmerzen strahlen hauptsächlich vom Splenius Capitis (Riemenmuskel des Kopfes) in den linken Trapezmuskel und den Rhomboideus major aus. Ich habe vom ersten Unfall an alles versucht, um den Schmerz in den Griff zu bekommen: Muskelaufbau, Dehnung der gesamten Hals- und Schultermuskulatur, Faszienrolle und -kugel, Massagepistole, TENS-Gerät, Physiotherapie, osteopathische Behandlung, Spritzen, Schmerzmittel, Ruhe ...

Jedes Mal, wenn ich dachte, jetzt habe ich es im Griff, wurde ich eines Besseren belehrt. Die Muskeln und Faszien sind an dieser Stelle maximal verspannt (mein Physiotherapeut nennt sie Drahtseile) und sind mit nichts aufzulockern. Seit Jahren schlafen mir, aufgrund irritierter Nerven im Nackenbereich, nachts an beiden Händen regelmäßig der kleine Finger und der Ringfinger ein. Mit einer gezielten Streck- und Dehnbewegung im Nacken-Schulterbereich kann ich die Taubheit in den Fingern aber sekundenschnell auflösen.

---

9 Vgl. *https://www.schmerzgesellschaft.de/patienteninformationen/herausforderung-schmerz,* aufgerufen am 18.05.2024

Selbstverständlich habe ich mehr Kopfkissen ausprobiert, als Frau Holle jemals aufgeschüttelt hat. Von den fluffigen Schaumstoffwolken bis zu den harten Ziegelsteinen war alles dabei. Kissen in allen Größen, Formen und Füllungen, zwei Kissen, gerne auch ganz ohne Kissen. Am Ende des Tages ist die Suche nach der perfekten Ablage für Nacken und Kopf wie eine Reise durch ein verrücktes Kissenland, voller nutzloser „Weltneuheiten" und ohne wirkliches Ergebnis. Ich habe gelernt, diesen Schmerz anzunehmen. Er hat zunächst keinen weiteren Krankheitswert.

Erkenntniswert über die Jahre: Meine Schultern müssen nachts zugedeckt sein und dürfen keinen Zug bekommen. Selbst im Hochsommer, wenn ich ohne Decke schlafe, ist die Schulterpartie bedeckt. Damit konnte ich schon mal die ganz extremen Schmerzspitzen mildern. Nichtsdestotrotz war der hohe, heiße Schmerz 30 Jahre lang allgegenwärtig. Laut Orthopäden könnte man ggf. die Halswirbelsäule operieren und dabei versteifen. Das kommt für mich nicht in Frage. Ich hatte mich mit diesem Schmerz arrangiert und akzeptiert, dass er für immer bleibt.

Und jetzt kommt's ... Kollagen ist ja derzeit DAS Anti-Aging- und Schönheitsmittel der Wahl. Nicht wirklich überzeugt, habe ich einer Freundin, die das „Zeug" vertreibt, eine 3-Monats-Packung abgekauft. Was soll ich sagen. Die Falten sind die gleichen, aber meine Schmerzen wurden schon nach zweimonatiger Einnahme signifikant weniger. Als Erstes habe ich eine komplette Schmerzlinderung bei meiner Daumenritzarthrose an der linken Hand (wird hier kein eigenes Kapitel) feststellen können. Auch hier laboriere ich seit über einem Jahr. Das Röntgenbild ist eindeutig. Degenerative Veränderung – irreversibel. Ich konnte keine Schraubverschlüsse mehr öffnen, keine Flaschen mit dieser Hand halten, Sport mit Hanteln, Fahrradlenker umgreifen, Liegestützen, alles, was das Daumengelenk belastet, fast unmöglich. Und nun kann ich das alles wieder schmerzfrei machen.

Der Intensiv-Schmerz im Nacken und unter dem linken Schulterblatt ist so gut wie nicht mehr existent. Ab und zu gibt er ein kleines Lebenszeichen von sich, das ich aber nur noch unter der Kategorie „letztes Aufbäumen" abhake. Ich habe wirklich keine Ahnung, ob das am Kollagen liegt. Bei mir greift definitiv kein Placebo-Effekt und ich war sowieso maximal kritisch. Und dann so was!

Tipp des Tages Nr. 2: Einfach ausprobieren. Aber mindestens 2–3 Monate, um eine Veränderung zu bewirken.

Extratipp: Zur Entspannung meiner HWS zwischendurch hilft mir eine Halskrause. So wie man sie vor 30 Jahren nach einem Schleudertrauma verschrieben bekommen hat. Inzwischen hat sich jedoch gezeigt, dass eine dauerhafte Immobilisierung durch eine Halskrause eher nachteilig ist. Ich persönlich finde es sehr angenehm, meinen Nacken damit zu unterstützen und zu entspannen, aber immer nur für maximal 10–15 Minuten am Tag.

DIE SCHULTER

Habe ich eine Kalkschulter? Ohne Vorwarnung, von heute auf morgen ein Gefühl, als sticht mir plötzlich jemand mit einem Messer in die rechte Schulter oder verpasst mir mit einem Elektroschocker einen heftigen Stromschlag. Gerne auch eine Kombination aus beidem. Ich habe das nie untersuchen lassen. Ich weiß, dass die Ursachen weitgehend unbekannt sind. Es wird vermutet, dass eine Mangeldurchblutung und damit ein Sauerstoffmangel in den Schultersehnen zu einer Umwandlung von Zellen führen, aber nix Genaues weiß man nicht. Meine selbst verordnete Therapie war langanhaltende Dehnübungen und Lockerungsübungen, um den Kalk zu lösen.

Angeblich kommt die Kalkschulter, wenn sie einmal ausgeheilt ist, in der Regel nicht wieder und bleibt für die meisten ein einmaliges Ereignis. Scheint bei mir funktioniert zu haben.

DIE LENDENWIRBELSÄULE

Meine älteste Baustelle. Mit 11, 12 Jahren fing es an, Schmerzen im unteren Bereich des Rückens, Lendenwirbelsäule beidseits, auf der rechten Seite stärker als links. Ich habe gewissenhaft jahrzehntelang meine Rücken- und Bauchmuskeln trainiert und aufgebaut, immer mobilisiert und trotzdem war mit Anfang 40 „Schicht im Schacht". Ich konnte genau genommen meinen Haushalt nicht mehr ordnungsgemäß in Schuss halten. Putzen, Wäsche in die Maschine, Einkauf tragen – ein No-Go. Ich konnte maximal 20 Minuten im Auto sitzen, Flugreisen kamen einer Folter gleich.

Seltsamerweise und glücklicherweise – Joggen ging immer schmerzfrei, allerdings waren im Anschluss die Schmerzen umso schlimmer. Dann habe ich Yoga entdeckt, soll ja angeblich helfen. Mir hat es Spaß gemacht, die Schmerzen wurden aber nicht besser, ggf. sogar schlimmer. Sonnengruß auf-ab, ins Brett, in die Kobra, Krieger 1 und 2 glichen eher einer Tortur. Die Yoga-Lehrerin hatte eines Tages ein paar Yin Yoga Asanas mit eingebaut. Ich verweilte 5 Minuten in der Haltung und fühlte, da gehöre ich hin.

Und dann wurde mir vom Schicksal ein weiterer Zufall präsentiert – ein Personal Trainer mit Spezialisierung auf langsamen und gezielten Rückenmuskel-Aufbau. Christian – mein Held!

Aber es lag ein langer Weg vor mir, den ich bis heute tagtäglich beschreite.

Ich erinnere mich an eine Trainingssequenz mit Christian, die außer Schmerzen keinerlei Mehrwert hatte. Ich war so frustriert, ich wollte mit Anfang 40 kein körperliches Wrack sein, nur konnte ich auch nach Monaten konsequenten Trainings keinerlei Progress feststellen. Einmal habe ich das Training abgebrochen und nur noch geweint. Christian hat mich ermutigt, weiter durchzuhalten. Es ist ein großer Trugschluss, dass jahrzehntelange Fehlhaltung und dadurch manifestierte Schmerzen einfach mit ein bisschen Training und Osteopathie über Nacht verschwinden. Ich habe immer weitergemacht. Und irgendwann wurde der Schmerz weniger, leichter, seltener. Mein unterer Rücken ist seit über 10 Jahren im Großen und Ganzen schmerzfrei. Wenn es zwickt, weiß ich, was ich zu tun habe, um meine Lendenwirbelsäule zu entlasten. Den Personal Trainer habe ich zwischenzeitlich gewechselt und trainiere hier nunmehr Kraft und Ganzkörper-Muskelaufbau. Bauchmuskeltraining ist essenziell. Zusätzlich hilft mir eben Yin Yoga. Für mich war dieser Prozess ähnlich wie die Aligner-Therapie meiner Zähne. Die Wirbelsäule musste umgeformt werden, die Muskeln gestärkt und die Faszien gelockert und gedehnt werden. Zusätzlich habe ich viele Jahre in 1-mal die Woche Physiotherapie, Massagen und alle 2–4 Wochen osteopathische Behandlung investiert.

Erkenntnisgewinn: Es gibt nicht DAS richtige Workout für den Rücken. Jeder Körper ist anders. Was dem einen guttut, ist für jemand anderen völlig kontraproduktiv. Bleib offen, probiere verschiedene Herangehensweisen aus und gib nicht gleich auf. Höre deinem Körper zu, er spricht mit dir! Es kann Monate dauern, bis sich erste Resultate einstellen. Es ist ein Prozess, der dich ein Leben lang begleitet. Aber ein Leben ohne Rückeschmerzen ist den selbstverantwortlichen Aufwand (physisch, psychisch und monetär) wert.

Tipp des Tages Nr. 3: Leiste dir einen Personal Trainer. Besser kannst du dein Geld nicht anlegen.
Tipp des Tages Nr. 4: Probiere Yin Yoga aus.

Yin Yoga ist ein ruhiger, passiver Yoga-Stil, bei dem die Asanas (Körperhaltungen) größtenteils liegend und sitzend ausgeführt und zwischen drei und sieben Minuten lang gehalten werden. Der Fokus liegt hierbei auf den tieferen Schichten des Körpers wie Bindegewebe und Faszien. Diese werden im dynamischen Yoga oft gar nicht erreicht. Die Herausforderung kommt beim Yin Yoga durch die Hintertür.

DAS PIRIFORMIS-SYNDROM

Da sitze ich völlig entspannt im Auto oder im Biergarten, denke an nichts Böses und schon sind sie da, diese heftigen ziehenden Schmerzen an der Außenseite meines Gesäßes, ohne Vorwarnung. Mir ist klar, dass das Sitzen für den Rest des Tages zur nervlichen Qual werden kann, auch Lageänderungen und zwischenzeitliches Aufstehen ändern nicht wirklich etwas an den Schmerzen. Wenn ich nur daran denke, wie lange das Meeting oder die Autofahrt noch dauert, wird mir übel. Es kann dauern, bis die Beschwerden wieder weg sind, oder sie gehen so schnell, wie sie aufgetreten sind. Willkommen beim Piriformis-Syndrom! Schuld sind wohl Dysbalancen, überspannte Muskeln und verfilzte Faszien!

Da ich nie weiß, wie lange die Schmerzen anhalten werden, wären Analgetika hier nicht wirksam. Würde ich etwas einnehmen, hört der Schmerz auf, bevor irgendwas wirken kann. Nehme ich nichts, quäle ich mich allerdings ggf. noch 3 Stunden weiter. Was tun?

Die intensivsten Schmerzen treten bei mir während längeren Autofahrten auf. Egal ob als Fahrer oder Beifahrer. Auch häufiges Wechseln der Sitzposition bringt keinerlei Linderung. Ebenso kann einfaches Sitzen im Kino oder bei einem Abendessen zur Höllenqual werden.

Nach einiger Zeit habe ich herausgefunden, dass der Schmerz sehr oft in Verbindung mit einer vollen Blase entsteht. Für mich heißt das beim Autofahren: raus an jeder Raststätte und jedem verfügbaren Waldstück. Ihr kennt das doch auch? Zu Hause gehe ich alle 5 Stunden mal auf Toilette. Aber wehe ich sitze im Auto – Harndrang de luxe! – spätestens am ersten Kreisverkehr.

Gegen meinen Piriformis-Schmerz hilft mir am besten ein Faszienball. Darauf gekommen bin ich während einer Heimfahrt nach einer Bergtour. Die Schmerzen waren so stark, dass ich mir aus lauter Verzweiflung die harte Trinkwasserflasche unter den rechten Gesäßmuskel geschoben habe, um irgendetwas an der Lage zu ändern.

Und – oh Wunder, die Schmerzen nahmen schlagartig ab. Seither habe ich einen harten Faszienball im Auto liegen und immer einen im Handgepäck für die Flugreise dabei. Sobald ich auch nur annähernd merke, dass der Schmerz kommt, setze ich mich mit dem Muskel direkt auf die Kugel und bekomme das intensive, unangenehme Gefühl schnell in den Griff. Manchmal reichen ein paar Minuten, manchmal muss ich das Procedere mehrmals wiederholen.

Tipp des Tages Nr. 5: Faszienkugel anschaffen und benützen!

DER ELLENBOGEN

Der Ellenbogen war eine üble Erfahrung.

Gehörst du auch zu den Menschen, die mindestens einmal am Tag gegen den Türstock laufen oder an der Türklinke irgendwie hängen bleiben? Vorzugsweise mit der vorderen Schulter oder eben dem Ellenbogen?

Ich habe beim Augenarzt sogar mein Gesichtsfeld überprüfen lassen, weil es doch nicht sein kann, dass ich diesen Türstock nicht sehe. Tja, mein Gesichtsfeld ist tadellos in Ordnung. Ich bin wohl einfach nur zu doof, vernünftig, mittig, durch eine Tür zu schreiten.

Die Nerven rund um den Ellenbogen sind gewiss nicht das Komplizierteste, was die menschliche Anatomie zu bieten hat, aber schmerztechnisch ganz weit vorne. Es stellt sich deshalb die Frage, warum es denn nun so weh tut, wenn man sich den Ellenbogen oder sogar direkt den Musikantenknochen anstößt?

Schuld ist der Nervus ulnaris. Er läuft am Ellenbogen in einem offenen Knochenkanal nah an der Hautoberfläche entlang, nur durch Haut und ein wenig Fett- oder Bindegewebe geschützt. Bei einem Stoß kann man diesen Nerv stark reizen, was den Schmerz und sogar Gefühlsstörungen in den Fingern auslösen kann. Ist auch von der Natur ganz super gelöst, dass ich Fett am Bauch habe, wo ich es nicht brauchen kann und definitiv nichts schützen möchte, aber an ungeschützten Gelenken ist nur Haut.

Jedenfalls habe ich mir im Oktober 2019 meinen rechten Ellenbogen 4-mal an einem Tag massiv am Türstock angestoßen. Und zwar so heftig, dass ich die nächsten 6 Monate auch noch etwas davon hatte. Ich konnte nichts mehr heben, den Ellenbogen kaum mehr bewegen und auch die Hand nicht mehr richtig und mit Kraft schließen. Schonhaltung war angesagt.

Zum Arzt wollte ich nicht. 4 Stunden Wartezimmer, Orthopäde plus MRT-Termin in frühestens 6 Wochen ... ich ging davon aus, dass in einer Woche wieder alles gut ist. Und jede Woche, dachte ich, jetzt muss es ja mal besser werden. Dann kam Corona, und ich hatte noch weniger Lust, mich in eine Arztpraxis zu begeben. Entweder es ist was kaputt, dann sagt mir Herr Doktor — Ellenbogen schonen und ruhigstellen, oder er verschreibt mir Schmerzmittel. Das kann ich selbst auch.

Ich habe immer weiter versucht, Sport zu machen und den Arm weiterhin abwechselnd zu mobilisieren, dann wieder zu schonen. Ich habe mir eine Ellenbogen-Manschette gekauft, um die empfindliche Stelle vor weiteren Verletzungen zu schützen.

Schmerz-Liebhaben war dann ab einem bestimmten Zeitpunkt nicht mehr so wirklich der Ansatz, die Ursache war bekannt und ignorieren war ab März unmöglich. Die Schmerzen wurden so schlimm, dass ich mir selbst eine zweiwöchige Diclofenac-Kur verschrieb. Einfach mal den Schmerz ausschalten und ihn vergessen. Was soll ich sagen ... Seitdem keine Schmerzen mehr – Ellenbogen voll funktionsfähig. Gut, dass ich nicht beim Arzt war.

Im Nachhinein glaube ich sogar fast, da war etwas gebrochen. Seither versuche ich, konzentriert und Ellenbogen schützend Türen zu durchschreiten. Es gelingt immer öfter! #diekürdurchdietür

Anmerkung: Diclofenac gehört zu den Schmerzmitteln aus der Wirkstoffgruppe der nicht-steroidalen Antirheumatika (NSAR). Der Wirkstoff wirkt gegen Schmerzen und Entzündungen. Typische Anwendungsgebiete sind Gelenkschmerzen infolge von Arthrose oder rheumatoider Arthritis sowie Zerrungen und Prellungen.

Tipp des Tages Nr. 6: Bei längerer Einnahme von NSAR immer auch einen Magenschutz dazu nehmen. Schmerzmittel aus der Gruppe der NSAR wie Ibuprofen, Diclofenac oder Acetylsalicylsäure können zu ernsthaften Nebenwirkungen wie Magengeschwüren und -blutungen führen. Dieses Risiko lässt sich durch Medikamente zum Magenschutz deutlich senken. Eingesetzt werden hier hauptsächlich die Wirkstoffe Omeprazol oder Pantoprazol, die mittlerweile auch ohne Rezept erhältlich sind. Aber hier fragst du wirklich lieber den Arzt oder Apotheker.

DIE HÄNDE

In den letzten 30 Jahren wurde ich 12-mal an Händen und Fingern operiert.

Der Grund: Ich habe zystische Aussackungen im Bereich der Gelenk- und Sehnenumhüllung, sogenannte Ganglione. Hier hilft generell nur das Skalpell. Grundsätzlich kann ich mit den Ganglionen leben, das ist auch die Empfehlung der meisten Ärzte. Aber manchmal ist die Stelle so unglücklich am Gelenk und schränkt den Bewegungsumfang der Finger ein oder das Ganglion drückt direkt auf einen Nerv. Mittlerweile zieren entsprechend 12 Narben meine Handinnenflächen. Bei einer Operation wurde am linken Ringfinger der Nerv in Mitleidenschaft gezogen. Das heißt: operiert, weil Finger taub – jetzt Finger taub, weil operiert. Ich warte hier einfach auf Regeneration der Nervenfasern und habe seither keines meiner Ganglione (derzeit 3 Stück) mehr operieren lassen. Manche Ganglione verschwinden auch wieder von selbst.

Das mit der Nerv-Regeneration ist kein Scherz. Ich habe mir bei einem Unfall mit 18 Jahren den rechten kleinen Finger halb durchgeschnitten. Der Finger wurde wieder zusammengenäht, war aber fast 35 Jahre lang taub. Seit einigen Jahren habe ich dort wieder vollständiges Gefühl.

> **Tipp des Tages Nr. 7:** Zurücklehnen, abwarten,
> Tee trinken. Viele gesundheitliche Probleme
> lösen sich über die Zeit von selbst.

DER MAGEN UND DER DARM

Das Thema ist ziemlich feste Verdauungsrückstände – aka Scheiße ... Der ganze Verdauungstrakt ist, neben dem Rücken, meine größte Baustelle.

Es ist hinlänglich bekannt, dass der Darm im Mittelpunkt unserer Gesundheit steht. Dieses größte innere Organ des Menschen ist mit Bakterien, Einzellern, Viren und Pilzen, dem sogenannten Mikrobiom, dicht besiedelt. Insbesondere die Darmbakterien sind an einer funktionierenden Verdauung ganz wesentlich beteiligt. Zusätzlich ist der Darm für unseren Stoffwechsel verantwortlich, ebenso für unsere Energiegewinnung und die Aufrechterhaltung des Immunsystems. Der Darm ist ein ziemlich cooler Hund. Umso schlimmer, wenn hier irgendetwas nicht richtig funktioniert. Meine Diagnosen lauten: Reizmagen und Reizdarm, Verstopfung, Sodbrennen, Divertikulitis.

Es gab Zeiten, da habe ich mir gewünscht, ich müsste nie mehr etwas essen. Morgens eine Infusion mit allen Nährstoffen, Kalorien und Vitaminen und *Zack!* – fertig für den Tag. Essen war und ist immer wieder mal eine Last für mich. Insbesondere, weil ich eigentlich sehr gerne esse. Wenn ich zurückdenke, habe ich genau genommen die letzten Jahrzehnte keine einzige Einladung zum Abendessen genießen können. Egal was oder wie viel ich gegessen habe, ich saß den ganzen anschließenden Abend mit Magen- bzw. Darmschmerzen am Tisch. Nachts wälzte ich mich stundenlang im Bett vor Schmerzen und Übelkeit, auch wenn ich nur wenig gegessen hatte. Zusätzlich kontraproduktiv war Alkohol zum Essen. Ohne Alkohol wurde es zwar nicht besser, aber Alkohol verschlimmerte die Symptome oftmals um ein Vielfaches.

Jeder Urlaub glich einer Tortour. Badeurlaub mit einem komplett aufgeblähten Bauch, weil ich 5–8 Tage nicht auf Toilette gehen konnte. Mein absoluter Urlaubsrekord liegt bei 10 Tagen!

Irgendwie hatte ich mein ganzes Erwachsenenleben das Gefühl, ich würde gerne vor 18 Uhr ein leichtes Abendbrot zu mir nehmen, so wie ich es als Kind gewöhnt war. In der heutigen Arbeitswelt schier unmöglich und das soziale Umfeld tut sein Übriges. Grillpartys und Geburtstagseinladungen ab 19:30 Uhr, 5-Gänge-Menüs von 20:00 bis 23:00 Uhr. Und ein Ehemann, der nicht vor 21:30 Uhr essen wollte.

Irgendwann habe ich meine Bedürfnisse vor die der Familie und der Freunde gestellt. Zunächst habe ich angefangen, vor 18:00 Uhr zu essen, und habe diesen Zeitpunkt immer weiter nach vorne verlegt. Es hat einige Zeit gedauert, bis alle am jeweiligen Esstisch Anwesenden mich nicht mehr erstaunt gefragt haben: „Isst du nichts?" – „Iss doch eine Kleinigkeit" – „Mach doch mal eine Ausnahme".

NEIN! Ich esse nichts, auch keine Kleinigkeit und mache auch heute keine Ausnahme.

Oft habe ich das Gefühl, dass ich für meine Disziplin beneidet werde und deshalb immer wieder versucht wird, mir die Mahlzeit nach 16 Uhr schmackhaft zu machen. Ich habe Ausnahmen gemacht und diese mit den altbekannten Schmerzen und Unwohlsein die ganze Nacht bezahlt. Die meisten Menschen am Tisch gehen, glaube ich, davon aus, dass ich leide, wenn ich beim Essen zusehen muss. Das ist mitnichten so. Ganz im Gegenteil. Ich bin froh, dass ich jetzt nichts essen muss und anschließend entspannt im Bett liegen kann.

Seit Jahren nehme ich nun meine Hauptmahlzeit zwischen 13:00 und 16:00 Uhr ein und mir geht es fantastisch. Fast alle Magen- und Darmbeschwerden sind verschwunden, die Verdauung funktioniert sogar im Urlaub! Ich quäle mich nachts im Bett nicht mehr mit Schmerzen und Unwohlsein. Und ein nicht zu unterschätzender Vorteil, ich kann abends Alkohol trinken und vertrage ihn sogar besser. **#stößchen!**

Irgendwann hat mich meine Tochter darauf aufmerksam gemacht, dass das, was ich hier mache, sogar eine schicke Bezeichnung hat – Intervallfasten (16:8-Methode).

Das häufige Sodbrennen, das sich primär während den Schwangerschaften bei mir eingestellt hat, um danach hartnäckig zu bleiben, wurde von mir mit Calcium- und Magnesiumcarbonat Tabletten behandelt. Eine Kombination aus diesen beiden Wirkstoffen neutralisiert die überschüssige Magensäure und wandelt sie in Wasser und andere natürliche Substanzen um. Seit ich mit dem Intervallfasten angefangen habe, habe ich auch kaum mehr Sodbrennen.

Tipp des Tages Nr. 8: Wenn ich eingeladen bin, bestelle ich mir, kurz bevor ich nach Hause gehe, manchmal noch ein Gericht, lasse es einpacken und esse es am nächsten Tag entspannt zwischen 14 und 16 Uhr. Und danke dem Gastgeber ganz herzlich.

Noch eine Anmerkung zum Thema „gesund essen". Gesunde, ausgewogene Ernährung bedeutet in der Regel: ein abwechslungsreicher Speiseplan mit viel frischem Gemüse und Obst, Getreide – möglichst in der Vollkorn-Variante, Hülsenfrüchte ...

Für mich ist Vollkorn und faserreiches Obst bzw. Gemüse total „ungesund", weil unverträglich bzw. schwer verdaulich. Auch das hat mich viele Jahre Versuch und Irrtum gekostet. Mein Gastroenterologe empfiehlt ballaststoffarmes Weißbrot. Jeder muss hier für sich herausfinden, was für den eigenen Körper gesund und zuträglich ist.

Mein Frühstück besteht zumeist aus einer verdauungsfreundlichen „Obst-Smoothie-Bowl" mit Joghurt, Nüssen, Chiasamen, Flohsamen, Leinsamen, Haferflocken. Das hochdosierte Magnesium gegen die Migräne sorgt ebenfalls für eine funktionierende Verdauung.

Ich gehe alle 5 Jahre zur Magen- und Darmspiegelung. In 2016 wurde ein Duodenaladenom ektomiert. Ein- bis zweimal im Jahr quält mich eine Divertikulitis (schmerztechnisch auch ganz weit vorne). Aber ich kenne meinen Körper, weiß, wie ich damit umgehe. Nach maximal einer Woche ist alles wieder im Lot.

Bei der letzten Untersuchung war alles in bester Ordnung, kein Rezidiv des Adenoms, reizlose Sigmadivertikulose – sozusagen *„seuchen- und trichinenfrei"*.

Kleiner Nebenschauplatz – meine letzte Magen- und Darmspiegelung: Die Magen- und Darmspiegelung wird in Kurznarkose durchgeführt. Ich hatte im Anästhesiebogen angegeben, dass ich auf diese Art der Narkose in der Regel eine starke Migräne entwickle. Das habe ich auch vor der Operation noch mit der Anästhesistin besprochen und dass ich ggf. direkt nach dem Aufwachen noch ein Schmerzmittel direkt über den gelegten IV-Zugang bekomme.

Die übereifrige Arzthelferin hat mir im Aufwachraum sofort den Zugang gezogen, also musste die Ärztin einen neuen Zugang legen – da „Fetzen-Migräne". Diese Einstichstelle schmerzte 2 Wochen, wurde dick und hart. Der Hausarzt diagnostizierte eine Venenentzündung und Thrombose und konnte mir nicht weiterhelfen. Nach weiteren 2 Wochen suchte in einen Phlebologen (Venen-Arzt) auf. Der kam zum gleichen Ergebnis. Ich wurde verabschiedet mit: „Da kann man nix machen. Der Thrombus könnte sich allerdings lösen und in die Lunge gehen ... einen schönen Tag noch". **#nichtdeinernst?**

Weniger Aufmerksamkeit, Interesse, Zugewandtheit und Wertschätzung durch Ärzte habe ich selten erfahren.

Ich habe mir einen Thrombosestrumpf für den Unterarm verschreiben lassen und an der betreffenden Stelle wochenlang Okklusionsverbände mit Heparinsalbe angelegt. Das war dann auch die Empfehlung der Anästhesistin, die mich netterweise zurückgerufen und beraten hat. Nach 4 Monaten wurden die Entzündung und die Schmerzen weniger, die Verhärtung löste sich langsam auf. Letztendlich habe ich die Entzündung selbst therapiert – mit Erfolg! **#meinkörpermeineverantwortung**

MEIN UNTERLEIB

Nachfolgend kommen die weiblichen Themen. Obwohl, auch Männer haben einen Beckenboden und eine Blase, die trainiert werden sollten. Viele Grüße von der Prostata und der erektilen Dysfunktion.

MEINE BLASE

Anekdoten aus dem Themenbereich „Geburt vs. Beckenboden":

Nach dem Kaiserschnitt (1. Kind) war blasentechnisch nichts mehr wie vorher, nach der natürlichen Geburt (2. Kind) ging's richtig bergab. Seither habe ich ein intermittierendes Ziehen in der Blase, manchmal fühlt es sich an, als wäre ein Fremdkörper drin oder ein Alien, der gegen die Blasenwand von innen tritt. Heftige Blasentzündungen mehrmals im Jahr gehörten nun zu meinem stets erweiterbaren Schmerzrepertoire. Sonographisch waren keine Veränderungen in der Blase zu erkennen, dann ist der Schuldige wohl der Beckenboden.

Tipp des Tages Nr. 9: Blasenentzündung kann man ggf. auch ohne Antibiotikum wieder loswerden. **#trinkentrinkentrinken**

Gerade wenn man seinen Körper kennt und schon beim leisesten Anzeichen weiß, was kommen wird. Mehrere Liter Blasentee, Preiselbeer-Muttersaft und hochdosiertes Vitamin C. Der Körper ist durchaus in der Lage, hier dann die Bakterien aus der Blase auszuschwemmen.

MEIN BECKENBODEN

Kleiner Tipp an alle Frauen – vermeidet natürliche Geburten. *Nein, Scherz!*

Also erst einmal zur Erklärung, was der Beckenboden überhaupt ist: Der Beckenboden verschließt sozusagen das Becken. Er besteht aus Fasern, Muskeln, Faszien, Sehnen und Bindegewebe. Die Beckenbodenmuskulatur arbeitet mit unserer Bauch- und Rückenmuskulatur zusammen. Am eigenen Frisch-nach-der-Geburt-Leib habe ich erfahren, dass der Beckenboden auch mit meiner Haltung und meiner Atmung korrespondiert. Nach Vornebeugen oder Husten ist gleichbedeutend mit „Wasser-Marsch"! Aufrichten und Brust-Raus wirkt sofort auf die Muskulatur und verhindert größere Lecks.

Ein intakter Beckenboden verhindert den unkontrollierten Harn- oder Stuhlverlust, deshalb soll er regelmäßig trainiert werden. Vom Beckenbodentraining profitieren auch Männer. Regelmäßiges Training kann mögliche Inkontinenz vorbeugen. Außerdem wird die Durchblutung der Muskeln im Beckenboden gefördert und so die Potenz ggf. gestärkt.

Schlau und diszipliniert, wie ich bin, habe ich meinen Beckenboden selbstverständlich immer trainiert. Ich bin mit dem Beckenboden Aufzug gefahren, habe Murmeln und Aprikosenkerne gedanklich hin und her bewegt, die liegende 8 angesteuert, meine Bauchmuskeln mit einem Sixpack versorgt. Mein Beckenboden ist auf Bodybuilding-Level. Jeder Gynäkologe ist begeistert, und trotzdem habe ich Probleme mit einer sogenannten Belastungsinkontinenz.

Plötzlich hatte ich doch einen Befund: Blasensenkung mit Lateraldefekt. Die gute Nachricht, ohne mein jahrzehntelanges Training wäre ich bereits ein Fall für den OP-Tisch und müsste mich einer Kolposuspension mit kombinierter Cervixfixation unterziehen. Ist wahrscheinlich genauso ätzend, wie es sich anhört.

Durch Zufall wurde ich in eine Studie „Behandlung der Belastungsinkontinenz mit Laser" aufgenommen. Die Behandlung ist ziemlich unangenehm und durchaus schmerzvoll (**#wegatmen**), hat aber geholfen.

Diese Laser-Therapie ist eine einfache nicht-invasive (unblutige) Behandlung für leichte Formen von Belastungsinkontinenz (Grad I-II). Hierbei wird das überdehnte Gewebe der Muskulatur und des Bindegewebes mittels Laserlicht gestrafft. Nach der Laserbehandlung wird das Hautgewebe angeregt, sich zu erneuern, in der Folge wird die Funktion verbessert. Im weiteren Verlauf regeneriert sich das Bindegewebe und stellt die benötigte Festigkeit wieder her.

Ich kann, mit kleinen Ausnahmen, wieder befreit hüpfen, kicken, springen, husten und niesen. Die Blasenentzündungen gehören der Vergangenheit an und der Alien hat die Blase verlassen, keine Tritte mehr ...

Natürlich wird der Beckenboden weiterhin täglich trainiert.

Tipp des Tages Nr. 10: Beckenbodentraining braucht kein spezielles Umfeld oder Trainingsgerät. Am Herd, im Aufzug, an der Bushaltestelle, auf dem Bürostuhl, im Bett liegend oder während des Zähneputzens. Einfach angewöhnen und die Zeit nutzen.

Ebenso achte auf eine *Pinkel-Hygiene*: „Ich geh noch **schnell** aufs Klo!" Kommt dir dieser Satz bekannt vor? Nimm dir immer Zeit, lass den Schließmuskel sich achtsam öffnen, vertraue auf deinen automatisierten Entleerungsreflex – bitte nicht drücken oder pressen.

Noch mal zurück zum Thema natürliche Geburt oder geplanter Kaiserschnitt. Ist auch immer ein großartiges Thema, um eine langweilige Party stimmungsmäßig ein wenig aufzupeppen.

Ich kann mitreden, da ich beide Geburtsversionen durchgemacht (oder sagt man erlebt?) habe: geplanter Kaiserschnitt in PDA bei Beckenendlage und eine natürliche Geburt auch in PDA wegen vorangegangenem Kaiserschnitt. **#legartis**

Nach dem Kaiserschnitt war ich nach 8 Wochen wieder in der Lage, meine 10 Kilometer unter einer Stunde zu absolvieren. Nach der natürlichen Geburt habe ich 6 Monate gebraucht, um wieder fit zu werden. – Ich lasse das einfach hier mal so stehen.

MEINE MENSTRUATIONSBESCHWERDEN AKA HEISSES MESSER

Menstruationsschmerzen, mit dem Gefühl, als würde jemand meinen Unterleib mit einem heißen Messer ausweiden, plus dunkle, tiefe Krämpfe ohne Pause und das 12-mal im Jahr, jeweils 8–10 Tage lang. Menstruationsblutungen so stark, dass ich jedes Mal dachte, dieses Mal werde ich endgültig verbluten. **#hypermenorrhoe**
Die erste Regel kam mit 12 Jahren, im Skilager, Aufenthalt 1 Woche. Ich war zwar darauf vorbereitet und hatte, in weiser Voraussicht meiner Mutter, eine Packung Binden dabei. Was dann aber kam, war mit nichts auf der Welt vorauszusehen. Blutungen so stark, dass die 10 Einlagen gerade mal 2 Tage reichten. Auf der Piste lief das Blut neben der Binde vorbei. Muss ich erwähnen, dass ich einen hellblauen Skianzug anhatte? Aber das alles war sekundär, denn ich hatte Unterleibsschmerzen und -krämpfe, die mir den Atem raubten. Ich habe das Ganze irgendwie durchgestanden und überlebt. Ich war der Meinung, das war alles nur so schlimm, weil es das erste Mal war. Das kann ja schließlich nicht immer so sein. Mein Uterus lachte, meine Eierstöcke lachten, mein ganzer Unterleib lachte.

42 Jahre, mit Ausnahme der Schwangerschaften und 3 Jahren Verhütung mit der Drei-Monats-Spritze (hier kein Zyklus), vom eigenen Körper alle 4 Wochen gequält. Jegliche Therapieansätze von Ärzten, Gynäkologen, Apothekern gleichsam ohne jegliche Wirkung. Nach den beiden Schwangerschaften wurden die Krämpfe sogar noch intensiver, was ich mir vorher gar nicht vorstellen konnte. Ich habe jeden Monat wieder gehofft, diesmal wird es nicht so schlimm, und wurde eines Besseren belehrt. Schmerzmittel waren hier nur bedingt erfolgreich (wie so oft bei mir), wenn wirksam, dann nur schmerzlindernd. Und dann kam der Tag! Pain over! Nie wieder! Ein Schmerz, der definitiv nie mehr zu mir gehören wird! **#schlussmit53**

MEINE WECHSELJAHRE

Und auch hier hat mein Körper bei der Verteilung der Befindlichkeitsstörungen ganz laut hier gerufen. Er kann es aber auch nicht lassen … Frei nach dem Motto: „Ich bin zwar immer noch heiß, es kommt jetzt nur in Wellen".

Mit gerade mal 42 Jahren ging es los. Zunächst mit Schlaflosigkeit und nächtlichen Schweißausbrüchen. Bis zu 10-mal umziehen während der Nacht keine Seltenheit. Die heftigen nächtlichen Schweißausbrüche wurden inzwischen von kurzen Hitzeattacken abgelöst, die oft nur Sekunden bis Minuten andauern, dafür aber über den ganzen Tag und die Nacht verteilt sind. Besonders beliebt, wenn ich gerade am Einschlafen bin und es macht *BÄMM!* Hitzeattacke plus erhöhter Puls = wieder hellwach!

„Insomnia" von Faithless – die Hymne meiner Jugend. Auch heute, nach wie vor und immer wieder eines meiner absoluten, lebenslangen Lieblingslieder. Das hat sich in mein vegetatives Nervensystem offensichtlich eingebrannt.

Zunächst einmal ist es mir egal, warum sich der Schlaf nicht einstellen will. Ich habe schon in meinen 20igern gelernt, jetzt um 2 Uhr morgens werde ich keines meiner Probleme lösen, es sei denn, die Lösung befindet sich in Kalifornien oder Singapur. Ich liege seesternförmig in Savasana-Haltung im Bett und genieße den Umstand, dass ich hier gemütlich liegen kann und es nichts zu tun gibt. Savasana bedeutet zu Deutsch so viel wie „Totenstellung". Man liegt mit geschlossenen Augen und entspanntem Körper auf dem Rücken, Arme neben dem Körper, die Handflächen zeigen nach oben. Man bewegt sich nicht und versucht einfach, in sich hineinzuspüren. Diese Schlaflosigkeit hat nichts mit der schlafraubenden Quälerei nach späten Mahlzeiten zu tun.

Hier sind die Hormone dafür verantwortlich. Zusätzlich zu den Hitzeattacken, die mich wachhalten, schlafe ich seit 15 Jahren in der Regel nicht mehr als maximal 5 Stunden und diese zumeist nicht sehr tief. Offensichtlich benötigt mein Körper nicht mehr Schlaf, denn ich bin morgens fit, tagsüber nicht müde und mein Körper befindet sich in der absoluten Höchstleistung-Phase meines gesamten Lebens. Ich war immer eher der Ausdauer-Mensch, aber seit geraumer Zeit bin ich zusätzlich zu gezieltem Krafttraining übergegangen. Ich habe mein Leben lang Sport gemacht, aber ich war noch nie so fit (psychisch und physisch), wie ich es heute bin. (Ich überlege derzeit, ob ich zur Spionin umschule. Mich könnte der Geheimagent nicht mit Schlafenzug foltern, um an Informationen zu gelangen).

Tipp des Tages Nr. 11: Schlafen wird überbewertet.
Oder versucht es mit einem Yoga Nidra.
Eine Stunde Yoga Nidra kann so erholsam und regenerierend
wirken wie 4 Stunden Schlaf! Nidras gibt es z. B. auf
Videokanälen und Musik Streaming-Diensten.
Wenn es gar nicht ohne medikamentöses Hilfsmittel geht,
probiert mal Melatonin aus.

MEINE KNIE

Mit 10 Jahren bin ich beim Eislaufen mit voller Wucht auf beide Knie gefallen und habe mir die rechte Kniescheibe angerissen. Die Behandlung damals: 1 Woche strikte Bettruhe und wochenlang zwei fest bandagierte Knie. Danach hatte ich jahrelange Kniebeschwerden. Ich konnte als Kind nie mehr schmerzfrei knien, geschweige denn danach aufstehen. Das rechte Knie war immer mehr in Mitleidenschaft gezogen als das linke. Es gab allerdings Jahre, da waren die Beschwerden weniger. Dafür kamen sie plötzlich, auch ohne Auslöser, zurück. Manchmal für nur einen Tag, manchmal für Wochen und Monate, um dann auch wieder genau so plötzlich zu verschwinden. Irgendwann war es seltsamerweise nur noch das linke Knie, das schmerzte. **#fehlbelastung**?

Ich kenne so viele Horrorgeschichten über missglückte Knieoperationen und -spiegelungen. In vielen Fällen haben sie nicht geholfen oder das Problem verschlimmert, deshalb habe ich meine Knieschmerzen nie ärztlich untersuchen lassen. Meine Langzeiterfahrung zeigte mir, die gehen auch wieder weg ...

Eine ganz große Erkenntnis meinerseits, meine Schlafposition hatte viel mit meinen Kniebeschwerden zu tun. In seitlicher Schlafposition mit angewinkelten Beinen liegt bei mir das obere Knie genau auf dem unteren Knie und drückt auf das mediale Seitenband und den M. satorius.

Mein Physiotherapeut propagiert Fahrradfahren als ultimative

Knieschmerz-Therapie. Für jemand, der sein Leben lang Fahrradfahren gehasst hat — nach 5 Minuten tut der Hintern weh, nach 8 Minuten der Rücken und nach weiteren 5 Minuten schmerzen auch die Handgelenke — ein doofer Tipp. Tja, was soll ich sagen, mittlerweile bin ich, wie oben erwähnt, Indoor-Cycling-Instructor und radle beschwerdefrei. Wenn sich etwas ändern soll, muss man etwas ändern! **#glaubenssätze**

M. sartorius und M. vastus medialis werden regelmäßig gestreckt, gedehnt und mit der Massagepistole und einem TENS-Gerät behandelt, beim Seitenschlafen kommt ein Kissen zwischen die Beine. Seither habe ich so gut wie keine Kniebeschwerden mehr. Sollten Verrenkungen oder leichte Verdrehungen durch Sport, ungeschicktes Einsteigen ins Auto oder unkonzentriertes Ausziehen der Jeans auftreten, kann ich die Schmerzen durch gezielte Übungen und Behandlungen schnell wieder in den Griff bekommen.

Tipp des Tages Nr. 12: Es empfiehlt sich, eine Massagepistole
und ein TENS-Gerät im Haus zu haben
und beides anzuwenden!
TENS steht für **T**ranskutane **E**lektrische **N**ervenstimulation.

MEINE FÜSSE

Zunächst einmal: Meine Füße sind super. Diese Füße tragen mich überallhin. Danke dafür! Diese Füße sind mit mir den Grand Canyon runter- und raufgewandert, haben unzählige Gipfel erklommen, sie sind mit mir, wie eingangs schon erwähnt, diverse Halbmarathons und einen Marathon gelaufen. Und sie gehen auch weiterhin im Schnitt mindestens 7.500 Schritte am Tag mit mir. Meine Füße haben den Vorteil, sie müssen kein Übergewicht tragen.

Kurzer Exkurs, weil er mir wichtig ist: Ich habe viele Jahre Praxisorganisationen durchgeführt. Einer meiner Kunden war eine große Orthopädie-Praxis.

Für mich nach wie vor eines der größten ärztlichen Rätsel:

Der Patient kommt zum Arzt, vorzugsweise direkt zum Orthopäden seines Vertrauens, und klagt über Rücken-, Hüft-, Knie- oder

Fußschmerzen. Der Arzt braucht erst einmal ein MRT oder sonstige Bildgebung. Ganz oft hatte ich beim Schreiben der Arztbriefe das Gefühl, der Patient hofft direkt, dass der Behandler etwas findet. Denn mit einer Diagnose gibt es Medikamente, Physiotherapie und schicke Operationen. Ein einziges Mal habe ich in so einem Brief den ärztlichen Rat „Gewichtsreduzierung empfohlen" gelesen. Das war ja schon mal ein erster Schritt. Aber anstatt den Patienten hier an die Hand zu nehmen und ihm zu erklären, was dieses Übergewicht mit seinem Körper, mit seinen Gelenken macht, bleibt es bei dieser kleinen Empfehlung. Kein Diätplan, keine Motivation, kein Coaching, keine Hilfestellung. Knie, Hüften und Rücken werden weiterhin maximal belastet und geschädigt. Vom Herz-Kreislauf-System mal ganz abgesehen.

Unser Gesundheitssystem kollabiert mit der Diagnose: Adipositas.

Gewichtsprobleme kenne ich, mit einer kurzen Ausnahme während der Pubertät, nicht, trotzdem habe ich habe Schmerzen in den Füßen. Der ausgleichenden Gerechtigkeit halber hat der linke Fuß andere Probleme als der rechte.

Es fing mit Taubheit in meinen Zehen an, linker Fuß. Dann konnte ich nicht mehr barfuß laufen, gerade morgens nach dem Aufstehen, der Weg zum Bad eine Tortur. Schmerzen in den Zehen 3 und 4, obwohl sie beide maximal taub waren, sehr seltsam. Wie immer dachte ich — das geht wieder weg. Nach 1 Jahr wurden die Symptome nicht besser, eher schlechter. Also bin ich doch auch mal zum Orthopäden meines Vertrauens. Ein Blick auf das angefertigte MRT — ich habe einen Tumor im Fuß, gutartig. Ein sogenanntes Morton Neurom[10]. Das Morton Neurom ist eine Verdickung des Mittelfußnervs. Laut „Dr. Google" verursacht es akut einschießende, brennende oder stechende Schmerzen im Mittelfuß und ein pelziges Kribbeln oder Taubheitsgefühle in den Zehen. *Stimmt!*

---

10 Weitere Infos zum Morton Neurom unter: *https://flexikon.doccheck.com/de/Morton-Neuralgie*, aufgerufen am 28.05.2024

Es gibt verschiedene Therapieansätze. Von einer Operation rät sogar mein Orthopäde ab. Ich habe versucht, die Schmerzen mittels Anästhetikum-/Cortison Injektionen in den Griff zu bekommen. Diese schalten den Schmerz aber nur 1–2 Wochen aus, deshalb bin ich davon wieder abgekommen. Solange ich Sneakers mit Einlagen oder Badeschlappen trage und Barfußlaufen strikt vermeide, habe ich null Beschwerden. Ich hole mir nun zweimal im Jahr von der Krankenkasse bezuschusste Einlagen. Meine fantastische Schuhkollektion bleibt wahrscheinlich für immer im Schrank. **#highheelsabzugeben**

Die Einlagen helfen mir nicht nur mit dem Morton Neurom, sondern haben gleichzeitig meine anderen Fußbeschwerden, derer ich auch noch so einige hatte, gelindert. Mit Knick-Spreiz-Senk-Füßen und Beckenschiefstand wird's im Alter ja auch nicht einfacher ...

Die Kleinzehen sind maßgeblich an der Funktion und Stabilität des Fußes beteiligt. Die kleine rechte Zehe hat bei mir einen sogenannten „Schneiderballen" ausgebildet. Zu langes Stehen und Gehen wird zur Folter. Hier habe ich mich lange durch Städtebesichtigungen, Museen, Bergtouren gequält. Im Reisegepäck immer mindestens 2 Paar bequeme Wechselschuhe. Einmal musste mein damals 13-jähriger Sohn im Urlaub mit mir Schuhe tauschen, weil ich sonst vor Schmerzen nicht mehr hätte weitergehen können und noch heute auf dem Highline Park in New York festsitzen würde.

Seit ich, wie oben beschrieben, brav meine Einlagen-Schuhe trage, habe ich diese Beschwerden nicht mehr. Auch der Verlust von ein bis zwei Zehennägel im Jahr, verursacht durch Stauchungen, gehört der Vergangenheit an. Ein weiterer Vorteil: viel weniger Gepäck im Urlaub. Merke: Pumps und hochhackige Sandalen sind im Urlaub entbehrlich. (*Es guckt eh keine Sau ...*)

Lange Zeit hatte ich morgens noch im Bett liegend und besonders nach dem Aufstehen gemeine Fersenschmerzen. Ich hätte da eine Achillodynie diagnostiziert. Ursache? Kein Fett an der Ferse (siehe Ellbogen) und die Matratze zu hart. Kleines Kissen darunter – Schmerz weg.

Tipp des Tages Nr. 13: Einlagen nur von einem Orthopädietechniker anfertigen lassen, der dieses Handwerk wirklich noch beherrscht.

EPILOG

Sollte es eines Tages einen Folgeband dieses Buchformats geben, werde ich euch berichten, wie man im Alltag Hämorrhoidenschmerzen gezielt wegatmen kann. Warum dir vor der Geburt niemand etwas über Milcheinschuss, Brustentzündungen und Rückbildungsschmerzen erzählt. Wir werden uns mit der Frage beschäftigen: Wie viel Ruhe braucht eine Muskelzerrung wirklich? Es gibt Antworten auf die Frage, warum man hinten aufhören sollte, wenn es vorne weh tut. Außerdem werdet ihr erfahren, warum Muskelkater durchaus ein angenehmer Schmerz sein kann. Zusätzlich werde ich Einblicke in die Rubrik „Trachtenumzug trotz gebrochener Zehe" geben, zusammen mit weiteren Anekdoten aus meinem reichen Repertoire an schmerzhaften Erfahrungen.

Im Rahmen meiner Tätigkeit für die oben erwähnte orthopädische Praxis habe ich Fragebögen von chronischen Schmerzpatienten ausgewertet. Damals wurde mir schlagartig klar, auch ich gehöre dieser Gruppe an. Mir war das vorher nicht bewusst. Ich fing an, all meine Schmerzbilder, die ich seit Kindheitstagen hatte, aufzuschreiben, und stellte fest, dass ich keine Woche in meinem Leben ohne Schmerzen gelebt habe.

Es geht sogar auch gleichzeitig. Die ultimative Schmerz-Sinfonie: Dumpfe Rückenschmerzen in der Lendenwirbelsäule, plus hoher, heißer Schmerz im Nackenbereich und unter dem Schulterblatt, das Spektrum erweiternde Menstruationsschmerzen, dazu pochende Zahnschmerzen, weil frisch 7 Zähne präpariert für Kronen, und als Sahnehäubchen obendrauf zusätzlich eine Migräne. **#queenofpain** Ich war Gott sei Dank nie ernsthaft krank, es waren immer NUR Schmerzen.

Ich habe gelernt, meinem Schmerz (den kleinen und den großen

„Wehwehchen") Raum zu geben, ihn zu würdigen und ihn anzunehmen, aber ihm auch nicht allzu viel Aufmerksamkeit zu schenken. Heute weiß ich, mein Schmerz braucht keine Anweisung von außen, keine Logik und keine Analysen. Hauptsächlich benötigt er Zeit, Liebe und Geduld. Schmerz ist positiv, hilfreich und gut. Weh tut es, weil da etwas ist, was zu mir gehört, auch wenn die Funktion primär gestört ist.

Der letzte Tipp des Tages: Der Schmerz in dir muss Heimat
finden. Versuche deinen Schmerz liebzuhaben. Behandle
deinen Körper achtsam und lerne, ihm zuzuhören.
Du hast nur diesen einen!

Vor einigen Jahren war ich fleißige Teilnehmerin einer Stadtspaziergänger-Gruppe mit außergewöhnlichen Sightseeing-Touren durch München. Hier war auch stets eine Gruppe älterer Damen (75+) mit dabei. An einem heißen Sommertag fingen drei der Damen an, sich über die Hitze zu beschweren, und klagten über diverse Schmerzen in Beinen, Rücken und Gelenken. Die vierte Dame daraufhin: „Ach, hören Sie endlich auf zu jammern. Ich bin hier mit Abstand die Älteste und beklage mich über nichts. Ganz ehrlich, wenn ich eines Tages morgens aufwache und keine Schmerzen mehr habe, bin ich tot!"

Dem gibt es nichts hinzuzufügen.

Hier geht es zur Website von Eva Hinterberger:
www.ehcoaching.de

MARCO AHNERT

Jahrgang 1972, ist ein erfolgreicher Unternehmer, Trader und Investor mit 25 Jahren Börsenerfahrung. Als Experte für Finanzmärkte hat er zahlreiche Projekte geleitet und Unternehmen erfolgreich aufgebaut. Neben seiner beruflichen Tätigkeit engagiert er sich als Mentor für Nachwuchsinvestoren und hält regelmäßig Vorträge zu Finanzthemen. Seine Leidenschaft für Innovation und nachhaltiges Wirtschaften prägt sein unternehmerisches Handeln.

DIE VERÄNDERUNG IN MEINEM LEBEN – ODER: WARUM ...

... JAMMERN UND ANDEREN DIE SCHULD GEBEN ÜBERHAUPT NICHTS BRINGT

VORWORT

Herzlich willkommen zu meinem Buchbeitrag. Mein Name ist Marco Ahnert, und ich erzähle davon, wie ich mein Leben grundlegend verändert habe, indem ich mich von der erlernten Hilflosigkeit, die in unserer Gesellschaft leider weit verbreitet ist, befreit und meinen Weg in die wirtschaftliche, mentale und spirituelle Unabhängigkeit begonnen habe.

Ich starte meine Geschichte an dem Punkt, an dem ich meinen persönlichen Tiefpunkt im Leben erreicht habe, aber nicht über den Tiefpunkt selbst – denn ich will meinen Weg heraus beschreiben und nicht den Blues anstimmen. Ich habe keinen akademischen Titel, noch fühle ich mich in irgendeiner Form erleuchtet, besonders weise oder berufen. Mein Ziel ist es, meine Geschichte zu erzählen und keinen ultimativen Ratgeber niederzuschreiben. Ich beschreibe meinen Weg, den ich gegangen bin, was ich gemacht habe und wie sich sowohl meine Sichtweise als auch die Ergebnisse verändert haben. Ich glaube nicht, dass mein Weg für jeden ideal ist und habe auch nicht den Anspruch.

Warum dieser Buchbeitrag? Ganz einfach: Ich bin es leid, die ewige Jammerei und das Fingerzeigen auf andere zu sehen. Veränderung ist möglich, egal wie tief du im Sumpf steckst. Meine Erfahrungen und die Lehren daraus könnten dir helfen, deinen eigenen Weg zu finden – wenn du bereit bist, die Verantwortung für dein Leben zu übernehmen.

Dieser Buchbeitrag ist für alle, die sich gefangen fühlen und endlich ausbrechen wollen. Für die, die bereit sind, neue Wege zu gehen und die Angst vor Veränderung abzulegen. Für die, die es leid sind, sich mit ihrem Elend zu identifizieren. Wenn du nach einer Anleitung suchst, wirst du sie hier nicht finden. Aber vielleicht findest du den Anstoß, den du brauchst, um deinen eigenen Weg zu entdecken. Denn dein Weg wird anders sein als meiner oder der von anderen, da du ein eigenständiger Mensch bist. Ich werde dich nicht mit wissenschaftlichen Erkenntnissen beglücken. Denn es gibt nur einen Erfolgsgaranten, und der ist die Kernaussage meines Beitrags: Du musst was tun – ja, du. Nicht ich, nicht ein Coach, nicht dein Partner, nicht dein Kind oder sonst wer – DU!

Auf den folgenden Seiten werde ich schonungslos meinen Weg und meine Irrtümer beschreiben, aber auch schonungslos mit dir sein. Für sehr sensible Menschen kann das fordernd sein, und manche werden sich möglicherweise persönlich angegriffen fühlen. Aus meiner Tätigkeit in der Erwachsenenbildung weiß ich, dass diese mich dann gerne aufgrund meines Schreibstils, meines fehlenden akademischen Grades oder anderer Punkte versuchen zu verreißen, anstelle mal zu reflektieren.

Es gibt immer einen Weg, sich aus den Fesseln von Angst und Unsicherheit zu befreien und ein erfülltes Leben zu führen. Manchmal beginnt dieser Weg mit einem kleinen Schritt, den man erst später als entscheidend erkennt. Ich lade dich ein, mich auf dieser Reise zu begleiten, und hoffe, dass du Inspiration und Mut findest, deinen eigenen Weg der Veränderung zu gehen.

Im Jahr 2014 war ich bereits 13 Jahre im Handelsaußendienst tätig. 2006 bekam ich einen neuen Vorgesetzten, bei dem ich mich ernsthaft fragte, wer auf die Idee gekommen war, ihn einzustellen. Wenn man eine Gehirnregion besonders beansprucht – das passiert, wenn man sich auf etwas konzentriert –, verbraucht diese Region nach wissenschaftlichen Erkenntnissen (o.k., ganz ohne Wissenschaft geht es doch nicht) ca. 20 % mehr Energie. Mein Eindruck war, dass er sehr sparsam mit seiner Energie umging.

Ich muss gestehen, dass ich auch eher zu den Revoluzzern gehörte und ständig auf Konfrontation mit meinem Chef aus war. Mein Verhalten war eine Mischung aus Geltungsbedürfnis, einem Autoritätsproblem und einem innerlichen Widerstand gegen Aufgaben, deren Zweck ich nicht verstand. Wer einmal in einem Konzern oder einer größeren Firma gearbeitet hat, weiß, wovon ich spreche. Ich verbrachte viel Zeit und Energie damit, Gründe zu finden, warum die Aufgabe Schwachsinn ist. Außerdem war es bequem, dem Vorgesetzten die Schuld zu geben und mich als Opfer der Umstände darzustellen, anstelle nach einer konstruktiven Lösung für die Aufgabe zu suchen. Mit so einer Einstellung wirst du selten Angestellter des Monats, auch wenn du sonst gute Umsätze machst. Schon gar nicht wirst du bei Beförderungen berücksichtigt. Vielmehr findest du irgendwann eine Zielscheibe auf deinem Rücken.

Als Familienvater mit einer Immobilienfinanzierung überlegst du dir irgendwann, ob du wirklich bereit bist, so weiterzumachen. Also begann ich irgendwann zu resignieren. Das Schwerwiegende, was ich damals noch nicht merkte, war, dass meine Resignation dazu führte, dass sich über die folgenden Jahre ein immer stärker zunehmender innerlicher Widerstand aufbaute.

Ich kam immer mehr aus dem Gleichgewicht. Dieses Ungleichgewicht zeigte sich bei mir durch unterschiedliche Symptome, die ich zu dieser Zeit noch nicht verstand. Mein mangelndes Selbstwertgefühl, welches dadurch entstand, versuchte ich durch unterschiedliche Maßnahmen zu kompensieren. Ich stattete meinen neuen Dienstwagen mit praktisch jedem Sonderzubehör aus, das man buchen konnte. Natürlich musste ich dafür einen hohen monatlichen Preis zahlen. Ich fing an, mich sehr teuer einzukleiden. Meine Alltags- bzw. Arbeitskleidung war teurer und edler als mein Anzug, den ich zu unserer Hochzeit trug.

Ich wurde immer härter zu mir selbst, drillte mich praktisch selbst und ging 6-mal in der Woche ins Fitnessstudio und trainierte immer an der Leistungsgrenze. Dummerweise übertrug ich diese hohen Ansprüche auch auf meine Familie. Ich explodierte regelmäßig selbst bei Kleinigkeiten, forderte von meinem Sohn Bestleistungen in der Schule und zu Hause und kritisierte meine Frau. Meine Familie bekam regelrecht Angst vor mir. So verheimlichten sie aus Angst Dinge vor mir, über die ich mich noch mehr aufregte, wenn ich sie herausbekam.

So ein Lebensstil lässt sich nur eine gewisse Zeit aufrechterhalten. Wenn du ständig über die eigenen Energiereserven hinausgehst, wartet irgendwo das dicke Ende auf dich. Bei mir begann es damit, dass ich am Sonntagabend nicht mehr einschlafen konnte. Nach und nach schlief ich keine Nacht mehr durch bzw. gar nicht mehr. Gesundheitliche Probleme häuften sich und zwangen mich letztendlich zu einer neunmonatigen Auszeit mit ambulanter Betreuung — also Therapie.

Die Zeit, die ich zu Hause verbrachte, hätte ich leicht mit Fernsehen verbringen können. Tatsächlich gab ich diesem Impuls am Anfang auch nach. So starrte ich auf den Bildschirm eines für das Zimmer überdimensionierten, damals sündhaft teuren High-End-Fernsehers mit einer Breite von ca. 200 cm, den ich damals noch angeschafft habe, um Freunde und Bekannte zu beeindrucken, um mir, so dachte ich, die Zeit zu vertreiben. Diese Phase dauerte ein paar Tage. Länger war das, was einem so im Fernsehen angeboten wird, auch nicht auszuhalten. Durch meine Arbeitszeit und die regelmäßigen Aktivitäten im Fitnessstudio kam ich relativ selten zum Fernsehen, was die Anschaffung dieses Monsters noch absurder machte.

Wenn du es gewöhnt bist, den ganzen Tag, davon 8—10 Stunden fremdbestimmt, beschäftigt zu sein und plötzlich nichts mehr zu tun hast, stellt dich das erst einmal vor eine unlösbare Herausforderung. Besonders, da es auch gerade Mitte Januar war, fielen die meisten Aktivitäten im Freien aus. Zudem war ich auch gesundheitlich angeschlagen. „Lies doch ein Buch", schlug meine Frau mir vor. Tolle Idee, dachte ich. Dazu hatte ich absolut keine Lust, weil ich auch nicht die innere Ruhe hatte, mich hinzusetzen und konzentriert zu lesen. Da ich auch nicht gut schlief, waren meine Augen auch zu müde, um lesen zu können. Die ganze Zeit waren mein Geist und mein Körper im Alarmzustand. Wenn ich auf einem Stuhl saß, krallten sich meine Hände an die Armlehnen des Stuhls fest und meine Beine waren angespannt, als ob ich auf einen Startschuss wartete, um loszusprinten. Später wurde mir mal erzählt, dass ich immer wie eine zusammengepresste Sprungfeder aussah, die kurz vor der Auslösung stand. Bis dahin war mir auch noch nicht bewusst, was eigentlich mit mir war. Nach meiner Meinung waren meine Schlafstörungen schuld an meiner Situation.

Nach ein paar Wochen in der ambulanten Therapie wurde ich etwas ruhiger, und langsam verstand ich, was ich da eigentlich mit mir, aber auch mit meiner Familie gemacht habe. Dieser Zeitpunkt markierte meinen persönlichen Tiefpunkt. Ich geriet in eine schwere emotionale Krise, die eine Mischung aus Bestürzung, Scham, Schuldgefühlen, Ohnmachtsgefühlen, Wut, Trauer und Selbstmitleid war. Besonders weil ich sonst eher der nüchterne und verstandesbetonte Typ bin, war das sehr intensiv. Tagelang war ich zu nichts zu gebrauchen.

Als sich langsam der Staub legte und ich wieder klare Gedanken fassen konnte, fragte ich mich, wie ich dafür sorgen könnte, dass es nie wieder zu so einer Situation kommt. Nur hatte ich keine Antwort bzw. drückte ich mich vor der Wahrheit. Denn eigentlich hat sich noch nichts geändert. Der Job war immer noch unerträglich, wir hatten immer noch eine Immobilienfinanzierung, und ich war „nur" krankgeschrieben, was bedeutete, dass alles nur aufgeschoben war, bis es wieder von vorne losgeht. Ein beklemmendes Gefühl – als wenn du in einer Falle sitzt. Nun stand es um mein Selbstbewusstsein auch noch nicht besser und so war einfach kündigen keine Option. Mir war aber bewusst, dass es so nicht einfach weitergehen kann. Nun springen dich tolle Ideen nicht einfach an oder es geschehen Wunder. Jedenfalls war es bei mir nicht so – nicht sofort.

Nach den ersten zwei Wochen zu Hause verbrachte ich zehn Wochen in einer Tagesklinik. Eine Tagesklinik ist so etwas wie Arbeiten gehen ohne Arbeit oder offener Vollzug umgekehrt. Du verlässt morgens das Haus und fährst in eine Einrichtung, um nichts zu tun – jedenfalls nichts Sinnvolles, wie ich damals dachte. Für mich war das ein echter Schock. Vier Wochen vorher habe ich noch Deals abgeschlossen und nun saß ich da und malte Mandalas aus. Mein erstes Mandala habe ich in fünf Minuten ausgemalt. Ich bekam den netten Hinweis, dass ich hier von 8:00 bis 16:00 Uhr bin und dazwischen keine nennenswerten Termine liegen. Ich könne mir also Zeit lassen. Leichter gesagt als getan. Die ersten Wochen waren eine Tortur. Diese spontane Veränderung meines Tagesablaufs, von 150 auf 0, war wie ein kalter Entzug. Ich fühlte mich total fehl am Platz. Zum einen, weil es mir fehlte, etwas zu tun, und zum anderen, weil ich viele der anderen Patienten ziemlich schräg fand. Wahrscheinlich ging es ihnen mit mir nicht anders.

Einmal in der Woche hatte ich ein Gespräch mit einem Therapeuten. Meine Erwartung war, dass er da wäre, um mir zu helfen, was grundsätzlich auch stimmte – nur nicht so, wie ich dachte. Ich saß also da und wartete auf die Lösung für meine Schlafstörung. Umso mehr irritierte es mich, dass es keine Antwort gab, sondern nur Fragen. „Ich dachte, Sie sind da, um mir zu helfen, also helfen Sie mir." – „Sagen Sie, was ich tun soll." Ich verstand nicht, dass ich etwas tun muss und nicht der Therapeut. So fand ich den Therapeuten auch nicht hilfreich. Wieder habe ich die Verantwortung für meine Situation von mir auf eine andere Person übertragen. Ich mache ja alles richtig! Heute bewundere ich solche Menschen, die mit solchen Vögeln, wie ich einer war, umgehen können. Ich hätte mich rausgeschmissen.

Nach 9 Monaten, zum 01.06.2015, galt ich als genesen und arbeitsfähig und wurde wieder in meine alte Position gesteckt und sollte wieder direkt von 0 auf 100% starten. Mir wurde klar, dass sich zwar die Kollegen und Kunden freuten, mich wiederzusehen, mit denen ich ein positives Verhältnis hatte, aber an den Bedingungen sich überhaupt nichts geändert hat. Ich habe in der Vergangenheit ergebnislos versucht, Dinge zu ändern, habe sinnlose Gefechte geführt und mich aufgerieben.

Mir dämmerte langsam, dass ich die Veränderung herbeiführen muss. Aber nicht die Bedingungen, den Chef oder die Kollegen oder Kunden muss ich ändern, sondern mich!

Das ist aber leichter gesagt, als getan. Da meine Haltung, zu erwarten, dass andere für meine Situation verantwortlich sind und mir auch zu helfen haben, nicht förderlich war, dauerte es auch etwas länger, bis ich überhaupt fähig für eine Veränderung war.

Bei mir ging es mit einem kleinen Schritt los, den ich damals auch noch nicht als einen erkannte.

Mir wurde vom Therapeuten die Teilnahme an einem Lehrgang für autogenes Training verschrieben, um innere Ruhe zu finden. Meine Begeisterung hielt sich damals stark in Grenzen. Nach wie vor war ich ja ein Kopfmensch und hielt das alles für Hokuspokus oder esoterischen Unfug. Verschrieben ist aber nun mal verschrieben und ich fügte mich widerwillig. So fand ich mich bei meiner ersten Sitzung mit 5 anderen Leuten in einem Kellerraum, der mit einem hellen Veloursteppich, weiß gestrichenen Raufasertapeten, einer Stapelanbauwand aus den 90ern und dunkelbraunen Wipp-Sesseln mit Metallgestell, aus denen man immer schwer wieder herauskommt, aufgehübscht wurde, wieder, um „das Atmen" zu lernen und Bäume zu umarmen – so meine Denke. Ich war voller Vorurteile und rechnete mit einem Mann, soviel wusste ich schon, der lange, zottelige Haare, einen zu weiten, naturfarbenen Wollpulli, Schlabberhosen und abgelatschte Sandalen trägt und mit spirituellen Weisheiten um sich wirft.

Meine Überraschung war entsprechend groß, als ein ca. 65-jähriger Mann im Anzug und sehr gepflegtem Haarschnitt vor mir stand und mich sehr freundlich begrüßte und, nach meinen damaligen Maßstäben, normal wirkte.

Mir gefiel, dass er vorher erklärte, worum es geht, worauf es ankommt und was der Zweck ist. Wahrscheinlich war ich auch nicht der Erste, der skeptisch dem Thema gegenüberstand, denn das konnte man mir garantiert ansehen. Er verstand es jedenfalls, alle Teilnehmer so abzuholen, dass sie mitmachten – vielleicht auch nur mich. Nach der Sitzung war ich überrascht, wie gut das geklappt hat. Autogenes Training besteht aus einer Reihe von Grundübungen, die z. B. zur Muskelentspannung führen oder helfen, den eigenen Herzschlag wahrzunehmen, um eine Gesamtentspannung herbeizuführen. Wir haben bei jeder Sitzung eine weitere Grundübung gelernt und diese dann in einer Abfolge angewandt. Bis heute mache ich autogenes Training!

Durch das autogene Training fand ich einen Weg, meinen Körper und Geist zu beruhigen. Alternativ lernte ich auch die Progressive Muskelentspannung kennen. Progressive Muskelentspannung ist eine Entspannungstechnik. Sie basiert auf dem Prinzip, dass körperliche Entspannung durch systematisches Anspannen und anschließendes Entspannen verschiedener Muskelgruppen erreicht werden kann. Sie kann helfen, Stress abzubauen, die Schlafqualität zu verbessern und körperliche Spannungen zu reduzieren. Für mich war autogenes Training hilfreicher.

Durch den Ruhezustand, den ich durch dieses Training erreichte, konnte ich anfangen, mich objektiv mit meiner Situation auseinanderzusetzen. Oder anders gesagt, zu reflektieren. Dinge oder Situationen, die bei mir immer eine Emotion auslösten, wie z. B. Angst vor Jobverlust, lernte ich sachlich zu betrachten. So konnte ich anfangen, mich mit meinem Wunsch nach Veränderung konstruktiv auseinanderzusetzen.

Meine Unzufriedenheit über die aktuelle Situation war mir bewusst. Damit alleine liegt mein Fokus aber bei der Unzufriedenheit. Wichtig war, dass ich auch eine Veränderung meiner Situation herbeiführen will. Das ist eine Hürde, die ich bei mir damals, dank der erlernten Fähigkeit zu meditieren, erkannte und noch heute bei vielen Menschen sehe, wenn ich mich mit ihnen unterhalte. Viele Menschen identifizieren sich mit ihrer Unzufriedenheit, jammern, geben anderen die Schuld für ihre Situation und erwarten, dass andere ihren Job machen. Mit Job meine ich, eine Entscheidung zu treffen, etwas zu verändern. Die meisten sagen Sätze wie: „Ich müsste mal ... machen".

Diese Entscheidung zu fällen, war mein nächster Schritt, auch wenn ich noch nicht wusste, was ich tun soll. Trotzdem ist das der notwendige nächste Schritt. Ohne ihn geht es nicht weiter und du bleibst in der Jammer-/Meckerphase und Opferrolle stecken. Ich habe auch viele Menschen kennengelernt, die mit „ich weiß das alles" entgegnen, weil sie das in einem Buch gelesen oder bei einem Seminar oder in einem Video gehört haben. Leider reicht es nicht aus, etwas zu wissen, wenn du es nicht tust. Diese Entscheidung scheuen aber viele Menschen, weil sie dann eine Verpflichtung eingehen, etwas zu unternehmen, und es ein schlechtes Gefühl ist, wieder zu versagen. Es ist ja bequemer, die Verantwortung von sich zu schieben und die Opferrolle einzunehmen. So wird vorgeschoben, keine Zeit zu haben, weil man gerade eine andere Baustelle hat, der Partner oder man selbst ist oder war krank, die Handwerker kommen ins Haus, der Urlaub steht in drei Wochen an usw. Alle wollen, dass sich ihre Situation verbessert, aber sich nichts verändert. Allerdings sagte schon Albert Einstein, dass es Wahnsinn ist, immer wieder das Gleiche zu tun und ein anderes Ergebnis zu erwarten.

Ich fällte also die Entscheidung und verspürte eine Erleichterung, als ob ein Knoten in meiner Seele aufgegangen ist. Ich wusste immer noch nicht, was ich tun soll, und das blieb auch noch ein paar Monate so. Was hat sich aber seit meiner Entscheidung, etwas verändern zu wollen, geändert? Mein Fokus hat sich geändert! Ich konzentrierte mich nicht mehr auf das Problem. Ich öffnete meinen Geist für mögliche Lösungen, die ich bislang nicht wahrgenommen hatte, weil ich mit Jammern, Selbstmitleid und Opferbewusstsein beschäftigt war. Und tatsächlich fand ich am 24.10.2015 die Antwort auf die Frage des „Wie", für die ich am 11.10.2014 keine offenen Augen hatte, obwohl es die gleiche Antwort war. Nur lag da mein Fokus noch auf meinen Problemen und ich gefiel mir in der Opferrolle. Was ist an den beiden Tagen passiert? Welche Chance hat sich mir an den beiden Tagen geboten, die ich völlig unterschiedlich wahrnahm und so auch unterschiedliche Entscheidungen getroffen habe? Darauf komme ich etwas später noch einmal zurück.

Seit 1999 beschäftige ich mich mit der Börse und handele mit Aktien. Wer sich selbst mit der Börse auseinandersetzt, weiß, welche Zeit das war. Mitte der 1990er Jahre wurde das Internet kommerzialisiert. Unternehmen erkannten das Potenzial des Internets als Plattform für Handel, Dienstleistung und Kommunikation. Der Zugang zum Internet wurde durch die Verfügbarkeit kostengünstiger PCs und Internetdienstanbieter erleichtert. Haushalte und Schulen begannen, Internetzugänge zu installieren, und die Nutzung stieg exponentiell an.

E-Mail wurde zu einer gängigen Kommunikationsform. Online-Dienste wie AOL und CompuServe boten Benutzeroberflächen und Inhalte an, die den Zugang und die Nutzung des Internets weiter förderten.

Die Kosten für den Start eines Internetunternehmens waren vergleichsweise gering. Eine Idee, eine Website und ein wenig Kapital reichten oft aus, um ein Unternehmen zu gründen.

Risikokapitalgeber waren bereit, große Summen in neue Internetunternehmen zu investieren, oft ohne solide Geschäftsmodelle oder unmittelbare Gewinnpläne. Die Aussicht auf massive Gewinne trieb diese Investitionen an.

Einige frühe erfolgreiche Börsengänge sorgten für enormes Aufsehen. Das inspirierte viele weitere Start-ups, den Börsengang zu wagen, um Kapital zu beschaffen.

Die Medien berichteten ausführlich über die Erfolge von Dotcom-Unternehmen, was zu einem spekulativen Hype führte. Junge Unternehmer, die über Nacht zu Millionären wurden, zogen weitere Investoren und Gründer an.

Die Innovationsfreude war groß, und viele Unternehmen experimentierten mit neuen Geschäftsmodellen, von Online-Shops über Suchmaschinen bis hin zu sozialen Netzwerken und anderen digitalen Dienstleistungen.

Die Erwartung, dass das Internet jede Branche revolutionieren würde, führte zu einer massiven Spekulation. Investoren setzten auf zukünftige Gewinne und ignorierten oft aktuelle Geschäftskennzahlen. Viele Dotcom-Unternehmen wurden stark überbewertet, basierend auf ihrem Potenzial statt auf ihren tatsächlichen Erträgen. Aktienkurse stiegen in unrealistische Höhen.

Die Gier nach schnellem Reichtum und die allgemeine Euphorie trieben sowohl erfahrene als auch unerfahrene Investoren in den Markt. Die Vorstellung, das nächste große Ding nicht verpassen zu wollen, führte zu irrationalem Verhalten.

Um das Jahr 2000 herum begannen Investoren zu realisieren, dass viele Dotcom-Unternehmen ihre hohen Erwartungen nicht erfüllen konnten. Die Aktienkurse fielen stark und viele Unternehmen gingen pleite.

Das Platzen der Blase führte zu erheblichen finanziellen Verlusten für Investoren und verursachte eine Rezession in der Technologiebranche. Leider hatte ich damals überhaupt keine Ahnung und habe dort auch investiert und verpasste aus Unwissenheit den rechtzeitigen Ausstieg. Meine Investition stieg um 30%, um dann um 98% in sich zusammenzufallen. Alles, was von meiner Investition übrig blieb, reichte, um für meine Frau und mich damals ein Nudelgericht beim Italiener zu finanzieren. So war der Traum vom schnellen Reichtum an der Börse für mich erst einmal ausgeträumt und das Geld weg. Ich beschäftigte mich aber weiter mit dem Thema, sparte wieder langsam Geld. Ich besuchte alle möglichen Schulungen, um mich weiterzubilden. Der Erfolg war, dass ich kein Geld mehr verlor, aber auch nicht so richtig vom Fleck kam. So blieb das Thema Börse die ganze Zeit mehr ein Hobby als eine Alternative.

Das lag auch daran, dass mein Fokus auch immer auf meinen Problemen lag und nicht bei möglichen Lösungen.

Am 11.10.2014 fand in der Kongresshalle in Berlin am Alexanderplatz der Berliner Börsentag statt. Der Berliner Börsentag ist eine Finanzmesse, die jährlich stattfindet und sich hauptsächlich an Privatanleger richtet. Vor der Coronapandemie waren diese Börsentage ein Mekka für die Finanzcommunity. Banken versuchten, dich für ihre Finanzprodukte zu begeistern, und Finanzdienstleister wollten dein Geld für dich anlegen. Mich interessierten immer die Vorträge, die über den Tag verteilt von Fachleuten gehalten wurden. Ich bestellte mir immer vorab das Programm, in dem die Themen und die Redner aufgelistet waren. Pünktlich um 9:30 Uhr stand ich am Börsentag vor der Tür, um rechtzeitig zum ersten Vortrag da zu sein.

Am Eingang bekam ich einen Stoffbeutel mit einem Kugelschreiber, ein paar Prospekten und einem Börsenbuch von einem unbekannten Verfasser und an den Ständen gab es immer irgendwelche kleinen Give-aways. Es ist schon interessant, was man so alles eintütet, wenn es umsonst/kostenlos ist. Viele der Bücher, die ich auf den Messen bekommen habe, stehen noch immer eingeschweißt im Regal.

An diesem Tag 2014 betrat ich die Halle mit den Ausstellern. Sofort fiel mir ein Stand ins Auge, weil er neu war. Zumindest ist er mir in den Jahren zuvor nie aufgefallen. Es war ein kleiner Tisch, der von zwei Rollaufstellern gesäumt war. Auf diesen Aufstellern standen Werbesprüche wie „über 20 % Rendite im Jahr" oder so ähnlich. Davor standen 2–3 Personen, die Flyer verteilten.

Mit meinen Erfahrungen, die ich durch die Dotcom-Blase gemacht hatte, im Hinterkopf und den mäßigen Erfolgen bisher kam mir spontan ein Gedanke und eine Bezeichnung für die Menschen, die dort standen und Flyer verteilten, in den Kopf, die ich hier nicht 1:1 wiedergeben möchte. Entschärft beschrieben hielt ich das für unseriös. Ich ging in einem großen Bogen um diesen Stand, um bloß nicht angesprochen zu werden und schon gar keinen Flyer nehmen zu müssen, und vergab zurückblickend eine Gelegenheit. Der restliche

Tag verlief nach diesem Moment wie alle anderen Besuche des Berliner Börsentags. Ich schaute mir die Vorträge an und ging uninspiriert nach Hause, um mich wieder meinem selbstgemachten Elend für ein Jahr hinzugeben.

Der Oktober 2015 verlief klassisch. Ich war 4 Monate wieder in der alten Tretmühle. Im Job startete das letzte Quartal des Jahres und ich musste los und mit den Kunden sprechen, die mit ihren Umsätzen hinter den Vorjahreszahlen lagen und so mein fremdbestimmtes Ziel gefährdeten. Seit meiner Entscheidung, etwas zu verändern, sind nun etwas über 3 Monate vergangen. Es ist nicht so, dass ich jeden Morgen aus dem Fenster schaute und am Horizont nach dem Wunder suchte, aber ich habe einige Dinge probiert.

Zum Beispiel habe ich ein Fernstudium zum Betriebswirt angefangen und mich mehrfach beworben. Ich wollte eigentlich keinen anderen Job haben, weil ich verstanden habe, dass es in anderen Firmen auch nicht anders läuft und ich noch immer der gleiche Mensch war. Allerdings habe ich ein Coaching gebucht, um nach einer Antwort zu suchen. Ich bin wieder in die Falle getreten und habe erwartet, dass der Coach mir sagt, was ich tun soll. Allerdings hat er mir auch nur Fragen gestellt – echt frustrierend. Auf eine Frage hat er aber dann tatsächlich Antwort gegeben und einen Rat angehängt. Als ich fragte, ob ich mich woanders bewerben soll, sagte er, ja, mach das unbedingt. Und noch mehr, bewirb dich für Jobs, die du überhaupt nicht haben willst, und für Jobs, die Qualifikationen erfordern, die du nicht hast. Warum sollte ich das machen, fragte ich. Ganz einfach, sagte er. Bei den Jobs, die du nicht haben willst, übst du, dich richtig zu verkaufen. Nein sagen kannst du dann noch immer. Bei den überqualifizierten Jobs übst du, mit einem Nein umzugehen, und vielleicht bekommst du so einen Job, mit dem du niemals gerechnet hast. Gesagt, getan. Ich habe einige Bewerbungsgespräche geführt und auch einige Neins kassiert. Gewechselt habe ich nicht, aber ich habe viel dabei gelernt und ich wurde von Termin zu Termin lockerer und entspannter.

Anfang Oktober lag der alljährliche Brief mit der Einladung zum

Berliner Börsentag mit dem Programm der Redner in meinem Brief-kasten. Wie üblich markierte ich die Vorträge, die ich mir anschauen wollte. Für den 14 Uhr-Vortrag fand ich erst keinen, den ich ernsthaft sehen wollte. Dennoch markierte ich einen und fuhr morgens recht-zeitig los, um pünktlich um 9:30 Uhr am Eingang zu stehen.

Überpünktlich stand ich also vor der Kongresshalle am Alexan-derplatz, um den ersten Vortrag nicht zu verpassen.

Wie immer kam ich rein, nahm meinen Stoffbeutel mit Kugel-schreiber, Prospekten und dem Buch unbekannter Herkunft als In-halt in Empfang, schaute, welches Buch ich neben die anderen stel-len kann, und lief los. Ich betrat die Halle mit den Ausstellern und sah sofort den Stand, um den ich vor einem Jahr schon einen Bogen ge-macht habe, um nicht angequatscht zu werden. Der Tisch war gleich und auf den Rollaufstellern standen weiter die von mir empfunde-nen reißerischen Sprüche. Wieder standen die gleichen Personen da-vor. Ich dachte zuerst, ich habe ein Déjà-vu. Dann las ich die Wer-bung wieder und bestätigte meine Meinung vom Vorjahr. Allerdings kam ein Folgegedanke, der den vorangegangenen etwas abzu-schwächen schien. „Der hält sich aber länger, als ich dachte", schoss mir durch den Kopf. Während ich diesen Gedanken noch verarbeite-te, setzte ich an, um wieder einen großen Bogen um den Stand und die Leute zu machen, damit ich nicht mit ihnen reden muss.

Nach dem zweiten Vortrag setzte ich mich in die Mensa, um etwas zu essen. Die meisten Börsentagbesucher nutzen die Mensa zum ei-nen, um zu essen. Allerdings bringen viele sich ihr Essen mit, weil die Wurst, die dort verkauft wird, unverschämt teuer ist und die Auswahl auch nicht überragend ist.

Den zweiten Zweck erfüllt die Mensa als Altpapierlager. In den ersten Stunden pilgern viele Besucher von Stand zu Stand und stop-fen sich Give-aways und aus Höflichkeit auch Prospekte in ihren Stoffbeutel. Die schönste Tasche gab es damals bei der Deutschen Bank. Es war eine große dunkelblaue Tasche aus einem reißfesten Kunststoffgewebe. Aus Gründen der Nachhaltigkeit verwende ich diese Tasche noch heute für Einkäufe – Augenzwinkern.

Wenn die ganzen Prospekte, die man zusätzlich zu Kugelschreibern, Pfefferminzbonbons und USB-Sticks einsammelt, zu schwer werden, zieht sich der Messebesucher in die Mensa zurück, um seinen Rucksack um das mitgebrachte Essen und die Taschen um das Papier zu erleichtern, weil das Gewicht die Trageschlaufe tief in die Hand oder die Schulter drückt und langsam einen stetig zunehmenden Schmerz oder Durchblutungsstörungen verursacht. Je später am Tag, umso höher die Stapel auf den Mensatischen. An diesem Tag gab es gegen 12 Uhr schon einen ansehnlichen Berg an Papier. Ich setzte mich an einen Tisch und fing an, mein mitgebrachtes Essen einzunehmen. Während ich kaute, wanderte mein Blick über die Papierstapel und blieb an einem bunten Flyer hängen. Es war genau der Flyer, der an dem Stand verteilt wird, den ich mit einem aufwändigen Bogen am Messestart umrundet habe. Da jetzt keiner da war, der mich hätte vollquatschen können, konnte ich meiner Neugier nachgeben, um zu lesen, was draufsteht. Mit dem ersten Blick sah ich wieder die von mir empfundene reißerische Werbung. Auf der Rückseite stand, dass ein Andrei Anissimov um 14 Uhr einen Vortrag halten wird. Verwundert nahm ich mein Programm aus meiner Tasche, weil von diesem Vortrag nichts drinstand. Ich erinnerte mich aber, dass ich dort, aus Ermangelung eines interessanten Vortrags, mehr widerwillig einen Vortrag ausgewählt hatte.

Ich entschloss mich, mir diesen Vortrag anzuschauen.

Kurz vor 14 Uhr betrat ich den Saal, in dem dieser Andrei seinen Vortrag halten sollte. Die Eingangstür lag an der Rückseite des Saals. Für mich eine willkommene Gelegenheit, mich in die letzte Reihe zu setzen – ich will ja nicht, dass ich noch irgendwie angesprochen werde und mich schnell absetzen kann, wenn das Thema langweilig ist. Pünktlich um 14 Uhr startete der Vortrag. Alles, was ich da hörte, war für mich ein komplett neues Thema. Obwohl ich mich seit Jahren mit der Börse beschäftigte, hatte ich bis dahin noch nie etwas über „Optionen" gehört. Jetzt wandelte sich meine Platzwahl vom Vorteil zum Nachteil. Ständig ging die Tür zum Saal, die genau hinter mir war, auf und fiel wieder ins Schloss. Dazwischen drang ein Gemurmel aus dem Vorraum hinein, sodass ich nur die Hälfte verstand. Ich beschloss, meinen Sitzplatz zu wechseln und rückte im Verlauf des Vortrags immer weiter nach vorne, bis ich im vorderen Drittel des Saals saß. Der Inhalt des Vortrags von diesem Andrei schlug in meinem Kopf ein wie eine Bombe. Mir eröffneten sich vollkommen neue Möglichkeiten – ich war fasziniert.

Zum Ende des Vortrags sagte Andrei, dass er ein Tagesseminar anbietet. Schon war ich interessiert. Allerdings war der nächste Satz, dass dieses Seminar 297,– Euro kostet und zum Messepreis von 97,– Euro hier angeboten wird. Bei Interesse kann man vorne ein Bestellformular ausfüllen. Ich zuckte zurück und dachte: „Ich zahle doch keine 97,– Euro für ein Seminar, wo ich hier überall kostenlose Vorträge und Schulungen von Banken bekommen kann." Zudem sah der Typ (nicht Andrei), bei dem man das Bestellformular abgeben sollte, so aus wie der Typ, den ich beim Seminar zum autogenen Training erwartet hatte. Diese Gedanken ließ ich aber sehr schnell los und fragte mich, wohin mich das Besuchen von Börsentagen und kostenlosen Seminaren, für die ich von Berlin bis Dresden gefahren bin, gebracht hat. Ich war zu diesem Punkt endlich mal gnadenlos ehrlich zu mir selbst und gestand mir ein, dass mich das nirgendwohin gebracht hat. Wir erinnern uns an Albert Einstein. Mein nächster Gedanke war, welches Risiko ich hier eingehe, wenn ich das Seminar buche. Die Antwort war 97,– Euro – einmal Essengehen mit der Frau – Fleisch, nicht Nudeln –, die Inflation hielt sich damals noch in Grenzen. Ich beschloss, ein Bestellformular auszufüllen und gab es bei dieser Person ab, die Florian hieß und, wie ich erfuhr, ITler war, weil ich fragte, ob er auch Trader ist. ITler sehen schon mal so aus, dachte ich.

Am Ende des Tages fuhr ich nach Hause und dachte über den Vortrag mit seinen Inhalten nach und ob ich da eine richtige Entscheidung getroffen habe. So ganz hatte ich meine Skepsis und mein Misstrauen noch nicht verloren. Zwei Tage später klingelte mein Telefon. Es war ein Mitarbeiter von Andrei mit den Worten, dass ich das Seminar gebucht habe, es im Scandic Hotel am Potsdamer Platz in Berlin stattfindet und er mir eine Rechnung über 97,– Euro zuschickt, die ich dann überweisen soll. Als ich am Abend zu Hause war, schaute ich in mein E-Mail-Postfach und sah die Rechnung über 97,– Euro für das Seminar. Die nächste Handlung hätte eine Überweisung sein können. Stattdessen googelte ich, ob ich etwas über Andrei Anissimov finde, was meinen Verdacht, er könnte ein Betrüger sein, bestätigt. Ohne Ergebnis.

Dennoch bezahlte ich nicht. Am Seminartag steckte ich mir 100,– Euro ein und fuhr zum Scandic Hotel am Potsdamer Platz. Ich betrat die Lobby und schaute auf die Bildschirme. Dort stand, dass es ein Seminar gibt. Ich stieg in den Fahrstuhl und fuhr in die dritte Etage. Als sich die Türen öffneten, sah ich einen Tisch und erkannte einen Aufsteller, den ich beim Börsentag schon sehen durfte. Sie sind also wirklich da, dachte ich. Ich trat an den Tisch und sagte, wer ich bin.

„Ach ja, Marco Ahnert, du hast noch nicht gezahlt."

Ich zog meine 100,– Euro aus der Tasche und legte sie auf den Tisch. „Ich habe gerade kein passendes Wechselgeld, kann ich es dir später geben?"

Ich nickte und verabschiedete mich innerlich von meinen 3,– Euro.

Rückblickend muss ich schmunzeln, welchen Bezug ich zu Geld hatte und wie ich mit solch einer Einstellung jemals glauben konnte, Geld zu machen. Ich war aber auch erst am Anfang meiner Veränderung. Überhaupt Geld für Wissen auszugeben war bis dahin kein Thema für mich.

Das Seminar bestand aus vier Blöcken, in denen ich nach und nach begriff, welche Chancen sich dort boten. Schon nach zwei Blöcken war ich restlos begeistert und mein Wechselgeld hatte ich auch.

Am Ende sagte Andrei, dass es ein Folgeseminar, das Options Mastery, gibt, das drei Tage dauert und damals 2.997,– Euro kostete. Ich schluckte, 3.000,– Euro für ein bisschen Wissen? Ich war schockiert. Die Ausbildung zum Betriebswirt war nicht viel teurer als das hier, nur dauert das ein paar Jahre und nicht nur drei Tage.

Nachdem sich der Schock über den Preis gelegt hatte, kam mir wieder der Gedanke, den ich schon beim Börsentag hatte. Wohin hatten mich die kostenlosen Schulungen gebracht? Nirgendwohin! Der Tag hat mir mehr Wissen gebracht als alle anderen Seminare zusammen.

Ich überlegte, was ich bisher an Zeit und Geld investiert hatte. Von Berlin nach Dresden zu fahren, kostet Sprit, Fahrzeit und Parkgebühren. Die ganzen Abende, die ich meist in irgendwelchen Schulungsräumen neben Menschen verbracht hatte, die auch nicht viel weitergekommen sind als ich. Also buchte ich dieses Seminar mit etwas mehr Überzeugung als das vorherige.

Zwei Tage später klingelte mein Telefon und der gleiche Mitarbeiter war dran mit den bereits bekannten Sätzen, dass ich das Seminar gebucht habe, wann es stattfindet und dass ich eine Rechnung bekomme, die ich überweisen soll. Am Abend fand ich die Rechnung in meinen Mails und wieder suchte ich über Google nach Hinweisen für den letzten Funken Misstrauen. Wieder ohne Ergebnis. Ich bezahlte die Rechnung, bekam die Freischaltung zum Mitgliederbereich und fing an zu lernen.

Um die ganzen, recht umfangreichen Lektionen vor dem Seminar durchzuarbeiten, hatte ich damals 18 Tage Zeit. Dafür blieben mir nur die Abendstunden. Durch meinen Job im Außendienst mit ca. 65.000 Kilometern im Jahr war das eine nicht ganz einfache Aufgabe, da ich oft erst gegen 19 Uhr zu Hause war. Dort wartete meine zweite Lektion meiner Veränderung.

Ich hatte ein Ziel, eine Deadline und keine Ahnung, wie ich das schaffen soll. Durch den ganzen Tag im Auto hatte ich nicht mehr so richtig die Lust, auf einem Stuhl zu sitzen. Mir war mehr nach Liegen. Also suchte ich nach einer Lösung. Die fand ich in Form einer Trackball-Maus, die sich auch im Liegen auf der Couch nutzen ließ. Ich kam also am Abend nach Hause, habe etwas gegessen, mich auf die Couch gelegt und mit dem Laptop auf dem Bauch die Videolektionen durchgearbeitet, die Programme eingerichtet und mich auf das Seminar vorbereitet. Und tatsächlich habe ich alle Lektionen und Tests durchgearbeitet und bestanden. Es war am Anfang nicht leicht für mich, mich nach einem langen Tag auf den Lernstoff zu konzentrieren. Ich war oft abgespannt, müde und genervt. Trotzdem schaffte ich es, mich jeden Abend hinzusetzen oder hinzulegen und mich mit dem Stoff zu beschäftigen. Meine Motivation, mich jeden Abend mit den Inhalten zu befassen, holte ich mir aus der Vorstellung, wie es ist,

wenn ich Erfolg an der Börse habe und jeden Monat so viel Geld erwirtschafte, dass es reicht, um so zu leben, wie ich will. Nun ist es allerdings nicht ganz so einfach, über Nacht seinen Fokus von Dingen,
die man nicht will, auf Dinge zu richten, die Erfolg bringen sollen. Ich
habe einige Bücher gelesen, in denen stand, dass man einfach nur
positiv denken muss. Ganz so leicht war es dann aber nicht. In meinem Alltag, und ich glaube, dass es nicht nur mir so ging, lag mein
Fokus immer oder zumindest oft bei Dingen, die nicht funktionierten
oder bei unserem Girokonto, das nicht selten um den 20. eines Monats leer war. Ich befand mich also immer im Mangeldenken. Wenn
du dich auf den Mangel konzentrierst, wird es dir sehr schwerfallen,
positive Ergebnisse zu produzieren. Aber ich wollte es unbedingt
schaffen, diesen Lerninhalt durchzuarbeiten.

In seinem Buch „Das Gewinnerprinzip" schreibt Brian Tracy über die
Kraft der Vorstellung und erklärt, dass Visualisierung eine Technik
ist, bei der man sich seine Ziele und den Weg zu deren Erreichung
bildlich vorstellt. Er betont, dass das Gehirn nicht zwischen realen
und lebhaft vorgestellten Erfahrungen unterscheiden kann, was bedeutet, dass häufiges Visualisieren positive Auswirkungen auf die
Motivation und das Selbstvertrauen haben kann. Er empfiehlt, sich
täglich Zeit zu nehmen, um sich seine Ziele vorzustellen. Das sollte in
einer ruhigen Umgebung geschehen, in der man sich entspannen
und seine Gedanken konzentrieren kann. Das konnte ich glücklicherweise bereits durch das autogene Training. Er schreibt, wie wichtig
Visualisierungen für den Erfolg sind und wie man diese Technik effektiv einsetzen kann. Tracy betont, dass es wichtig ist, die Visualisierungen so detailliert und klar wie möglich zu gestalten. Je konkreter und lebendiger die Vorstellung, desto effektiver ist die
Visualisierung. Ein wichtiger Aspekt der Visualisierung ist das Einbin-
den von Emotionen. Er erklärt, dass man sich nicht nur das Endziel
vorstellen sollte, sondern auch die positiven Gefühle, die mit dem
Erreichen dieses Ziels verbunden sind. Das verstärkt die Wirkung der
Visualisierung. Er betont zudem, dass Visualisierungen am besten
wirken, wenn sie mit klar definierten Zielen verknüpft sind. Indem

man sich seine Ziele immer wieder bildlich vorstellt, programmiert man das Unterbewusstsein auf Erfolg und erhöht die Wahrscheinlichkeit, dass man die notwendigen Schritte unternimmt, um diese Ziele zu erreichen. Natürlich konnte ich das nicht mal schnell lesen. Allerdings hatte ich während der Fahrt – ich fuhr ja ca. 65.000 Kilometer im Jahr und verbrachte jeden Tag Stunden im Auto – die Möglichkeit, Hörbücher zu hören. Ich nutzte Audible von Amazon. Meist schaffte ich 1–2 Hörbücher in der Woche.

Allerdings bin ich nicht der Typ, der theoretisches Wissen sofort praktisch umsetzen kann, wenn ich nicht alles verstehe. Das Buch war aber ein guter Einstieg. Ich startete erste Versuche, meine Vorstellungen zu visualisieren. Dazu nutzte ich auch die Fahrzeiten. Ich schrieb mir einfach meine Ziele und Wünsche auf und versuchte, sie mir vorzustellen. Heute benutze ich dafür Zielcollagen, die ich am Ende eines Jahres für das nächste Jahr erstelle. Meine Strategie war damals, dass ich einfach angefangen habe, meine negativen Gedanken in eine positive Sicht umzustellen. Anstelle eines leeren Bankkontos am 20. eines Monats stellte ich mir einen vierstelligen Kontostand am 20. vor. Ich stellte mir vor, wie ich meinen Job kündige und meinem Chef meine Meinung sage. Ich stellte alle Gedanken vor einen Spiegel und drehte sie um. So legte ich mich jeden Abend hin, zog den Laptop auf meinen Bauch, lernte, saß optimal vorbereitet im Seminar und konnte das Maximum aus den drei Tagen herausholen. Ich hatte es geschafft, diese Hürde zu nehmen, und fühlte mich toll, weil ich durch die gute Vorbereitung sehr viel verstand.

In den drei Seminartagen lernte ich unfassbar viele neue Möglichkeiten kennen. Es war, als ob sich mir eine ganz neue Welt öffnete. Je mehr ich kennenlernte, umso mehr wollte ich erfahren. Immer deutlicher wurde meine Vorstellung, was ich erreichen kann. Meine visualisierten Bilder wurden immer genauer. So beschloss ich, mich weiter ausbilden zu lassen, und buchte ein Jahresausbildungsprogramm und startete voller Tatendrang und Begeisterung.

Heute bin ich davon überzeugt, dass meine Vorstellungskraft und die Visualisierungen meines Lebens in der Zukunft tatsächlich maßgeblichen Anteil an meinem Erfolg haben.

Begeisterung allein reichte allerdings nicht aus. Zwischen Wissen erlangen und Wissen anwenden klafft für viele Menschen ein riesiger Graben. Ich habe einige Menschen kennengelernt, die es niemals von der Theorie in die praktische Anwendung geschafft haben. Auch da hat mir die Visualisierung geholfen. Ich stellte mir einfach vor, wie ich jeden einzelnen Schritt, den ich theoretisch lernte, praktisch durchführe und Renditen produziere. Und tatsächlich funktionierte das wunderbar. In den ersten sechs Monaten meiner Ausbildung klappte jeder einzelne Trade und mein Konto wuchs und wuchs. Es war ein tolles Gefühl und ich sah mich schon in meinem Sportwagen umherfahren. Um dieses Ziel dann auch schnell zu erreichen, entschied ich mich für eine ganz spezielle Handelsstrategie. Diese Handelsstrategie ist eine sehr aggressive Vorgehensweise. Auch dort stellte ich mir wieder meinen Erfolg vor und hatte auch immer Erfolg, zumindest am Anfang. Irgendwann fing ich an, meine Vorgehensweise zu vernachlässigen und mir meinen Erfolg nicht mehr vorzustellen, da ich ja Erfolg hatte. Ich dachte, warum soll ich das tun, ich habe ja immer Erfolg, das funktioniert ja. Ich kann es ja jetzt. Ich wurde hochmütig und leichtsinnig und mein Ego übernahm. Doch Hochmut kommt ja bekanntlich vor dem Fall. Das Ergebnis war, dass ich alle meine Gewinne und ein Drittel meines Startkapitals an nur einem Tag verlor.

Heute bin ich für diese Erfahrung zu diesem Zeitpunkt sehr dankbar. Damals sah es etwas anders aus. Es tat sehr weh, alles zu verlieren, was ich erwirtschaftet hatte, und ein Drittel meines Startkapitals einzubüßen, aber schlimmer wäre es jedoch gewesen, wenn das auch geklappt hätte. Die Verluste wären später katastrophaler gewesen. Zu dem Zeitpunkt hatte ich ja noch meinen Job und musste nicht vom Trading leben. So war das ein mieses Gefühl, aber kein Weltuntergang. Als Berufstrader hätte mir so ein Vorgehen das Genick brechen können und ich kenne inzwischen auch ein paar gescheiterte Existenzen mit geplatzten Träumen.

Mein Learning war, dass ich meinen Fokus nicht auf das, was ich erreichen will, richten muss, sondern auf den Prozess. Ziele sind wichtig, aber nicht alles. Viele Wege führen nach Rom. Das trifft an der Börse zu, hat aber in allen Bereichen des Lebens Bedeutung. Übertragen heißt es, dass ich ein Ziel definiere, z. B. ein fünfstelliges Monatseinkommen, aber dann meine Aufmerksamkeit auf die einzelnen Schritte richte.

Wenn ich von Berlin nach München fahren will, reicht es nicht, wenn ich einfach geradeaus fahre. Ich muss z.b. in Berlin auf die A100, dann auf die A115, A10, dann auf die A9 und vielleicht noch auf die A99. Auf die Börse übertragen ist mein Ziel eine gewisse Rendite (München) und der Weg zur Rendite einzelne Trades (A100, A115, A10, A9, A99). Auf den Autobahnen kann es einen Stau geben, Baustellen, Tempolimits, ich kann eine Panne haben, muss tanken usw. Ich muss also Umwege, Wartezeiten und Ausfallzeiten bzw. Pausen einkalkulieren und vielleicht am Kreuz Neufahrn ein Stück die A92 nehmen.

Was habe ich insgesamt hier gelernt? Erfolg kommt, wenn ich ins Tun komme und durchhalte. Es gibt aber keine Garantie, dass es so bleibt. Was ich gewonnen habe, habe ich wieder verloren, weil ich keine Disziplin hatte und aus dem Ego heraus gehandelt habe, ohne mich mit den möglichen Risiken zu beschäftigen.

Meine Einstellung zum Geld war damals auch noch immer gleich. Jeder von uns gibt dem Geld eine gewisse Bedeutung. Der eine ist gierig nach Geld, der andere verabscheut Geld und verteufelt es. Im Umgang mit Geld sind beide Haltungen nicht ideal. Meiner Meinung nach hat unsere Haltung zu Geld einen direkten Einfluss darauf, ob wir dauerhaft Geld halten können oder nicht. Ich rannte dem Geld immer hinterher. Zum einen wollte ich immer viel Geld haben — wer beschwert sich nicht über sein Einkommen mit der Meinung, nicht genug zu verdienen? Gewerkschaften (ich halte sie für wichtig) profilieren sich über Gehaltsverhandlungen mit den Arbeitgebern. Andere Menschen verurteilen reiche Menschen, sind neidisch, unterstellen ihnen Unredlichkeit und Habgier und fordern eine gerechte Umverteilung. Tatsächlich halte ich heute diese Menschen für habgierig, denn sie haben nichts dafür gemacht. Und dann verdirbt ja

Geld bekanntlich den Charakter. Natürlich könnte man auch finanzielle Bildung an den Schulen fordern. Besser wäre es, nicht zu fordern, sondern sie zu fördern.

Wie soll man mit solch einem Mindset vorankommen? Wo hat damals mein Fokus gelegen? Darauf, Geld zu halten? Sicher nicht. Ich war immer im Mangeldenken gefangen, weil ich dachte, dass ich zu wenig Geld habe.

Heute ist Geld für mich etwas Positives, weil ich damit etwas Positives erreichen kann. Genau genommen liebe ich Geld, ich baue ihm aber keinen Tempel. Wie alle Menschen geben wir jeder Sache eine gewisse Bedeutung, die durch unsere Glaubenssätze bestimmt wird. Darunter fällt auch Geld. Du kannst Gutes mit Geld anstellen (spenden, Menschen helfen, Schulen oder Krankenhäuser in armen Ländern bauen, Brunnen bohren, Medikamente kaufen und in Entwicklungsländer schicken uvm.). Du kannst Geld auch verwenden, um Macht auszuüben, zu unterdrücken, Kriege zu führen usw. Das geht aber nur, wenn du Menschen erreichst, die gierig nach Geld sind, also ein gewisses Mindset haben. Wie gesagt, geben wir allen Dingen eine Bedeutung. Du kannst z.B. einem Küchenmesser die Bedeutung eines Küchenutensils, aber auch die Bedeutung einer Stichwaffe geben. Wer bestimmt die Bedeutung? Jeder Einzelne von uns!

Wie gesagt, liebe ich Geld. Allerdings liegt mein Fokus nicht auf Geld – nicht mehr. Geld wurde für mich, wie auch ein Küchenmesser oder ein Paar Schuhe, ein Mittel zum Zweck, den ich bestimme. Und der Zweck, den ich einer Sache einräume, bestimmt meinen Umgang mit der Sache.

Heute ist Geld für mich fließende Energie. Wenn du es mit den richtigen Motiven einsetzt, kannst du damit die richtigen Dinge bewegen, und erstaunlicherweise fließt Energie immer weiter und kehrt auch zu dir zurück.

Jetzt könnte man mir unterstellen, dass ich hier etwas verkläre. Für mich gibt es aber keinerlei Negativität in Bezug auf Geld, und somit beeinflusst es mich nicht mehr, weil ich kein Mangeldenken mehr habe.

Damals war Gier nach Geld und Anerkennung noch mein Motiv. Um an meiner Einstellung zu arbeiten, fand ich das Buch „Die geheime Sprache des Geldes" von David Krueger und John David Mann sehr hilfreich. Das Buch beleuchtet die tief verwurzelten psychologischen Muster, die unsere Beziehung zu Geld prägen. Es erklärt, dass Geld mehr als nur ein Tauschmittel ist. Es ist eng mit unseren Emotionen, Erinnerungen und tief verwurzelten Glaubenssätzen verbunden. Die „Geld-Geschichten" beeinflussen unsere finanziellen Entscheidungen auf subtile und oft unbewusste Weise, wie ich finde.

Es wird untersucht, wie individuelle Erfahrungen und kulturelle Hintergründe die Art und Weise formen, wie wir über Geld denken.

Aus meiner Sicht ist ein zentrales Thema des Buches die Verbindung zwischen Selbstwertgefühl und finanziellem Erfolg. Die Autoren geben Impulse, wie man ein gesundes Selbstwertgefühl entwickeln kann, das nicht ausschließlich von Geld abhängt. Ein Thema ist, dass ein starkes Selbstwertgefühl zu besseren finanziellen Entscheidungen führen kann und unabhängig von materiellen Erfolgen bestehen sollte.

Ein weiteres wichtiges Thema ist die Verwendung von Geld als Machtmittel in zwischenmenschlichen Beziehungen. Hier wird beleuchtet, wie finanzielle Kontrolle sowohl in persönlichen als auch in beruflichen Kontexten ausgeübt wird und welche Auswirkungen das auf das Verhalten und die Beziehungen hat. Ich persönlich kenne einige Menschen (Mann und Frau), die Geld missbrauchen, um den Partner unter Kontrolle zu halten.

Im Buch sind praktische Ratschläge zur Veränderung schädlicher finanzieller Gewohnheiten. Die eigenen Geld-Geschichten zu erkennen und realistische finanzielle Ziele zu setzen, sind für mich der wertvollste Teil. Ein Schwerpunkt liegt auf der Entwicklung eines emotionalen Bewusstseins im Umgang mit Geld, um impulsive und oft schädliche finanzielle Entscheidungen zu vermeiden, wie ich sie damals immer wieder getroffen habe.

Ich mag die Bedeutung eines ganzheitlichen Ansatzes für finanzielle Gesundheit in diesem Buch. Es beinhaltet nicht nur kluge finanzielle Entscheidungen, sondern auch das Streben nach einem erfüllten und ausgeglichenen Leben.

Auch in meinen vergangenen Partnerschaften spielte Geld eine bedeutende, wenn auch eine immer unterschiedliche Rolle. Allerdings immer eine negative.

In einer Partnerschaft waren wir beide sehr aufs Geldverdienen fokussiert. Natürlich wollten wir unseren Lebensstandard anheben. Allerdings gab es zwischen uns auch immer eine Art Wettstreit um die Macht, der über Geld ausgetragen wurde. Wer besser verdiente, konnte Druck ausüben. Eine ungesunde Beziehung, die nicht halten konnte und am Ende große Teile der Ersparnisse vernichtete.

In der nächsten Beziehung waren meine Einkünfte durch meinen Erfolg an der Börse um ein Mehrfaches höher als die meiner Partnerin. Für sie war Geld nicht wichtig, sagte sie. Trotzdem ließ sie sich in den Betriebsrat wählen, beschwerte sich über die schlechte Bezahlung und verdiente sich am Wochenende als Kellnerin etwas dazu. Ihre Angst war, dass sie ihre Unabhängigkeit verliert und ich zu viel Macht über sie erlangen würde, wenn sie den Job kündigt, zu mir zieht und hier einen neuen Job sucht. Ist man nicht abhängig, wenn man einen schlecht bezahlten Job hat und kellnern muss? Ich denke doch! Auch diese Beziehung scheiterte.

Heute habe ich eine sehr schöne Beziehung mit einer Frau, die unabhängig ist, weil sie eine erfolgreiche Unternehmerin ist. Ich freue mich für sie, wenn sie mehr verdient als ich, und sie für mich, wenn ich vorne liege. Wir beglückwünschen uns und feiern uns gegenseitig, wenn wir Erfolg haben. Wir arbeiten beide noch heute an unterschiedlichen Projekten und helfen einander, wo es notwendig ist. Über das Verhältnis dieser Frau zu Geld muss ich an dieser Stelle wahrscheinlich nicht mehr viel sagen, oder? Und diese Frau hätte sich wohl nicht für mich entschieden, wenn ich sie nicht unterstützen würde. Zumindest wäre es wohl eher eine kurzfristige Beziehung geworden.

Nach den Verlusten, die ich durch mein Ego-getriebenes Handeln an der Börse erlitten hatte, dachte ich über meine Vorgehensweise nach.

Die erlernte Fähigkeit zu reflektieren ist aus meiner Sicht die wichtigste Eigenschaft überhaupt. Sie versetzt mich in die Lage, die betreffende Situation sachlich zu betrachten. Früher habe ich aus einem Impuls heraus auf eine Situation reagiert. Der Impuls folgte einer Befindlichkeit, die die Situation auslöste. Auf Deutsch, ich reagierte auf Gefühle, die ich hatte. Wenn es ein negatives Gefühl war, war die Reaktion selten angemessen. Besonders, wenn man temperamentvoll ist, was ich durchaus bin.

Heute reagiere ich selten auf gewisse Umstände sofort. Das reduziert gelegentlich meine Spontanität, bringt aber deutlich bessere Ergebnisse. Zudem neige ich nicht mehr oft dazu, etwas oder andere vorzuverurteilen.

Ich suche einen ruhigen Ort auf und sorge mit den erwähnten Techniken für Ruhe im Kopf. Meist konzentriere ich mich auf meine Atmung, wenn ich in einem Raum bin, oder schaue in die Ferne, wenn ich in der Natur bin. Entspannung ist wichtig, um neutral auf eine Situation zu blicken. Dann denke ich an die betreffende Situation und akzeptiere sie. Ganz wichtig ist, dass ich sie akzeptiere, wie sie ist. Es hilft nicht weiter, sie abzulehnen, weil sie ja schon da ist. Was wir ablehnen, können wir nicht verändern, sondern nur verschieben und so möglicherweise verschlimmern. Wenn ich in Berlin bin und nach München will, muss ich akzeptieren, dass ich in Berlin bin, sonst kann ich keine Reiseroute erstellen. Da hilft auch nicht, dass ich ablehne, noch in Berlin zu sein oder einen Schuldigen dafür zu suchen, dass ich nicht in München bin.

Ich zog mich zurück und dachte darüber nach. Ich akzeptierte den Verlust, den ich erlitten hatte, und das Verhalten, das mich dahin geführt hatte. Das Geld war weg. Da half kein Jammern, Ablehnen oder die Suche nach einem Schuldigen. Ich machte eine Bestandsaufnahme meines Depots und erstellte einen neuen Plan für meine geplante Rendite und setzte ihn jetzt konsequent um. Von diesem Augenblick an setzte ich nie wieder einen Trade auf, um zu beeindrucken. Diese Entscheidung setzte ich auch in allen anderen Bereichen meines Lebens um.

Der Erfolg ließ nicht lange auf sich warten. Tatsächlich schaffte ich es in den folgenden 6 Monaten, am Ende meiner Jahresausbildung, nicht nur meine Verluste auszugleichen, sondern auch das ursprüngliche Ziel zu erreichen.

Die fachlichen Fähigkeiten, die ich in der Jahresausbildung erwarb, sind der Grundstein für meinen Erfolg an der Börse. Ohne sie wäre ich nicht da, wo ich bin. Denn nur ein Bereich, in dem ich mich gut auskenne, kann mich nicht mehr negativ beeinflussen. Den konstanten Erfolg, den ich dann hatte, verdanke ich der persönlichen Entwicklung, die ich bis dahin machen durfte.

Nach dem Ende der Ausbildung zum Optionshändler dachte ich anfangs, dass ich jetzt fit bin, um für den Rest meines Lebens Erfolg zu produzieren. Tatsächlich stand ich aber noch am Anfang meiner Entwicklung, auch wenn sich sehr viel getan hatte. Mein Alltag war aber noch immer der gleiche. Ich war Handelsaußendienstler und hatte weiter fremdbestimmte Ziele. Dennoch hatten sich kleine Dinge geändert. Durch die erlernte Fähigkeit, zu reflektieren und Situationen sachlich zu betrachten, änderte sich meine Haltung gegenüber den Zielsetzungen. Ich lehnte sie nicht mehr grundsätzlich ab und sperrte mich dagegen, sondern ich schaute, wie ich sie schnell und aufwandsarm umsetzen kann. Zum Beispiel gab es ein Ziel, dass ich 10–15 Neukunden gewinnen soll, die alle möglichen kostenlosen Zugaben und Boni bekommen, deren Kosten auf mich abgewälzt und mit meiner Provision verrechnet wurden, mit denen ich zusammen dann einen zusätzlichen Gesamtumsatz von 200.000,– Euro tätigen musste. Früher hätte ich mich dagegen gesperrt, mich über die Kosten beschwert, weil mir alles diktiert wurde. Jetzt habe ich mich hingesetzt und mir die Ausgangssituation angeschaut. 15 Neukunden bedeuten auch 15-mal Neukundenaufwand und Kosten, die ich neben meiner bestehenden Tätigkeit auch betreuen muss. Wenn du 15 Neukunden bringst, kaufen meist 4 oder 5 tatsächlich, wenn du ein glückliches Händchen hast und die Zeit, alle zu betreuen, vielleicht 10 Kunden, die dann alle den Zielumsatz schaffen müssen. Die Vorgehensweise der Kollegen war sehr unterschiedlich. Manche haben 10–15 Kunden gemeldet und sich ein Bein ausgerissen, andere haben das Prinzip Gießkanne und Hoffnung angewandt, 30 Kunden gemeldet und gehofft, dass genug kaufen. Meine Überlegung war, das Ziel zu erreichen und möglichst wenig Aufwand zu haben. Ich schaute mir meine Liste an, suchte 3 Firmen aus, die das Umsatzpotenzial hatten, alleine das Ziel zu erreichen, fuhr hin und schloss mit ihnen die Vereinbarung und meldete sie. 3 Kunden sind einfacher zu betreuen als 15 oder 30. Mein Chef schaute ungläubig, weil ich nur 3 Firmen gemeldet hatte, und vermutete wieder eine meiner Trotzhandlungen. Aber er akzeptierte und wies mich darauf hin, dass ich die Konsequenzen am Jahresende tragen muss.

Von den 3 gemeldeten Firmen kauften 2 etwas, aber zu wenig, und die dritte Firma übertraf das Ziel und brachte mich auf Platz 1 der Verkäufer und meinen Chef zum Schweigen.

Die gesparte Energie und Zeit verwendete ich für mein Engagement an der Börse, denn ich wollte weiter Vollzeittrader werden. Dahin war es aber noch ein weiter Weg.

Ein weiterer Schritt in die Richtung war, als ich von meinem Börsenausbilder das Angebot bekam, Teilnehmer des Ausbildungsprogramms gegen Honorar zu coachen. Ich fand den dreistelligen Stundensatz sehr attraktiv und stimmte zu. Meine Entscheidung traf ich also aus monetären Gründen. Mein monatlicher Zuverdienst war nicht schlecht. Den wirklichen Mehrwert brachte aber das Coaching selbst. Wenn du etwas erklären musst, lernst du mit dem Teilnehmer, und der Stoff setzt sich besser, so meine Erkenntnis. Ich lernte in den folgenden Monaten mehr als je zuvor. Denn die Teilnehmer stellten Fragen, an die ich bis dahin überhaupt noch nicht gedacht habe. Plötzlich war das Honorar mehr ein Bonus als der Hauptgrund. Außerdem machte es mir viel Spaß.

Immer mehr rückte mein Fokus auf Dinge, die machbar sind, und weg von Mangeldenken. Ich war noch nie so entspannt, ich reagierte nur noch selten impulsiv.

Nachdem ich ein gutes Jahr als Coach aktiv war, sollten sich zwei weitere positive Dinge ereignen.

Ich bekam das Angebot, einen Börsenbrief als Chefredakteur zu übernehmen und ein Echtgelddepot zu pflegen. Begeistert sagte ich

Ja. Zu dieser Zeit gab es praktisch nur positive Ereignisse, die mich vorwärtsbrachten. Trotzdem blieb mein Hauptjob noch der Außendienst. Aber auch hier bot sich eine Gelegenheit, die ich früher nie ergriffen hätte. 2017 wurde in meiner Firma ein Mitarbeiter für eine Position gesucht, die gegenüber meinem aktuellen Job einige Vorteile bot. Es war zwar immer noch ein Job im Außendienst, aber ohne Neukundengewinnung, sondern auf Anforderung in einem speziellen Produktsegment. Außerdem deutlich besser bezahlt. Jetzt kam mir zugute, was ich vom Coach, den ich besuchte, gelernt habe. Durch die ganzen Bewerbungsgespräche, die ich 2015 geführt habe, ohne zu wechseln, wusste ich genau, wie ich vorgehen will. Ich ging zum Verantwortlichen und sagte, dass ich in naher Zukunft eine berufliche Veränderung anstrebe und diese aber am liebsten im Unternehmen hätte, weil ich das Unternehmen ja kenne.

Um es kurz zu machen – ich bekam den Job. Irgendwie fügten sich alle Aktivitäten, die ich seit meiner Entscheidung, etwas zu verändern, anging, zusammen und brachten mich Schritt für Schritt weiter. Egal was ich machte, es funktionierte.

Ich lernte und entwickelte mich immer weiter. Allerdings habe ich in meinem Leben einen blinden Fleck gehabt. Dieser blinde Fleck war meine Partnerschaft, in der wir beide immer wetteiferten. Meine positive Veränderung und den Erfolg konnte ich nicht mit meiner Partnerin feiern. Ihre Antwort war immer „schön für dich" oder so ähnlich. Dabei flossen alle Einnahmen von uns in denselben Topf. Mich irritierte, dass sie nichts für ihre Entwicklung tun wollte, aber sich immer mehr über ihre Situation beschwerte und von mir forderte, sie zu unterstützen. Über die Form der Unterstützung hatten wir unterschiedliche Ansichten. Das Ende dieser Verbindung kam 2019.

2019 war das Jahr, in dem die bisher größten Veränderungen stattfanden. Es begann sehr erfolgreich. Meine Börsengeschäfte liefen immer besser und meine Einnahmen überstiegen die meines Jobs. Langsam gab es keinen Grund mehr, einen Job zu haben, der mich durchschnittlich 40 Stunden in der Woche forderte und nur noch einen Bruchteil meiner Einkünfte ausmachte. Meine Entscheidung reifte im Mai 2019 langsam heran. Anfang Juni fällte ich die Entscheidung, meinen Job zu kündigen. Vor einem Meeting bat ich meinen Chef um ein Gespräch. Wir einigten uns, es nach dem Meeting zu führen. Während des Meetings war ich in meinen Gedanken versunken. Ich dachte an meine damalige Vorstellung, wie ich einmal kündigen will und was ich alles sagen werde. Ich wurde innerlich ganz ruhig und total entspannt. Nach dem Meeting setzten wir uns zusammen, und ich sagte, dass ich Ende Juni meine Kündigung einreichen werde und sie jetzt schon ankündige, damit er genug Zeit findet, um einen Ersatz für mich zu finden. Ich hatte eine Kündigungsfrist von drei Monaten zum Quartalsende, also zum 30.09.2019. Ich fuhr fort, dass ich nicht plane, mich krankzumelden, und alle offenen Aufgaben abarbeiten werde, um erhobenen Hauptes die Firma, für die ich inzwischen über 18 Jahre arbeitete, zu verlassen. Ich reichte ihm die Hand und ging aus dem Büro.

Ich stieg in meinen Firmenwagen und verließ das Firmengelände. Auf der Heimfahrt hatte ich das Gefühl, als ob mir ein riesiger Stein von der Brust genommen wurde. Ich fühlte mich wohl mit der Art und Weise, wie ich die Kündigung ausgesprochen hatte, und verspürte überhaupt keinen Zorn, sondern nur inneren Frieden.

Mein Handeln hat mir unter den Kollegen und den Vorgesetzten ein sehr hohes Ansehen verschafft. Ich bin einer von ganz wenigen Außendienstlern, der nicht sofort beurlaubt und des Firmengeländes verwiesen wurde. Noch heute bin ich ein gern gesehener Gast, der immer einen Kaffee trinken kommen kann.

Mitte September kam mein letzter Arbeitstag. Ich packte Laptop, Handy und Unterlagen in den Firmenwagen und fuhr in die Firma, um alles zu übergeben. Auch diesmal gingen wir mit freundlichen Worten und einem Handschlag auseinander. Als ich die Firma ein letztes Mal als Mitarbeiter verließ, fühlte ich eine unfassbare Erleichterung. Mein Traum wurde wahr. Ich war Berufstrader. Ich habe mein gestecktes Ziel erreicht. Ich habe in 4 Jahren eine große Veränderung durchgemacht.

Nun ist es aber so, dass Veränderungen einige Dinge in dein Leben bringen, aber auch einige aus deinem Leben heraustragen. Mein

Fokus lag nur auf einer Sache, die mein Leben verlassen sollte, meinem Job. Dass andere Bereiche sich auch ändern könnten, habe ich nicht bedacht. Etwa sechs Wochen, nachdem ich meinen Firmenwagen abgegeben hatte, endete meine Ehe. Damals habe ich das als Verrat gesehen, denn der Zeitpunkt war verdächtig dicht an meiner beruflichen Veränderung. Heute denke ich, dass jeder eine Vorstellung vom Leben hat. Meine Sicht fing an, sich 2015 zu verändern, ihre auch, aber in eine andere Richtung. 2019 lagen wir so weit voneinander entfernt, dass der Unterschied nicht mehr zu überbrücken war. Damit will ich nicht sagen, dass meine Wahl besser ist als ihre. Es ist nur so, dass wir in unterschiedliche Richtungen gehen. Noch heute achten und schätzen wir uns.

Auch hier half mir eine sachliche Betrachtung der Situation – natürlich nicht sofort. Trotzdem stellten sich schnell weitere Veränderungen ein. Andrei, bei dem ich die Jahresausbildung zum Optionshändler gemacht hatte, suchte für das Jahresausbildungsprogramm jemanden, der sein Wissen und seine Erfahrungen einbringt, und bot mir eine Kooperation an. Wieder veränderte sich etwas zum Positiven. Die Arbeit am Ausbildungsprogramm war eine schöne, aber auch große Aufgabe, deren Tragweite ich am Anfang unterschätzte. Und für die ich auch nicht sofort die richtigen Angriffspunkte fand. Ich kannte mich nicht mit der Produktion von Videos aus. Wenn ich mir heute die ersten Videos anschaue, die wir auch für den Börsenbrief aufgenommen haben, weiß ich nicht, ob ich lachen oder mich schämen soll. Wenn ein Gesprächspartner sprach, schaute ich in der Gegend herum oder direkt in die Kamera und fummelte mit Gegenständen rum, die ich in die Finger bekam, und ich musste alles ablesen. Damals befanden sich 22 Teilnehmer in diesem Ausbildungsprogramm. Um ein Gefühl und Routine zu bekommen, startete ich erst einmal mit zwei Webinaren pro Woche. Ich ging den Stoff durch, den ich erarbeitete, und sammelte durch die Fragen der Teilnehmer weitere Impulse und baute durch meine Erfahrungen, die ich auch in weiteren Börsenausbildungen machte, das Programm nach und nach aus. Bis dahin wurden potenzielle Teilnehmer für die Ausbildung bei Börsentagen, die in Deutschland in verschiedenen Städten stattfanden, gewonnen. Zusätzlich wurden ja auch Seminare durchgeführt, in denen das Jahresausbildungsprogramm angeboten wurde.

Im Dezember 2019 wurden in Wuhan, China, die ersten Coronafälle bekannt. Vom 13.03. bis 14.03.2020 führten wir das letzte Seminar in München durch. Am 16.03.2020 wurden die Hotels damals geschlossen. Bei unserer Anreise in München war die Stadt wie ausgestorben und im Hotel waren wir fast die einzigen Gäste. Keiner wusste etwas Genaues. Es war ein gespenstiges Gefühl. Zu dieser Zeit sind die Börsen schon im Crashmodus gewesen. Glücklicherweise konnte ich aber dieses Mal, anders als 20 Jahre zuvor, den Crash ziemlich genau vorhersagen, und lehre heute, wie ich das geschafft habe.

Durch das Erliegen des öffentlichen Lebens musste alles schnell von analog auf digital umgestellt werden, um weiter Menschen zu erreichen und das Programm am Laufen zu halten. Diese Umstellung sollte sich als Segen erweisen, denn so erreichten wir Menschen, die nicht wussten, dass es Börsentage gibt, oder je in Betracht gezogen haben, einen zu besuchen.

Die Zeit während der Pandemie (ich möchte nicht darauf eingehen, ob es eine war oder nicht) war für viele Menschen ein Horror durch die stark eingeschränkten sozialen Kontakte. Jeder ging anders mit der Situation um. Ich nutzte die Zeit, um mir neue Fähigkeiten anzueignen. Ich lernte neue Handelsstrategien und wie man Videos produziert. Auch hier setzte ich mich sachlich mit den Bedingungen auseinander und überlegte, wie ich die Zeit sinnvoll nutzen kann. Ich hielt es nicht für zielführend, mich auf die Seite der Impfgegner oder Befürworter zu schlagen, weil es keinen Nutzen hatte. Ich hatte eine Meinung, aber keine Ahnung. Für fanatisches Streiten war mir meine Zeit und die Energie zu schade. Kurz gesagt, wer nach der Pandemie keine neue Fähigkeit erworben hat, hat meiner Meinung nach etwas falsch gemacht!

Durch die Digitalisierung der Produkte und des Marketings gab es mehr Interessenten. Mehr Interessenten erforderten den Umbau des Ausbildungsprogramms, da die Anforderungen sich änderten, um alle Teilnehmer betreuen zu können. Heute können Hunderte Teilnehmer gleichzeitig im Programm betreut werden, Börsenwissen erlangen und den Weg einschlagen, den ich bereits gegangen bin. Darüber hinaus wurden mehrere Arbeitsplätze geschaffen, mit denen Menschen ihre Familien oder sich selbst ernähren können. Ich finde das Ergebnis deutlich besser, als mich über Impfstatus, Pandemie oder andere ach so wichtige Themen zu streiten, mich als Opfer oder Revoluzzer darzustellen und die Schuld bei irgendjemandem zu suchen und damit nicht das Geringste zu erreichen.

Die ganzen Veränderungen in meinem Leben habe ich erschaffen, indem ich mich verändert habe.

Wusstest du, dass rund 98 % unserer täglichen Handlungen auf Gewohnheiten zurückzuführen sind? Dieser erstaunliche Anteil zeigt, wie stark unser Leben von routinierten Abläufen geprägt ist. Gewohnheiten sind Verhaltensmuster, die wir unbewusst immer wieder abspulen, ohne darüber nachzudenken. Sie sind tief in unserem Gehirn verankert und bestimmen maßgeblich, wie wir unseren Alltag gestalten.

Gewohnheiten entstehen durch Wiederholung und Bestätigung. Wenn wir eine bestimmte Handlung oft genug durchführen und dabei positive oder negative Rückmeldungen erhalten, verfestigt sich diese Handlung in unserem Gehirn. Beispielsweise das morgendliche Zähneputzen: Anfangs mussten wir uns bewusst daran erinnern und vielleicht sogar motivieren. Mit der Zeit jedoch wird das Zähneputzen zu einer automatischen Handlung, die wir, fast ohne nachzudenken, ausführen.

Diese automatisierten Abläufe haben einen evolutionären Vorteil: Sie sparen Energie und mentale Ressourcen. Unser Gehirn muss nicht ständig neue Entscheidungen treffen, sondern kann auf bewährte Muster zurückgreifen. Das macht uns effizienter und ermöglicht es uns, komplexe Aufgaben zu bewältigen, ohne uns in den Details zu verlieren. Wenn du beispielsweise regelmäßig Sport treibst, brauchst du irgendwann keine Willenskraft mehr, um dich aufzuraffen – es wird zur Gewohnheit.

Allerdings haben Gewohnheiten auch eine Kehrseite. Negative oder ungesunde Gewohnheiten können sich ebenso leicht festsetzen wie positive. Wenn wir zum Beispiel in stressigen Situationen regelmäßig zu ungesunden Snacks greifen oder abends vor dem Fernseher sitzen, statt ein Buch zu lesen, verfestigen sich auch diese Verhaltensweisen. Sie können schwer zu durchbrechen sein, weil unser Gehirn auf diese Routinen zurückgreift, um Energie zu sparen.

Es ist faszinierend zu sehen, wie Gewohnheiten fast unser gesamtes Verhalten bestimmen. Von dem, wie wir unseren Tag beginnen, bis hin zu den kleinen Entscheidungen, die wir treffen, sind wir stark von diesen automatisierten Mustern beeinflusst. Ob es nun das Aufstehen zur gleichen Zeit jeden Morgen ist, das Überprüfen unseres Smartphones oder die Art und Weise, wie wir unsere Aufgaben im Laufe des Tages erledigen – all diese Handlungen sind meist tief in unserem Gehirn verankerte Gewohnheiten.

Die Kraft der Gewohnheiten zeigt sich auch in unseren sozialen Interaktionen und persönlichen Vorlieben. Gewohnheiten formen, wie wir mit anderen kommunizieren, wie wir Stress bewältigen und sogar, wie wir unsere Freizeit verbringen. Wenn du beispielsweise jeden Abend eine Folge Deiner Lieblingsserie schaust, wird dies schnell zu einem festen Bestandteil deines Alltags.

Unser Gehirn bevorzugt Gewohnheiten, weil sie das Leben vorhersehbar und einfacher machen. Durch die Reduzierung der Notwendigkeit, ständig Entscheidungen zu treffen, wird unser kognitiver Aufwand minimiert, was uns ermöglicht, unsere geistigen Ressourcen für wichtigere oder komplexere Aufgaben zu nutzen. Diese Effizienz ist jedoch ein zweischneidiges Schwert, da sie auch bedeutet, dass es schwierig sein kann, tief verwurzelte Gewohnheiten zu ändern, selbst wenn sie uns schaden.

Gewohnheiten sind das Ergebnis wiederholter Handlungen und Gedanken, die tief in unserem Gehirn verankert werden. Alles, was wir über unsere Sinnesorgane aufnehmen, wird gespeichert – sei es ein Geräusch, ein Geruch, ein Bild, eine Berührung oder ein Geschmack. Ebenso werden alle Gedanken, die uns durch den Kopf gehen, und alle Handlungen, die wir ausführen, in unserem Gedächtnis festgehalten. Dieser ständige Fluss von Informationen und Erfahrungen formt unser Verhalten und unsere Reaktionen.

Alles, was wir regelmäßig tun, denken oder wahrnehmen, beginnt, eine Gewohnheit zu werden. Sobald eine Information, eine Handlung oder Gedanke etwa 10.000-mal gedacht, aufgenommen oder ausgeführt wurde, werden sie zu einer festen Gewohnheit oder zu deiner Wahrheit. Nach etwa sechs Monaten konsequenter Wiederholung ist diese Gewohnheit in unserem Gehirn so stark verankert, dass sie nahezu für immer bestehen bleibt.

Ein wesentlicher Aspekt von Gewohnheiten ist, dass unser Gehirn darauf programmiert ist, Schmerz zu vermeiden. Sobald wir versuchen, aus einer Gewohnheit auszubrechen, empfinden wir Unbehagen oder Schmerz. Bei der Wahl, kurzfristigen Schmerz zu vermeiden oder längere Freude zu erfahren, entscheiden wir uns in der Regel für das Vermeiden des unmittelbaren Schmerzes. Diese Tendenz ist tief in uns verwurzelt und beeinflusst unser Verhalten erheblich.

Wenn wir zwischen kleinem und großem Schmerz abwägen, entscheiden wir uns immer für den kleineren Schmerz. Diese Entscheidungslogik ist ein wesentlicher Grund, warum es so schwer ist, schlechte Gewohnheiten abzulegen und neue, positive Gewohnheiten zu etablieren.

DIE DREI GRUNDLAGEN FÜR MEINE VERÄNDERUNG

Menschliche Veränderung ist ein komplexer Prozess, der tief in unserem Bewusstsein und Verhalten verwurzelt ist. Um wirkliche und nachhaltige Veränderungen zu erreichen, sind drei grundlegende Schritte erforderlich: Erkenntnis, Entscheidung und Handlung. Diese drei Elemente waren die Eckpfeiler für meine Transformation im Leben. Glaubenssätze spielen dabei eine wesentliche Rolle, da sie unsere Wahrnehmung und unser Verhalten stark beeinflussen. Hier ist eine Betrachtung dieser drei Grundlagen aus meiner persönlichen Erfahrung:

1. Erkenntnis:
Das Bewusstsein schaffen

Der erste Schritt zur Veränderung ist die Erkenntnis. Bei mir begann dieser Prozess durch das autogene Training. Diese Methode half mir, einen Zustand der inneren Ruhe zu erreichen, der es mir ermöglichte, Dinge sachlich zu betrachten. Statt emotional auf Situationen zu reagieren, lernte ich, sie aus objektiven Gesichtspunkten zu sehen.

Selbstreflexion: Autogenes Training ermöglichte mir, in mich selbst hineinzuhören und meine Gedanken und Gefühle klarer zu erkennen. Durch die regelmäßige Praxis konnte ich meine inneren Zustände besser verstehen und analysieren.

Achtsamkeit: Mit der Zeit entwickelte ich eine erhöhte Achtsamkeit gegenüber meinen eigenen Reaktionen und Verhaltensmustern. Das half mir, Auslöser und Gewohnheiten zu identifizieren, die bisher unbewusst mein Verhalten gesteuert hatten.

Erkennung negativer Glaubenssätze: Durch diese Selbstreflexion wurde ich mir meiner negativen Glaubenssätze bewusst. Negative Überzeugungen beeinflussten mein Verhalten und meine Entscheidungen.

Bildung und Information: Zusätzlich zur Selbstreflexion suchte ich aktiv nach Wissen und Informationen fachlicher und mentaler Art, um die Mechanismen hinter meinen Handlungen und Entscheidungen besser zu verstehen. Dieses Wissen erweiterte meine Fähigkeit, Situationen sachlich zu bewerten und fundierte Erkenntnisse zu gewinnen.

2. Entscheidung:
Den Willen zur Veränderung festlegen

Nachdem ich durch das autogene Training und die gewonnene Erkenntnis einen klaren Blick auf meine Situation hatte, war der nächste Schritt, eine Entscheidung zu treffen. Diese Entscheidung musste bewusst und fest sein, um den Wandel tatsächlich in die Tat umzusetzen.

Klare Ziele setzen: Mit den neuen Erkenntnissen setzte ich mir konkrete und realistische Ziele. Diese Ziele gaben meiner Veränderung eine klare Richtung.

Verpflichtung: Nach jeder Entscheidung mache ich mir die Bedeutung und Ernsthaftigkeit dieser Verpflichtung bewusst, indem ich mir symbolisch die Hände wasche. Dieser Akt hilft mir, die Entscheidung innerlich zu festigen und ins Reine zu bringen.

Positive Einstellung: Eine positive und optimistische Haltung war entscheidend, um die Entscheidung zur Veränderung aufrechtzuerhalten. Ich glaubte fest daran, dass ich die gesetzten Ziele erreichen konnte, was meine Entschlossenheit stärkte.

Zielcollage: Am Ende eines jeden Jahres erstelle ich eine Zielcollage für das kommende Jahr. Diese visuelle Darstellung meiner Ziele hilft mir, den Fokus zu behalten und die Motivation hochzuhalten. Die Zielcollage besteht aus Bildern, Zitaten und Symbolen, die meine gewünschten Ergebnisse repräsentieren. Sie dient als tägliche Erinnerung an meine Verpflichtungen und inspiriert mich, kontinuierlich an meinen Zielen zu arbeiten. Inzwischen erreiche ich nahezu alle Ziele, die ich auf meiner Zielcollage eintrage beziehungsweise aufklebe.

Affirmationen: Positive Affirmationen sind kraftvolle Werkzeuge, um negative Glaubenssätze zu verändern und positive Überzeugungen zu festigen. Ich nutze Affirmationen täglich, um mein Unterbewusstsein auf Erfolg und positive Ergebnisse zu programmieren. Durch das wiederholte Aussprechen von passenden Sätzen unterstützte ich die Fähigkeit der Visualisierung.

3. Handlung:
Die Veränderung umsetzen

Die letzte Grundlage der Veränderung ist die Handlung. Erkenntnis und Entscheidung bleiben bedeutungslos, wenn sie nicht in konkrete Maßnahmen umgesetzt werden. Es ist das Handeln, das die Theorie in die Praxis umsetzt und echte Veränderungen bewirkt.

Planung und Struktur: Ich entwickelte einen detaillierten Plan, um die notwendigen Schritte zur Erreichung meiner Ziele zu strukturieren (Beispiel: Die Reise von Berlin nach München). Dieser Plan umfasste tägliche, wöchentliche und monatliche Aktionen, die mich Schritt für Schritt voranbrachten.

Routine: Veränderung erfordert die Etablierung von Routinen, um Gewohnheiten daraus zu machen. Durch regelmäßige und konsequente Handlungen konnte ich meine Ziele systematisch verfolgen. Rückschläge nutzte ich stets, um zu reflektieren und den aktuellen Zustand neu zu bewerten, wodurch ich weiter vorankam.

Anpassung und Flexibilität: Während des Veränderungsprozesses blieb ich flexibel und nahm notwendige Anpassungen vor. Unerwartete Herausforderungen und Hindernisse erforderten manchmal eine Anpassung meines Plans und meiner Herangehensweise, die ich nach der sachlichen Betrachtung umsetzte.

Visualisierung der Handlung: Um von der Theorie in die Praxis zu kommen, stelle ich mir auch die konkreten Handlungen vor, die notwendig sind, um meine Ziele zu erreichen. Diese Visualisierung hilft mir, jeden einzelnen Schritt klar und deutlich zu sehen, und bereitet mich mental darauf vor, sie in die Tat umzusetzen. Für mich ist die Visualisierung ein ganz wichtiger Punkt, um meine Ziele zu erreichen.

Erkenntnis, Entscheidung und Handlung sind die drei grundlegenden Schritte für jede menschliche Veränderung. Diese Grundlagen bieten einen strukturierten Ansatz, um Veränderungen im Leben bewusst und effektiv zu gestalten. Durch das Erkennen der Notwendigkeit, das Treffen einer festen Entscheidung und das konsequente Handeln konnte ich nachhaltige und bedeutende Veränderungen erreichen. Glaubenssätze spielen dabei eine wesentliche Rolle, da sie unsere Wahrnehmung und unser Verhalten stark beeinflussen. Indem wir uns unserer Glaubenssätze bewusst werden und sie aktiv gestalten, können wir die Grundlage für nachhaltige Veränderungen in unserem Leben legen.

DIE BEDEUTUNG DES UMFELDS:
UMGEBEN MIT MENSCHEN MIT GLEICHEM MINDSET

Ein wesentlicher Aspekt der persönlichen Veränderung ist das Umfeld, in dem wir uns befinden. Die Menschen, mit denen wir uns umgeben, haben einen erheblichen Einfluss auf unsere Denkweise, Einstellungen und letztendlich auf unseren Erfolg. Aus meiner persönlichen Erfahrung kann ich sagen, dass das Umgeben mit Menschen, die ein ähnliches Mindset haben, entscheidend für meine eigene Entwicklung war.

Allerdings war das Ausscheiden mancher Menschen, besonders das Scheitern einer Beziehung, ein sehr schmerzhafter Prozess. Das Scheitern meiner letzten Beziehung war für mich besonders schmerzhaft, obwohl wir beide unter der Beziehung durch unsere stark unterschiedliche Einstellung litten.

1. Unterstützung und Ermutigung

Menschen mit einem ähnlichen Mindset verstehen die Herausforderungen und Ziele, die du dir gesetzt hast. Sie können dir die notwendige Unterstützung und Ermutigung bieten, die du auf deinem Weg benötigst. In schwierigen Zeiten sind sie da, um dich aufzubauen und dich daran zu erinnern, warum du begonnen hast.

Gemeinsame Ziele: Menschen mit einem ähnlichen Mindset teilen oft ähnliche Ziele und Ambitionen. Das schafft eine gemeinsame Basis, auf der ihr euch gegenseitig unterstützen könnt.

Ermutigung: In Phasen des Zweifels oder von Rückschlägen können diese Menschen dir den nötigen Mut geben, weiterzumachen und nicht aufzugeben.

2. Positiver Einfluss

Das Umgeben mit positiven und motivierten Menschen kann deinen eigenen Antrieb und deine Motivation steigern. Sie setzen hohe Standards und inspirieren dich, das Beste aus dir herauszuholen.

Vorbildfunktion: Menschen mit gleichem Mindset können als Vorbilder dienen. Ihr Erfolg und ihre positive Einstellung können dich inspirieren und motivieren, selbst besser zu werden.

Positives Denken: Ein Umfeld, das von positivem Denken und Handeln geprägt ist, beeinflusst auch deine eigene Denkweise. Du lernst, Herausforderungen als Chancen zu sehen und dich auf Lösungen, statt auf Probleme zu konzentrieren.

3. Verantwortung und Rechenschaft

Ein unterstützendes Umfeld hilft dir, verantwortlich zu bleiben und Rechenschaft über deine Ziele und Handlungen abzulegen. Menschen mit einem ähnlichen Mindset können dir dabei helfen, fokussiert zu bleiben und deine Verpflichtungen einzuhalten.

Rechenschaftspflicht: Regelmäßige Check-ins und Gespräche mit Gleichgesinnten sorgen dafür, dass du auf Kurs bleibst und deine Ziele verfolgst.

Motivation: Die Erwartung, vor anderen Rechenschaft abzulegen, kann eine starke Motivation sein, um kontinuierlich an deinen Zielen zu arbeiten.

4. Gemeinsames Lernen und Wachstum

Menschen mit einem ähnlichen Mindset sind oft aufgeschlossen und bereit, Neues zu lernen. Das schafft eine Umgebung, in der gemeinsames Lernen und Wachstum möglich sind.

Austausch von Wissen: In einer solchen Umgebung kannst du wertvolle Einblicke und Erfahrungen austauschen. Das fördert nicht nur dein eigenes Lernen, sondern auch das der anderen.

Gemeinsames Wachstum: Gemeinsam könnt ihr neue Fähigkeiten entwickeln und euch gegenseitig dabei unterstützen, eure Ziele zu erreichen.

5. Veränderungen im sozialen Umfeld

Eine wichtige Erkenntnis, die ich hatte, war auch, dass manche Menschen aus meinem Leben treten, dafür aber neue in mein Leben treten. Das ist insofern wichtig, als Menschen mit einem gleichen Mindset gemeinsam mehr erreichen können als Menschen mit unterschiedlichem Mindset. Ich will an dieser Stelle nicht die unterschiedlichen Mindsets oder Haltungen zum Leben beurteilen, sondern einfach nur sagen, dass, wenn es zwei Menschen gibt, die mit ihrem Leben, so wie es ist, zufrieden sind, sie glücklicher werden, als wenn ein Mensch eine Veränderung möchte und der andere nicht.

Ich brauche in meinem Leben Menschen, die wie ich Veränderung wollen, um ihr Leben anders und neu zu gestalten und sich an die neuen Bedingungen in der Welt anzupassen. Gemeinsam können wir auf Veränderungen reagieren und uns nicht in einer Haltung verfangen, die uns stagnieren lässt.

LISA MARIA SCHWEIDLER

Geboren 1993, entschied sich nach ihrer schulischen
Laufbahn für eine Ausbildung im Tourismus. Während
einer Weltreise hatte sie die zündende Idee, ein Buch über
ihr Leben zu schreiben, und machte eine Ausbildung
zur Yogalehrerin. In ihrem ersten Buch, der Autobiografie
**„Die dunkle Seite des Schmetterlings – Triggerwarnung:
Depression, Essstörung"**, teilt sie ihre Erfahrungen
mit diesen Themen und hält inzwischen Lesungen an Schulen
und Kliniken.
Sie möchte andere Menschen dazu inspirieren, ihren eigenen
Weg zu gehen, und ermutigen, offen über Ängste und
Sorgen zu sprechen. Ihr Motto lautet: Wir sind nicht allein
und *„As Leb'n is a Freid"*. In ihrem Brief an die Depression
beleuchtet sie ihre Beziehung zu dieser Krankheit aus
einer Vogelperspektive und findet heraus, dass sie nichts
Persönliches ist und trotz allem Leid oder gerade deswegen
ihr größtes Coaching.

EIN BRIEF
AN MEINE
DEPRESSION

Liebe …

So beginne ich meine Briefe meistens. Aber in deinem Fall finde ich diese Anrede nicht ganz passend. Liebe Depression? Sehr geehrte Depression? Diese Anfänge erscheinen mir dann doch etwas übertrieben. Immerhin hattest du mich fast umgebracht. Vielleicht ist ein einfaches „Hallo" oder „*Hey, Depression, was geht?*" stimmiger, obwohl, das „*was geht?*" streiche ich auch.
Also von vorn.

An meine Depression!

Du warst inzwischen vier Mal bei mir, länger als geplant, wenn es denn überhaupt eine Planung gab. Bei drei deiner Aufenthalte wollte ich ziemlich schnell nicht mehr leben und bei dem vierten habe ich mich monatelang von Tag zu Tag geschleppt, mit einer mir norma-

lerweise nicht geläufigen Apathie. Alles und jeder erschien mir un-endlich sinnlos, und obwohl ich wusste, dass es nur deine Anwesen-heit war, die mir den Blick auf all das Positive und Schöne in dieser Welt und den Wechsel meiner Perspektive verwehrte, wurde die Hoffnung, dass du mich jemals wieder verlässt, immer kleiner. Ich HASSE diesen Zustand. Es ist, als würde ich vor einem Schaufenster stehen, und dahinter befinden sich lebensnotwendige Dinge, aber es gibt keinen Eingang. Dahinter sehe ich lachende, fröhliche Men-schen, die sich unterhalten, umarmen, eine schöne gemeinsame Zeit verbringen, genüsslich essen und trinken, die kommende Urlaube planen oder von vergangenen begeistert erzählen und das Leben ge-nießen. Und ich stehe vor diesem Schaufenster, sehe das alles, sehe sogar, dass Menschen zu mir kommen und mich reinholen wollen, aber ich kann mich nicht bewegen und fühle mich unendlich ein-sam, traurig und allein. Weil du neben mir stehst und gleichzeitig auf mir sitzt und mich nicht loslassen willst. Und je länger du da bist, desto weiter rückt dieses Leben hinter dem Schaufenster für mich in unerreichbare Ferne.

Ich sehe dann oft auch gar nicht mehr so aus, wie ich eigentlich aus-sehe, weißt du? In der letzten Phase war es schon besser und ich habe mich gesünder ernährt und weiterhin Sport gemacht. Aber meine ansonsten so lebendige Miene ist mit dir wie ausgestorben. Außer-dem bietet dir meine schlechte Angewohnheit, mir Pickel auszudrü-cken, eine große Angriffsfläche, und dann drücke ich mir im Gesicht rum, als würde ich dadurch dich aus mir herausdrücken. Was na-türlich nicht klappt. Ich verletze mich dadurch nur selbst und schon bin ich drin im negativen Gedankenstrudel der Scham, Selbstabwer-tung und Abscheulichkeiten. Mein ansonsten so tiefer und erholsa-mer Schlaf wird zur Tortur, weil du in meinem Kopf rumschreist und Party machst, und morgens komme ich dann logischerweise nur sehr schwer aus dem Bett. Als ob du Ziegelsteine an meine Arme und Beine gebunden hättest.

Es ist kein angenehmes, schönes Liegenbleiben, so wie ein gemütliches Ausschlafen am Wochenende. Meistens schwitze ich wie verrückt und liege dann in meinem eigenen Saft, möchte aufstehen und mich duschen, aber dafür brauche ich oft Hilfe. Nicht beim Duschen, das geht Gott sei Dank alleine, aber beim Aufstehen. Meine Schwester hat das inzwischen perfektioniert: Sie nimmt mir die Bettdecke weg, reißt Balkontür und Fenster weit auf, sodass die kühle Morgenluft mich umhüllt. Sie macht es mir dadurch noch unangenehmer, liegen zu bleiben, und ich stehe tatsächlich auf. Während des Tages bin ich dann unfassbar müde, und mir klappen die Augen fast zu, weil ich mich nachts ja nicht erholen konnte. Wenn ich dann noch zu viel Zucker esse, hast du den Erschöpfungskreislauf erfolgreich aktiviert, und es braucht gar nicht mehr viel von deiner Seite, um mich unten zu halten. Ich mache das dann schon sehr gut selbst. Mir macht nichts mehr Spaß, ich habe keine Lust, keinen Antrieb für irgendwas. Essen, das ich sonst so genieße und liebe, ist nur noch eine körperliche Befriedigung. Es schmeckt alles gleich, beim Essen in Gesellschaft fühle ich mich beobachtet und esse daher am liebsten allein. Und apropos Lust: Mein Sexualtrieb löst sich in dieser Phase auch in nichts auf, verlässt mich und bei dem bloßen Gedanken an Sex oder Selbstbefriedigung verspüre ich Ekel und Scham. Oder einfach gar nichts. Als hätte meine Libido Urlaub in der Südsee und vergnügt sich dort ohne mich.

Weißt du, so oft bin ich in der Dusche gestanden, unter laufendem Wasser, hab mir die Ohren zugehalten und lautlos geschrien. Verzweifelte Versuche, um den Druck in meinem Kopf irgendwie loszuwerden und die lauten, negativen Gedanken zu ertränken. So viele salzige Tränen aus Hilflosigkeit gegenüber meiner inneren Welt, die sich innerhalb weniger Tage vom goldenen Königreich in ein unheimliches Schattenland verwandelt hat. Ich habe mich nie gefragt: „Wieso ich?", sondern vielmehr: „Soll es das jetzt schon gewesen sein? Ich habe doch noch so viele Träume und unverwirklichte Ideen und Wünsche, werden die jetzt niemals zur Realität werden?"

Es brach mir mein Herz, wenn ich dir zuhörte und du mir zugeflüstert hast, dass ich mich umbringen müsste. Dass das die einzige Option wäre, mich von dir zu lösen. Es brach mir das Herz, dass ich dir überhaupt zuhörte. Mein Leben sollte so nicht enden. Nicht so. Und Gott sei Dank waren da viele liebe Menschen um mich, die mich auch in den Phasen mit dir nicht aufgegeben haben. Die da waren und einfach nur zugehört haben. Die mich auch mit grauer Maske gerne dabeihaben wollten. Die mich so nahmen, wie ich war. Die mich zu nichts gezwungen haben, aber immer wieder kleine motivierende Anreize setzten, doch nicht aufzugeben. Die meine Überlegungen, wieder in eine Klinik zu gehen und mir professionell helfen zu lassen, stark befürworteten und mir bei der Organisation dafür halfen. Die mich, obwohl du da warst, auch ohne dich sahen und wieder an mich erinnerten. An mein Licht, das du verdeckt hast. Ich weiß, dass es dir gar nicht passte, als ich wieder in einer Klinik war. Ich erinnere mich an ein sehr starkes Unwohlsein und dass ich am liebsten sofort wieder „ausgecheckt" hätte, weil ich Angst hatte. Vor dem, was kam. Aber diese Angst war nicht von mir, sie war deine Angst. Denn dadurch, dass ich blieb, musstest du langsam gehen. Und die durch dich entstandenen Narben in meinem Gehirn konnten langsam heilen. Manchmal erinnerte ich mich noch an die schlimmen Gedanken und Szenarien, die du mir vorgespielt hattest, und stellte erleichtert fest, dass das gar nicht mehr meine Gedanken waren.

Weißt du, ich bin inzwischen auch bei der inneren Überzeugung angelangt, dass ein Großteil von dir gar nicht von mir ist. Dass du aus etwas Vergangenem entstanden bist und dich an mich geheftet hast. Ich bin mir in deiner Anwesenheit immer wie im falschen Film vorgekommen, und ja, das zählt nun mal zu deinen Eigenschaften und Symptomen. Trotzdem warst du da und etwas musste es ja auch mit mir zu tun gehabt haben. Tatsächlich würde ich dich inzwischen auch nicht mehr als etwas nur Schlechtes bezeichnen. Durch dich habe ich viel über mich selbst gelernt und letztlich zu meiner Leidenschaft gefunden: dem öffentlichen Sprechen vor Menschen. Nur durch dich ist die Geschichte meines Lebens zu der geworden, die sie heute ist, und nur dadurch stehe ich nun vor Menschen und berichte davon. Wenn ich das tue, merke ich zu 100 %, dass es das ist, was ich tun will und soll. Wenn mir jemand vor 10 Jahren erzählt hätte, dass ich eines Tages sogar als Rednerin für freie Trauungen gebucht werde ..., ich hätte es niemals geglaubt.

Viele Menschen fragen mich, woher ich den Mut nehme. Den Mut über dich und meine intimsten Erfahrungen zu schreiben und öffentlich darüber zu sprechen. Meine Antwort darauf ist immer die gleiche: Du hast mir bereits die schlimmsten Dinge erzählt und an den Kopf geworfen. Nichts im Außen kann jemals so schmerzhaft und schlimm sein wie diese vergangenen inneren Konversationen. Außerdem weiß ich, dass Aufgeben keine Option ist, und wenn der eine Weg nicht funktioniert, dass es dann noch zig andere Möglichkeiten gibt, die ich noch nicht ausprobiert habe. Durch dich weiß ich außerdem die kleinsten, unscheinbarsten Momente zu schätzen, die mir sonst vielleicht gar nicht als so wertvoll erschienen wären. Wenn ich einen geliebten Menschen in einer alltäglichen Handlung beobachte, wenn der Wind durch die Bäume fegt, ich im Supermarkt an der Kasse stehe oder morgens in mein Auto einsteige – all diese Momente und noch so viele mehr zu fühlen und bewusst wahrzunehmen ist für mich die pure Magie. Und dann ist da noch ganz viel Dankbarkeit. Darüber, dass ich noch hier bin und all diese kleinen großen Momente erleben darf, ohne dich an meiner Seite.

Ich kann gar nicht sagen, dass es diese eine spezielle Sache war, die es dir möglich gemacht hat, wieder zu gehen. Ich glaube, es war ein Zusammenspiel von mehreren Dingen. Zum einen die professionelle Seite mit Therapien, Medikamenten und dem Austausch mit anderen Betroffenen. Ich bin Medikamenten gegenüber immer noch sehr kritisch eingestellt, und ein Teil in mir nimmt es dir sehr übel, dass ich wegen dir angefangen habe, Medikamente zu nehmen. Zumal sie mir teilweise nicht mal geholfen haben. Aber inzwischen nehme ich eins, das mir sehr aus der letzten Begegnung mit dir geholfen hat *und mich stabilisiert. Ich weiß nicht, für wie lange, denn ich habe noch andere Pläne in diesem Leben, die sich damit nicht vereinen lassen, aber für jetzt ist es okay. Und wenn es so weit ist, werden sich neue Wege auftun. Darauf kann ich vertrauen. Zum anderen hat mein soziales Netzwerk enorm viel dazu beigetragen, mich auf dem Weg der Heilung zu unterstützen und in der Kommunikation zu bleiben.*

Abschließend möchte ich dir Folgendes sagen: Es war keine angenehme Erfahrung mit dir, aber persönliche Weiterentwicklung und das Verlassen der Komfortzone sind nie angenehm, also musste das vermutlich so sein. Ich zähle dich mit zu meinen größten Lehrern und bin dankbar, dass ich durch dich meine Leidenschaft zum öffentlichen Sprechen und In-die-Sichtbarkeit-Kommen gefunden habe. Außerdem muss ich den Titel dieses Briefes an dich korrigieren: Du bist nicht meine Depression, du bist EINE Depression. Du bist nichts Persönliches. „Es war schön, dass du da warst", wäre gelogen, denn du hättest mich fast umgebracht. Es war eine krasse, intensive, um nicht zu sagen sogar abenteuerliche Achterbahnfahrt mit dir und gerade deswegen so wichtig für mich. Trotzdem hoffe ich, dass ich in diesem Leben nicht mehr in deinen Waggon einsteigen muss und ich mich ohne dich in meinem Leben einpendeln darf. Da warten noch so viele tolle Momente auf mich, weißt du?

Also Depression, mach's …

Mit Achtung,
Lisa Maria Schweidler

Hey Lisa,

ich bin's, die Depression. Ich war niemals etwas Persönliches. Nur du hast mich zu etwas Persönlichem gemacht. Und genau das war es, was es mir noch schwerer gemacht hat, mich von dir zu lösen. Danke dafür, es ist doch eh schon schwer genug. Das Leben als Depression ist nicht leicht, im Gegenteil, es ist ganz schön anstrengend und zieht mich echt runter. Du wirfst mir vor, ich hätte dich fast umgebracht. Und ja, ich kann dem gar nicht widersprechen, allerdings ist dieses Ausstiegsszenario, um mich loszuwerden, auch von mir wirklich nur die letzte Karte, die ich ausspiele, wenn alles andere nicht mehr hilft. Ich wollte dich anfangs mit den veränderten Gedanken und Erschöpfungsphasen doch nur darauf hinweisen, dass hier etwas aus dem Ruder läuft, und zwar gänzlich. Hättest du dir damals schon Hilfe von außen gesucht und darüber geredet, wie es dir geht, wäre es doch gar nicht so weit gekommen, dass ich mich morgens auf dich legen musste, um dir das Aufstehen so schwer wie möglich zu machen. Aber du hast mir nicht zugehört, und deshalb musste ich dich fast komplett ausschalten, sodass du es alleine tatsächlich nicht mehr geschafft hättest, mich loszuwerden.

Ich wollte nie ein ungebetener Gast sein und doch liegt es vermutlich im Wesen meiner Natur. Ein echt niederschmetterndes Schicksal. Trotzdem sehe ich mich vielmehr als eine hilfreiche Begegnung und Brücke zu deinen innersten Ängsten und tiefsten Wunden. Wenn ich mal groß bin, soll ich eigentlich die zerstörendste und furchterregendste Depression der Welt sein und die Suizidraten dramatisch erhöhen, aber eigentlich hab ich keinen Bock mehr auf die Scheiße. Ich bin keine Enddiagnose, und nur weil ich schon öfter bei dir war, heißt das nicht, dass ich für den Rest deines Lebens bei dir bleiben muss. Es ist zwar einfacher für mich, wieder bei dir einzutreten, weil gewisse Wege schon bereitet sind, aber trotz allem hast du immer noch die Wahl, auch wenn es sich für dich dann gar nicht mehr so anfühlt. Und so toll ist es bei dir nun auch wieder nicht. Ich bin keine unheilbare Krankheit. Vielleicht bin ich auch nur ein Symptom von etwas ganz anderem. Die Menschen geben mir viele Namen und Bezeichnungen, und ja, ich habe viele Gesichter. Ich kann bei jedem Menschen anders aussehen. Muss ich aber nicht. Ich bin das, was ihr aus mir macht. Und jetzt mach ich erst mal Urlaub, irgendwo, wo mich keiner kennt. Vielleicht mach ich sogar einen Tanzkurs, aber pssst, erzähl das bloß nicht weiter, Depressionen hassen tanzen und was sonst noch alles Spaß macht. Voll ätzend der ganze Pessimismus!

Ich pack's, und Lisa ...
... lass dich von mir nicht aufhalten!

In Hochachtung,
die Depression!

**Anstehende Termine und Kontaktdaten
findest du auf ihrer Website**
www.lisaschweidler.de
oder auf Instagram *@lisamariaschweidler*

**„Die dunkle Seite des Schmetterlings"
ISBN 978-3985958894**

DR. PETER SIFFL

Im Rausch gezeugt – der Vater ist unbekannt; 1965 im
Frauengefängnis Aichach auf die Welt gekommen;
als „Waisenkind" in einem Kinderheim bei katholischen
Schwestern aufgewachsen.

Nach dem Studium der Sozialpädagogik, Philosophie,
Kath. Theologie war er Einrichtungsleiter eines Kinder-
heimes in Landshut.

Es folgte die Weihe zum Ständigen Diakon. Neben dem
Schuldienst als Religionslehrer und Schulseelsorger war er
in der Gemeinde- und Dekanatsarbeit tätig. In dieser Zeit
promovierte er zum Dr. phil. in Erziehungswissenschaft/
Soziologie.

2013 durfte er ein Kinderheim, eine Kinder- und Jugend-
hilfeeinrichtung, mitgründen und aufbauen.

Seit 8 Jahren arbeitet er im Ambulanten Dienst mit
schwerkranken Menschen.

Nebenbei ist er im Gesundheitssektor selbständig und
als Honorardozent an einer Hochschule tätig.

Dr. Peter Siffl, der Weggefährte zu körperlicher, geistiger,
seelischer Gesundheit! *„Lebe glücklicher!", „Erkenne
deine Lebensgewohnheiten!"* – Er bringt Menschen
in eine Wertigkeit, die sie selbst nicht finden können.

PROBLEME UND KONFLIKTE HEUTE

ODER LEBST DU SCHON?

WELCHE BEDEUTUNG HAT DIE INSTITUTIONALISIERTE RELIGION HEUTE NOCH? ODER - IST EIN NEUER SPIRITUELLER WEG DIE LÖSUNG?

ABSTRACT

„Religion" und „Spiritualität" gehören zur gesamten Geschichte des Homo sapiens. Die Menschen sind auf der ständigen Suche nach einem für-sich-erfüllenden Leben. Sie fragen nach dem Sinn und nach dem Zweck des Da-seins.

Die Kraft der Religion/die Kraft der Spiritualität als religiöse Grundeinstellung und als gelebte Praxis im alltäglichen Leben hilft dem einzelnen Menschen sein Leben und seine Aufgaben, sein Selbst und die Beziehung zur mitmenschlichen und ökologischen Umwelt besser zu verstehen und selbst besser in den Kontext des Lebens einordnen zu können.

Die institutionsgeprägten Formen der Religionen und deren institutionellen Spiritualitäten schaffen es wohl immer weniger, Menschen einen sicheren Halt und eine Sinngebung für den Lebensalltag zu vermitteln. Unter anderem liegt es wohl daran, dass sich unsere westliche Gesellschaftsform maßgeblich geändert hat: Das einheitliche religiös-praktische Alltagsleben, das von den religiösen Institutionen in der Vergangenheit deutlich vorgegeben war, ist nicht mehr die Mitte und der verbindliche Rahmen unseres heutigen privaten und gesellschaftlichen Zusammenlebens. In der vergangenen stratifikatorischen Gesellschaft war „die Religion" und die damit verbundenen vorgegebenen Rituale und Bräuche der „rote Faden" im Alltagsleben eines Einzelnen und des gesamten öffentlichen Lebens.

Die mittelalterliche Gesellschaft war in drei Ordnungen unterteilt: Adlige, Kirchenleute und Bauern. Die Bauern hatten sich unter den Schutz lokaler adliger Herren stellen müssen, um vor Plünderern und anderen Wegelagerern verteidigt werden zu können. Diese weltlichen Fürst-Herren hatten sich auch unter die Autorität der Kirche gestellt, um mehr Einfluss auf ihre gepeinigten Untertanen zu haben. So hatte sich die Gesellschaft des Mittelalters hauptsächlich um die Dogmen der institutionalisierten Religion „Kirche" herum organisiert. Kirchliche Obrigkeiten orchestrierten die gesamte Gesellschaft. Der Lebensalltag (Geburt, Kinderbetreuung, Arbeit, Ehe, Gesundheit, Politik ...) war auf die strengen dogmatischen Vorgaben und Vorschriften der religiösen Institutionen ausgerichtet. So war z. B. ohne das zustimmende Machtwort eines Papstes nach Gottes Willen das Regieren eines Kaisers oder Königs fast unmöglich. Der einzelne Mensch und seine Alltagsumgebung hatten sich an diese Instruktionen der religiösen Institution zu halten. Der einzelne Mensch galt in dieser Zeit lediglich als Objekt; er musste gehorchen – so konnte er besser geführt werden. Der Mensch wurde durch die Vertreter der religiösen Institution zu seinem Seelenheil geführt – oder eher dazu gezwungen?

Was hat sich seither getan? Was hat sich geändert?

Die gesellschaftliche Ordnung hat sich mittelweile grundlegend verändert. Wir leben heute in einer funktional-differenzierten Weltgesellschaft.[11] Die Gesellschaft ist pluralistisch und differenziert geworden. Die Religionssoziologen sprechen von einer Säkularisierungskrise, denn letztendlich haben die religiösen Institutionen ihre Macht verloren. Sie können dem einzelnen Menschen nicht mehr den Lebensalltag, das Lebensziel und die Form der Lebensverwirklichung vorschreiben. Der einzelne Mensch hat sich als Subjekt erkannt. Er bestimmt über seinen Lebensalltag selbst. Lebensbiografien sind individuell geworden. Die Lebensgestaltung ist demnach veränderbar geworden; d. h., dass allzeit Veränderungen im schulischen, beruflichen und privaten Alltag möglich sind. So kann der Mensch z. B. seinen Beruf während seines Berufslebens öfters wechseln. Lebensgemeinschaften sind ohne moralische Anklagen veränderbar: Das partnerschaftliche Zusammensein kann aufgelöst werden und eine neue Partnerschaft kann ohne Zustimmung einer Institution begonnen werden.

Und dennoch suchen die Menschen. Sie suchen nach dem „Mehr". Meine persönliche Lebens-Vision liegt nicht in „mehr Besitz", in „mehr Reichtum", in „mehr Erfolg" und dergleichen. Es ist ein anderes „Mehr": Ich möchte den Menschen davon erzählen, dass sie selbst göttlich-spirituelle Wesen sind. Wir sind Teile des gesamten Universums. Wir sind letztendlich unsterblich.

Was folgt u. a. daraus? Die Menschen haben keine Angst vor einem Tod. Sie haben keine Angst, etwas zu verlieren. Sie kennen keinen Neid; sie kennen keine psycho-somatischen Krankheiten.

---

11 Die funktionale Differenzierung beschreibt in der Soziologie, wie sich innerhalb einer Gesellschaft einzelne Teilsysteme entwickeln, die jeweils eine bestimmte Funktion für das Gesamtsystem erfüllen. Diese Teilsysteme werden auch Funktionssysteme genannt. Der Begriff der funktionalen Differenzierung ist konstitutiver Bestandteil der Soziologie von Niklas Luhmann, der diesen Begriff zur theoretischen Analyse der Gesellschaft verwendet hat.

Wenn die Menschen diese spirituelle Lebenshaltung annehmen und leben, gibt es keine Kriege, keine Hungersnöte und keine Umweltverschmutzung — und deutlich weniger psycho-somatische Erkrankungen.

Also fangen wir an! Die grundlegenden Probleme sind mit dem einen spirituellen Schlüssel zu beheben: „Wir sind alle Eins!" Soweit meine Einleitung zum Thema.

DER WANDEL

Wie schon angedeutet, war in unserer vorherigen Gesellschaftsform[12] (im europäischen Kulturraum) das religiöse Leben durch die religiöse Institution „Kirche" vertreten; diese war für alle Lebensbereiche des Einzelnen sowie der gesamten Gesellschaft rigoros bestimmend. Alles fand seine Ausrichtung in den religiösen praktischen Alltagsvorschriften. Die Religion hatte sogar eine „politische Rolle" bekommen. Es hatte sich eine Allianz von Politik und Religion entwickelt. Die Religion wurde sogar als subtiles Mittel der Unterdrückung genutzt. Religion wurde vornehmlich als Trost für den schweren Alltag missbraucht. Der einzelne Mensch wurde als „Objekt" behandelt. Selbstbestimmung und individuelle Lebensführung war ein Tabu. Eine „oberste Pflicht" war u. a., an den religiösen Feiertagen am Gottesdienst teilzunehmen. Jedoch nur teilnehmen! Ein Mitwirken war den Laien/den gewöhnlichen Gottesdienstbesuchern verboten. Das Alltagsleben des Einzelnen war von den strengen religiösen Praktiken bestimmt. Spiritualität wurde von Seiten der religiösen Institution definiert. Der Sinn und Zweck des Lebens wurde von den Repräsentanten der religiösen Institution vorgegeben. Der Einzelne musste lediglich gehorchen und sich auf gar keinen Fall die Frage nach einem Sinn im Leben stellen. Auf diesem vorgegebenen Proprium[13] konnte und sollte sich jeder Mensch in diesem „Haus voll Glorie

---

12 In der Soziologie wird von der sog. Stratifikatorischen Gesellschaftsdifferenzierung gesprochen. Die Gesellschaft war in hierarchische soziale Schichten aufgeteilt: Adel, Bürger, Bauern, ...

13 Es ist die grundsätzliche und zugleich die charakteristische Voraussetzung.

schauet"[14] sicher fühlen, um dann mit dem Tod in das Paradies[15] einziehen zu dürfen. Wer sich nicht an die kirchlichen Verordnungen hielt, wird wohl mit dem Tod in der Hölle[16] leiden und für seinen Ungehorsam gegenüber den kirchlichen Vorschriften büßen müssen. Das sollte sich ändern!

Die Gesellschaftsformen haben sich im Laufe der Menschheitsgeschichte immer wieder gewandelt. In der heutigen westlichen Gesellschaftsform hat nicht mehr DIE RELIGION — also die institutionalisierte Religion — die Bestimmungsgewalt. Die institutionalisierte Religion hat ihre Macht verloren. Nun muss/darf der einzelne Mensch sein Leben selbst in die Hand nehmen. Selbstbestimmung und individuelle Lebensführung sind nun Substantive, die ernst zu nehmen sind.[17] Der einzelne Mensch ist nun ein „Subjekt". Das Leben wird nach den eigenen Wünschen und Bedürfnissen eingerichtet und gelebt.

Damit verliert DIE RELIGION als religiöse Institution massiv an Bedeutung. Der Einzelne braucht die religiösen Vorschriften nicht mehr als Lebensleitfaden. „Wozu soll ich mich an diese religiösen Vorschriften im Alltag halten?", „Ich brauche das nicht! Niemand kann mir den Weg zu Gott vorschreiben — wenn es einen solchen überhaupt gibt!" — Solche und ähnliche Aussagen finden heute lauten Beifall.

---

14   „Ein Haus voll Glorie schauet" ist ein meistgesungenes deutschsprachiges katholisches Kirchenlied. Am Kirchweihtag und bei anderen festlichen Anlässen der Gemeinden wird es gerne gesungen. Den Originaltext und die Melodie schrieb Joseph Mohr 1875.

15   Nach alttestamentlicher Überlieferung ist das Paradies der Ort des Friedens, der Ruhe, des immerwährenden Glücks (des ersten Menschenpaares); nach neutestamentlicher Überzeugung ist es das Jenseits, der himmlische Aufenthaltsort der Seligen.

16   Die Hölle ist der Ort der Bestrafung für die im jeweiligen Glauben verbotenen Taten im Diesseits. Es ist der Ort der ewigen Verdammnis. Unzählige Bilder in den Kirchen zeugen davon. Den Menschen wurde Angst gemacht.

17   Am 12. April 2024 hat der Deutschen Bundestag mit Wirkung zum 01. November 2024 das sogenannte Selbstbestimmungsrecht beschlossen. Jeder Mensch darf selbst darüber entscheiden, wie er leben möchte. Die Freiheit, über sein Leben selbst zu bestimmen, ist ein Menschenrecht, das auch durch die Verfassung (Grundgesetz) geschützt wird.

WELCHE AUSWIRKUNGEN ZEIGEN SICH?

In den vergangenen Jahrhunderten hatte die religiöse Institution „Kirche" den Menschen die Frage nach dem Lebens-Sinn beantwortet. Nun darf diese Frage jeder Mensch für sich selbst beantworten. Die Menschen waren schon immer auf der ständigen Suche nach einem für-sich-erfüllenden Leben. Und immer wieder hatten sie bei ihrer Suche die Kraft der Spiritualität erkannt. Spiritualität als religiöse Gesinnung in der Praxis hilft dem Einzelnen auf seine eigene Art und Weise dabei, das Alltagsleben und die vielfältigen Aufgaben, das eigene Selbst und die Beziehung zur gesamten Welt und Umwelt besser zu verstehen. Die spirituelle Suche bietet Antworten auf die Orientierungslosigkeit der Menschen, die sich in der pluralen Welt verunsichert fühlen. Die Gegenwart ist von einem sogenannten Globalismus geprägt. D.h., dass das Wirtschaftsleben, das politische Alltagsgeschehen, das kulturelle Leben, die umweltschützenden Maßnahmen und die Kommunikationsmöglichkeiten weltweit miteinander verzahnt sind. Doch in der Beantwortung nach dem Lebenssinn bleibt der Mensch allein auf sich gestellt.

Braucht der Mensch eine Spiritualität, um einen Lebenssinn zu erkennen?

SPIRITUALITÄT

Vorweg: Spiritualität ist keine Theorie! Spiritualität ist nicht mit rationaler Vernunft zu erfassen! Spiritualität und deren Kraft liegen tief im Inneren einer Person. Erklärende Worte lassen sich für Spiritualität schwer finden.

Dennoch mache ich hier einen Erklärungs-Vorschlag, um im Weiteren das Gespräch fortführen zu können: Das Wort Spiritualität leitet sich vom lateinischen Spiritus — der Atem, das Leben, die Seele, der Sinn, der Geist, das Selbst-Bewusstsein — ab. Diese vielen Wortbedeutungen, diese Ambiguität weist auf die Universalität dieses Begriffes hin. Für den vorliegenden Artikel definiere ich Spiritualität als eine spezielle religiöse Haltung und eine religiöse praktische

Übungsform, mit denen ich den Weg nach Innen finden und gehen kann.

In den gängigen verkrampften Definitionsversuchen von Spiritualität wird mir deutlich, dass die menschliche Rationalität[18] das Hindernis zur eigenen Spiritualität sein dürfte. Die Spiritualität ist die gelingende Beziehung zu sich selbst.

Um den Weg zu einer eigenen Spiritualität finden zu können, gibt es heutzutage viele Schulen und Lehrmeister. Diese lehren die Menschen, wie sie die gefundene Spiritualität im Alltag einüben und leben können. Neben den vielfältigen Meditationskursen und Yogakursen gibt es auch ein großes Angebot auf dem Büchermarkt. Auffallend ist der enorme Zuwachs an spirituellen Bücherangeboten in den Regalen der Buchhandlungen.

> „Wer im Außerhalb schaut, der träumt!
> Wer im Inneren schaut, der erwacht!"
>
> C.G. Jung, 1875–1961

WARUM IST MIR DIE AUSEINANDERSETZUNG MIT DEM THEMA SPIRITUALITÄT SO WICHTIG?

Wir stehen heute in unserer sogenannten Informations- und Wissensgesellschaft an einer heiklen Grenze. Die westliche Gesellschaftsform hat sich zu einer funktional-differenzierten Weltgesellschaft weiterentwickelt, in der alle und alles in gewisser Weise intensiver voneinander abhängig sind. Die weltweite ökologische Umweltverschmutzung betrifft jeden auf unserem Planet Erde. Die politischen Systeme haben sich zum Teil unter außergewöhnlich-bedrohenden und gefährdenden Bedingungen vereinigt und zugleich massiv getrennt. Sind die Mächtigen dieser Welt sogar in der Lage, die gesamte Erde mit einem Knopfdruck zu vernichten?

---

18 Der heutige Mensch scheint in ein vernunftgeleitetes, zweckgerichtetes Denken und Handeln gefangen zu sein. Das intuitive Handeln – sprich aus dem Bauch heraus – scheint zunehmend verloren zu gehen. Das Handeln und das Denken geschehen berechnend, abwägend, analytisch, logisch, begründet – kurzum: rational.

Der technologische Fortschritt hat den gesamten Globus erfasst. Es gibt immer zwei Seiten einer Medaille! Der technologische Fortschritt bringt viele Erleichterungen: z.B. in der Kommunikation, in den alltäglichen Arbeiten und Herausforderungen. Doch mir scheint, dass hier die wohlhabendsten Oligarchen der Welt eine eigensinnige Entwicklung vorantreiben, um alles global zu kontrollieren. Hier denke ich z.B. an das digitale Geld, die digitalen persönlichen Daten und Dokumente. Die Menschen werden weltweit ohne ihr Einverständnis an dedizierte Programme gebunden. Ein demokratisches Veto des Volkes gilt fast nichts mehr. Das Nachfragen zu geschnürten Gesetzen ist nicht erwünscht. Wer dies dennoch vermag, wird sofort als Querdenker und als Verschwörungstheoretiker gebrandmarkt, abgestempelt, stigmatisiert ... Das selbstverantwortliche Nachdenken, das Überdenken und das Zweifeln verglüht und ein blindes Vertrauen in eine automatisierte Wirksamkeit orchestriert das Alltagsgeschehen.

Was wird aus dem Menschen, der naturalis ein autonomes, ein selbstbestimmtes lebendiges Wesen ist? Wird der Mensch zunehmend global degradiert? Und werden die Menschen wieder (!) zu austauschbaren Objekten?

Es wird deutlich, dass unser Erde – trotz weltweiter Friedensabsichten und ökologischer Appelle – zunehmend mit Problemen und Konflikten konfrontiert ist. Aktuell herrscht wieder eine neue kriegerische Auseinandersetzung – ich denke an den Nahost-Krieg! Die dortige zivile Bevölkerung, die in Frieden leben will, wird vernichtet. Unschuldige Menschen sterben durch Waffen; sie sterben aufgrund fehlender Ernährung und zunehmender Krankheiten.

Das gleiche Drama erleben die Menschen in anderen Teil der Welt: Besitz- und Herrschaftsansprüche enden in grausamen Kriegen. Auch dort sterben und leiden unschuldige Menschen!

Was soll das? – Es braucht unbedingt ein sofortiges globales Umdenken: wirtschaftlich, politisch, sozial und religiös. Unsere zahlreichen Probleme und unsere menschenvernichtenden Konflikte gründen letztendlich in einer fehlgeleiteten Spiritualität, die ich nun mal „frech" die „organisierte institutionalisierte Religion" nenne. Die

Menschen brauchen eine spirituelle Sinn-Ebene, die alle Menschen miteinander vereint. Es braucht also eine „neue Spiritualität". Die traditionellen und herkömmlichen Meinungen und Vorstellungen von Gott und Welt dürfen neu überdacht werden. Dies wird aber auch den Einzelnen in seiner Lebensauffassung massiv berühren!

> „Man muss die Segel in den unendlichen Wind stellen, dann erst werden wir spüren, welcher Fahrt wir fähig sind!"
>
> Alfred Delp, 1907–1945,
> deutscher Jesuit und Widerstandskämpfer

GÖTTLICHE WESEN – UNGETRENNT VON GOTT – WIR SIND ALLE EINS!

Der grundlegendste Sinneswandel auf dem Weg zu einer neuen Spiritualität besteht darin, mich als ein göttliches Wesen zu erkennen. Alle bisherigen theologischen Lehren der Institutionalisierten Religionen haben mich belehrt, dass ich von Gott getrennt sei. Das Dogma heißt: Gott ist vollkommen und ich bin als Mensch unvollkommen.

Eine religiöse Lehre sagt sogar, Menschen würden unvollkommen geboren werden. Hinzu betonen alle Theologien, dass meine Lebensreise von vielfältigen Versuchungen geprägt sein wird. Nur wenn ich mich im Lebensalltag bemühe, nach Vollkommenheit zu streben, werde ich die Wiedervereinigung mit Gott im Paradies bekommen.

In Johannes 17,21 lese ich: „Alle sollen eins sein: Wie du, Vater, in mir bist und ich in dir bin." Jesus sagt deutlich, dass der Vater in mir ist.[19] Diese Aussage von Jesus löst die jahrhundertealte „Theologie der Trennung" ab. Dieses Eins-sein mit Gott bedeutet jedoch nicht Gleichheit! Ich bin und bleibe eine Individualität. Es liegt nun an mir, mit welcher Art ich meinen Lebensalltag gestalte. Es geht dabei nicht um eine Verhaltensänderung, sondern vielmehr um eine Glaubensänderung.

---

19 Vgl. dazu Gal 3,28: „Nun gibt es nicht mehr Juden oder Nichtjuden, Sklaven oder Freie, Männer oder Frauen. Denn ihr seid alle gleich – ihr seid eins in Jesus Christus".

Das grundlegende Proprium ist die Gegebenheit, dass die Menschen von nichts getrennt sind – ich erwähne es bewusst noch mal. Wir sind alle Eins! Alles hängt jetzt davon ab, was der Einzelne sein möchte und was er sich vornimmt zu tun. Denn jeder ist selbst der Schöpfer seines Lebens. Das Eins-sein mit Gott nimmt mir zuerst alle Ängste. Ich brauche vor nichts Angst zu haben – auch nicht vor dem sogenannten Tod. Als göttliches Wesen werde ich nicht sterben. Ich werde lediglich meine physische Realität ändern. Somit gibt es keinen Tod.

Wenn die Angst verschwindet, wird folglich die Liebe in meinem Lebensalltag erwachen. Es ist die Liebe zu sich selbst; es ist die Liebe zum Mitmenschen und es ist die Liebe zur Natur – zu den Tieren und zu den Pflanzen.

Würde jeder Mensch auf unserem Globus die Sichtweise „Wir sind alle Eins!" verstehen und diese Auffassung verinnerlichen und im Alltag leben, gäbe es keine Kriege, keine Hungersnöte und keine ökologische Umweltverschmutzung. Unfaire Wettbewerbe und Auseinandersetzungen, egoistisches Konkurrenzhandeln und Konkurrenzdenken gehörten dann sofort der Vergangenheit an. Ebenso wären Diskriminierungen, Rassismus und alltägliche Nachbarkeitsstreitereien „abgefrühstückt". Ich spreche hier bewusst in einer umgangssprachlichen Art und Weise! ... weil es doch eigentlich so einfach wäre!

> „Wir können den Wind nicht ändern,
> aber die Segel anders setzen!"
> Aristoteles, 384–322 v. Chr.

SCHRITTE ZU EINER NEUEN SPIRITUALITÄT

Im Folgenden darf ich einige Impulse weitergeben, die mir helfen, meinen spirituellen Weg zu gehen.

Der bedeutende Schritt ist meine Bereitschaft, darum zu wissen, dass einige bisherige theologische Vorstellungen von Gott und vom menschlichen Leben zusammengefallen sind. Letztendlich ist die neue Spiritualität eine neue Bürgerbewegung. Spiritualität ist ein Erkunden, eine Zuwendung, ein subjektives Erleben einer sinnlich nicht erfassbaren und rational nicht erklärbaren transzendenten Wirklichkeit. Sie wird die Menschen von der Trennung befreien; denn die Menschen werden verstehen, dass es keinen angsterregenden, strafenden und zornigen Gott gibt. Die Menschen werden erkennen, dass sie frei sind. Und doch wird eine große Herausforderung bleiben: Es ist schwierig, die Botschaften Gottes von den Informationen anderer Ursprünge zu unterscheiden.

ICH

Ein erster Schritt ist der freundliche Weg zu mir selbst: Durch Ruhe und durch bewusste Meditation finde ich zu mir. Yoga und Entspannungsübungen sind wertvolle Unterstützungen. Ich werde in der neuen Spiritualität aufgefordert, mich nach innen zu wenden. Ich werde lernen, mit mir sanft umzugehen. Und ich werde endlich aufhören, mich selbst zu richten und mich selbst zu verurteilen. Ich werde verstehen, dass es Unsinn ist, darüber nachzudenken, was andere von mir denken. Wenn ich von außen keine Bestätigung brauche, kann ich mir gehören. Dazu helfen spirituelle Literatur und mentale Begleiter.

> „Wenn du nicht nach innen gehst, gehst du leer aus!"
> Neale Donald Walsch, *1943

So werde ich zunehmend erfahren, wie sehr sich meine Seele viel mehr die Innere Erfahrung wünscht. Ich werde zunehmend lernen, dass es nicht das Äußere ist, sondern das Innere. Was ich suche, nennt sich „das Gefühl". Gefühle sind die elementaren Erfahrungen im Leben. Sie sind die Sprache der Seele; oder anders ausgedrückt: Der Kern meiner Göttlichkeit benutzt als Kommunikationsmittel die Gefühle, um mir zu zeigen, wo ich im Moment stehe, und ob ich mich dort befinde, wo die Seele sein möchte und wozu ich hier bin. Des Weiteren werde ich lernen, nicht nur auf Gefühle zu reagieren, sondern mit meinen Gefühlen etwas zu erschaffen. Ich erfahre eine wunderbare Veränderung: Durch das Spüren und das Herausheben meines Gefühls im Inneren werden neue Begebenheiten im Äußeren geschaffen. Was ich fühle, das erschaffe ich! Ich entdeckte mehr und mehr, wie ich mein Selbst erschaffe und zu dem werde, der ich wirklich bin.

> „Menschen sind wie farbige Glasfenster.
> Sie funkeln und leuchten, aber wenn die Dunkelheit kommt,
> offenbart sich ihre wahre Schönheit nur dann,
> wenn aus dem Inneren Licht erscheint."
> Elisabeth Kübler-Ross, 1926–2004

DANKBARKEIT

Ein weiterer Schritt zu einer neuen Spiritualität ist das immerwährende Dankgebet. Das Dankgebet ebnet mir den Weg zu meinem Inneren. Das Dankgebet ist auch der Lobpreis an Gott. Wenn ich für das danke, was ich in meiner Realität erfahren darf, dann laufe ich keinem Mangel nach, der sich im einseitigen Bitten ausdrückt.

> „Dankbarkeit ist der Schlüssel
> zur Schatzkammer unseres Lebens."
> Liselotte Nold, 1912–1978

Zunehmend erwächst in der täglichen praktischen Anwendung von Dankbarkeit die Liebe zu mir selbst. Und siehe da, ich lebe in Zufriedenheit und ich bin glücklich. Glück ist ein Seinszustand, ein Geisteszustand. Aus diesem Zustand heraus entstehen alle physischen Formen. Meine Gedanken sind unglaublich stark, denn sie erschaffen meine Realität. Meine Geisteswelt steuert meine Wahrnehmung und mein Verhalten; d. h., meine Gedanken beeinflussen mein Leben entscheidend.

> „Achte auf deine Gedanken, denn sie werden Wirklichkeit."
> Volksmund

DIE LIEBE ZUM MITMENSCHEN

Aus der Dankbarkeit heraus entwickelt sich ein weiterer Schritt: Es ist die Liebe zu meinem Mitmenschen. Diese Liebe zeichnet sich dadurch aus, dass ich für den anderen das will, was ich für mich selbst will! Viele menschliche Handlungen gründen entweder auf Liebe oder auf Angst. Auch der menschliche Gedanke gründet entweder auf Liebe oder auf Angst. Ich lasse nun los von der Angst: Mein Handeln und mein Denken gründen dann in und aus der Liebe. Denn Liebe ist die Kraft, die öffnet, die heilt und lebt. Angst ist eine Kraft, die verschließt, die zerstört und Not hervorruft. Es werden sich mit der Liebe die mitmenschlichen Verurteilungen verlieren; denn diese sind nur die eigenen subjektiven Verurteilungen innerhalb meines eigenen persönlichen Werterahmens.

> „Du sollst deinen Nächsten lieben wie dich selbst."
> Matthäus 22,39

DIE LIEBE ZUR NATUR – NATUR ERLEBEN UND NATUR LEBEN

Eine besondere neue Form der Spiritualität, die derzeit mehr und mehr Zustimmung bekommt, ist die Spiritualität der Natur. Der Begriff Naturspiritualität erweckt zunächst bei vielen Menschen eine esoterische Konnotation.

Die Verbundenheit zur Natur ist der Dank für die Natur; denn der Dank für die Natur betrifft die eigene Identität und Erfahrungen ebenso wie Emotionen und Gefühle. Der Mensch und sein eigenes Selbst wird als mit der Natur verbunden angesehen. In meinem liebevollen und dankbaren Umgang mit der Natur finde ich auch meine Beziehung zu mir.

So bin ich vorzugsweise in der Natur. Die Blumen und Lebewesen auf den Wiesen faszinieren mich. Diese Fülle und diese Ordnung schenken mir Freude. Spaziergänge durch die Wiesen und durch die Wälder, die Wanderungen in den Bergen und an den Stränden von Seen und Meeren schenken mir Freude.

Die frische Luft in den Wäldern gibt mir Lebenskraft. Ich lebe in positiven Emotionen!

Von besonderer Bedeutung ist auch das Barfußlaufen. Barfußlaufen wirkt sich positiv auf meine gesamte Statik und Bewegungsqualität aus. Ich stärke damit meine äußere und meine innere Balance. Ich befreie meine Füße vom einengenden Schuhwerk – vom „ledernen Sarg". Gerade modisch-elegante Schuhe schränken die Bewegungsfreiheit der Füße und Zehen häufig ein. Barfuß übe ich auch das Loslassen im Alltag. Das Barfußgehen erdet mich und schenkt mir eine bessere Verbindung zur Umwelt. Das Barfußlaufen fördert meine körpereigene Temperaturregulierung und kann sich so positiv auf mein Immunsystem auswirken: Der Stoffwechsel wird angeregt. Meine Füße bekommen beim Barfußlaufen eine kostenfreie Fußmassage; so werden die Muskeln im Fuß trainiert und gestärkt und die Durchblutung wird angeregt. Ein starkes Immunsystem ist auch der Garant für meine psychische Stärke.

UMWELTSCHUTZ

Zunächst und mit einem vorschnellen Blick hat Spiritualität mit Ökologie wohl wenig gemeinsam. Doch eine neue Bewegung, die unter der Bezeichnung „spirituelle Ökologie" genannt werden kann, will aufzeigen, dass die aktuellen Umweltkrisen auch eine spirituelle Krise sind.

Die spirituell-ökologische Betrachtung lässt erkennen, wie sehr wir alle Eins sind: Mensch und Natur. In einem solchen Verständnis wird die Dimension des „Heiligen" in das Verständnis von Natur integriert. Das Verstehen der „Sakralität" der Natur wird auch die notwendige Verbundenheit zur gesamten Umgebung schaffen. Somit ist sie eine Hilfe, die ökologische Krise zu überwinden. In dieser Betrachtung ist der Naturschutz unzertrennlich mit der geistig-seelischen Selbstverwirklichung des Menschen verbunden.

Daraus lassen sich Fragen finden: Wie gehe ich mit Ressourcen um? Wie sehr schätze ich Wasser? Wie verhalte ich mich gegenüber Tieren? Was lasse ich in der Umwelt liegen? ...

KRANKHEIT UND LEID VERSCHWINDEN

Krankheit und Leid können auch bewusst entstehen, wenn ich diese in meinem Leben unnötig manifestiere. Das heißt, ich kann u. a. krank sein, wenn ich mich dazu bewusst entscheide. Die spirituelle Liebe zur mir selbst ist die Grundlage für meine Gesundheit. Ich bin zufrieden, ich bin dankbar und ich bin eins mit mir! Dann bin ich gesund!

Andererseits sind schmerzende persönliche Enttäuschungen selbst gewählte Reaktionen, an denen ich festhalte. Die weltweiten Dramen und Tragödien sind das Fazit einer weltweiten Gesinnung, die von Negativität, von Hass und Trennung, von Gier und Neid geprägt ist. Wenn mir etwas Negatives widerfährt, werde ich es nicht verurteilen; ich werde nachfragen, woher es kommt und was der Grund dafür ist. Dann kann ich es ändern. So forsche ich im Innern und weniger im Außen. Denn es ist doch leichter, etwas zu verändern, was ich tue, als das zu ändern, was ein Mitmensch tut.

Meine Innere Erfahrung kann ich ändern. Mein Leben wird ein selbst-schöpferisches Leben. Ich allein bin der Schöpfer meines Lebens. Wenn ich in mir sehe, was ein Leid begünstigt hat, dann werde ich die Gründe des Leides abstellen. Mein Bewusstsein, meine Entscheidung, wie ich sein will, macht Heilung möglich

FASTEN UND LOSLASSEN

„Weniger ist mehr", ist eine bekannte Redensart. Im regelmäßigen Fasten habe ich die intensive Möglichkeit, eine spirituelle Erfahrung zu machen. Es ist der Weg zu mir selbst. Das Fasten ist eine Erholung und damit ein Erstarken von Körper, Geist und Seele. Indem ich weniger zu mir nehme und indem ich weniger an mich heranlasse[20], umso mehr komme ich zu mir selbst. Für den Körper ist es eine Erholung, da er für einen gewissen Zeitraum keine Verdauungsarbeit leisten muss;

---

20   In der heutigen Zeit fasten z. B. besonders junge Menschen, indem sie z. B. mehrere Wochen auf das Handy oder auf Social Media verzichten. So werden sie offen für anderes.

er kann dadurch frei werdende Energie zur Regeneration freisetzen. Ein zeitweiser Nahrungsstopp fördert mein Selbstbewusstsein und wirkt sogar wie ein Antidepressivum. Für meine Psyche ist das Fasten eine bewusste Entschleunigung; der bewusste Verzicht lässt meine Wahrnehmung sensibler werden und meine Achtsamkeit steigert sich. Insgesamt führt das Fasten zu einem intensiveren Erleben meiner Seele: Es ist der Sprung in den eigenen Brunnen, in meine Tiefe.

Es ist nun erkenntlich, weshalb seit vielen Jahrhunderten in vielen Kulturen und Religionen das Fasten so prägend regelmäßig verankert ist; dies sowohl in den christlichen Traditionen der vorösterlichen Fastenzeit als auch im muslimischen Ramadan – ebenso im Hinduismus und im Buddhismus. Auch die medizinischen Schulen greifen seit Langem zu Heilzwecken auf das Fasten zurück. Zur Zeit des Hippokrates, im vierten Jahrhundert vor Christus, begannen die Menschen, das Fasten zur Therapie körperlicher und geistiger Erkrankungen einzusetzen.

KÖRPER, GEIST UND SEELE

In der neuen Spiritualität werde ich verstärkt verstehen, dass ich ein dreifaltiges Wesen bin. Ich bin Körper, Geist und Seele. Andere nennen es: das Physische, das Nichtphysische und das Metaphysische. Die heilige Dreieinigkeit besteht. Die Psychiater bezeichnen die Dreieinigkeit des Menschen als Bewusstsein, Unterbewusstsein und Überbewusstsein. Der Philosoph spricht von dem Es, von dem Ich und von dem Überich. Die physikalische Wissenschaft redet von Energie, Materie und Antimaterie. Die Zeit ist in Vergangenheit, Gegenwart und Zukunft eingeteilt. Der Theologe beschreibt Gott als Vater, Sohn und Heiliger Geist. Diese Dreiheit, diese dreieinige Realität ist die göttliche Wahrheit. In der neuen Spiritualität werde ich die menschlichen Zweiheiten/die Dualitäten ablegen. Ich werde die Realität der Gegensätze nicht mehr leben. Es wird sich bewahrheiten, dass alles Eins ist; alles geschieht in einem endlosen Kreis.

ERNÄHRUNG

„Der Mensch ist, was er isst!", so ein bekanntes Sprichwort. Dieses Sprichwort besagt im Umkehrschluss, dass mein Gemüt durch ungeeignetes Essen und Trinken negativ beeinträchtigt wird. Daher wird empfohlen, täglich eine einfache, frische, naturbelassene Kost zu sich zu nehmen. Das gibt mir den Geist der Klarheit, der Ruhe und der Beständigkeit. „Das Gemüt isst mit" ist ein wesentlicher Leitsatz und wird konsequent umgesetzt.

Ich achte besonders darauf, dass ich keine Lebensmittel mit Füllstoffen zu mir nehme. Füllstoffe in Lebensmittel[21], auch Bulking Agents genannt, sind in der Regel das chemische Rückgrat kalorienreduzierter Lightprodukte, die gesundheitsschädlich sind. Füllstoffe sind in der Lage, die Sinne zu täuschen – insbesondere Titandioxid[22].

PILGERN UND WALLFAHRTEN[23]

In meinem Leben bin ich ständig unterwegs – mein Leben ist ein „Unterwegs-sein"! Die Praxis des Pilgerns kann mir helfen, den Weg zu mir selbst zu finden. Ich mache mich auf den Weg zu einem besonderen spirituellen Zeugnisort. Dazu verlasse ich meine gewohnte häusliche Umgebung und mein gewohntes Lebensumfeld; ich lasse meinen Alltag hinter mir. Ich nehme die Strapazen eines unbekannten Weges auf mich; ich nehme mir Zeit für die Stille und für das Gebet und für die Meditation.

---

21   Es ist schon sehr beleidigend, hier von Lebensmittel zu sprechen. Lebensmittel erhalten meinen Geist, Körper und meine Seele. In diesem Wort ist von Leben die Rede und nicht von Zerstörung oder Schädigung des Lebens.

22   Titandioxid (TiO2) ist als Lebensmittelzusatzstoff E 171 rechtlich zugelassen; dieser kann als weißes Farbpigment in Süßwaren und Überzügen, z. B. im Kaugummi, vorkommen.

23   Das Wort Pilger, veraltet auch Pilgrim („Fremdling"), leitet sich vom Lateinischen peregrinus (oder peregrinari, „in der Fremde sein") ab. Es gibt eine theoretische Unterscheidung von Pilgern und Wallfahrten: Beide meinen eigentlich dasselbe. Gemeinsam ist beiden Begriffen, dass mit Pilgern eine sehr individuelle Frömmigkeitsform benannt wird. Beim Wallfahren schließe ich mich einer Gemeinschaft an, die mich trägt. Beim Pilgern bin ich größtenteils alleine unterwegs.

Auf einer meiner Pilgerreisen sagte ein Priester zu mir: „Peter, wenn du pilgerst, reinigst du auch deine Seele!" Er hatte recht. Durch das immerwährende Gehen lege ich den Alltagsstress ab und bekomme damit „meinen Kopf frei". Der Gang durch die Natur lässt mich ruhiger werden; in mir erwachen neue Lebenskräfte. Ich nehme beim Pilgern die Natur und die Umwelt intensiver wahr. Diese Erfahrung schenkt mir auch wieder einen neuen Zugang zu mir selbst.

In der Begegnung mit Gleichgesinnten auf meinem Pilgerweg und in den Gesprächen an meinem Zielort des Pilgerns kann ich mich mit anderen Pilgern austauschen. Das Gespräch mit anderen schenkt mir neue Perspektiven.

ERGO: DIE WAHL

Und haben die Menschen eine Wahl? Verlassen die Menschen die alten Mythen und veralteten Theologien von einem Gott, der straft und rächt? Wenn die Menschen die neue Spiritualität annehmen, verstehen und leben, dann wird Frieden auf unserem Planet Erde sein. Friede mit sich selbst. Friede mit den Mitmenschen. Friede mit der ökologischen Umwelt.

Das ist nun der passende Zeitpunkt für Sie, liebe Leserin oder lieber Leser, meiner Einladung zu einer neuen Spiritualität zu folgen. Gehen Sie in sich, suchen Sie sich die Stille und entscheiden Sie. Gerne dürfen Sie auch die Mitmenschen in Ihrem Umfeld einladen, ihre bisherigen Denkweisen zu hinterfragen. Erzählen Sie ihnen, wie Sie sich nun kennengelernt haben und wie sie nun das Leben, Gott und die Welt neu verstehen. Erzählen Sie in Ruhe und Liebe, dann werden Sie weder „bekehren" noch „missionieren". Die Menschen werden Ihnen zuhören. Die Diskussion über Gott und die Welt darf standfinden, weil vieles in unserer Welt sich verwandelt hat, vieles hat sich verschoben und verändert: ethische und moralische Einsichten, die Systeme der Regierungen und Wirtschaft, die Systeme der institutionalisierten Religionen …

Lassen sich die Menschen von der neuen Spiritualität heilen? Wie sich etwas verändern wird, hängt von mir ab.

WER BIN ICH? WARUM SCHREIBE ICH DAS?

Als „Waisenkind" bin ich 18 Jahre in einem katholischen Kinderheim bei Ordensschwestern aufgewachsen. Der Alltag war von Gebeten, von Gottesdiensten, von den kirchlich-religiösen Festen und den christlich-praktischen Vorschriften geprägt. Alles hatte seine Ordnung. Der Alltag war geregelt. Nichts wurde hinterfragt; nichts wurde in Frage gestellt. Ich kannte ja nichts anderes.
Das sollte sich auch ändern!

Die Jahre des Studiums, mein Berufsleben als Seelsorger, als Lehrer, als Leiter von Kinderheimen sowie die prägende und intensive Zeit meiner Promotion sowie die zahlreichen Begegnungen mit vielen spirituellen Menschen hat meine Sichtweise verändert. Vieles wurde auf den Kopf gestellt!

Ich bin dankbar für alles, was ich erleben durfte. Ich bin einfach dankbar! Um aufrichtige Verzeihung bitte ich die Mitmenschen, die ich verletzt, gekränkt und enttäuscht habe. Aus ihrer Vergebung und aus der Dankbarkeit entsteht die Demut. Demut hat nichts mit Schwäche zu tun; sie lässt mich vielmehr spüren, dass ich in ein großes Ganzes eingebunden bin: Es ist die Verbundenheit mit allem Lebendigen. Ihnen danke ich für Ihre Zeit des Lesens und ich freue mich über eine Rückmeldung. Danke!

Hier geht es zur Website von Dr. Peter Siffl
www.siffl.org

JUDITH MEYER

Judith Meyer kommt ursprünglich aus dem Verlagswesen und war dort lange Jahre als Dipl.-Wirt.-Ingenieurin für Verlagsherstellung in unterschiedlichen Verlagen tätig, bevor sie ihre große Leidenschaft für Psychologie zur Haupttätigkeit machte.

Die zweifache Mutter ist seit nunmehr 10 Jahren als Heilpraktikerin für Psychotherapie und AngStylistin® in eigener Praxis tätig. Als Expertin für Ängste unterstützt sie Menschen dabei, Ängste in ihren Funktionen zu verstehen, als Chance zu begreifen und innere Ressourcen zu aktivieren.

WIE BILDER WIRKLICHKEITEN ERSCHAFFEN ODER ...

... MAN SICH IN DER GEGENWART AN DIE ZUKUNFT ERINNERT

In diesem Kapitel geht es nicht um Bilder und auch nicht um Kunst ... oder falls doch Kunst, dann die Kunst, sich in inneren Bildern zu verlieren und zu finden.

Es ist eine der wunderbarsten Fähigkeiten, die wir Menschen haben: Bilder vor unserem geistigen Auge entstehen zu lassen. Diese Fähigkeit ist die schöpferische Kraft, die uns zu Planern macht, zu Technikern, zu Erfindern. Es sind die Visionäre, die etwas in der Zukunft sehen und sich, allen Unkenrufen zum Trotz, daranmachen, ihre Vision zur Realität werden zu lassen.

„Sich ein Bild zu machen" bringt auch Klarheit und ein Ziel. „Du kannst dir kein Bild davon machen", bedeutet auch, dass es Unvorstellbares gibt oder etwas, das sich vorzustellen wohl eher nicht so gut sein kann.

Die Welt der Bilder hat mich schon immer fasziniert: Als Kind Bücher anzuschauen, Menschen zu beobachten oder mich in Tagträumen zu vergessen hat mich bereichert und beschenkt. Geschichten und Erlebnisse anderer Menschen haben mich angezogen und „reingezogen". Ich bin gereist, habe Abenteuer erlebt und viele Erfahrungen gesammelt, das Ende eines jeden Buches war auch ein Verlust einer kleinen, neuen Welt. Später mit der Pubertät hat sich das leider gedreht. Als hätte sich meine Fantasie gegen mich gerichtet. Ich hatte Befürchtungen und sehr wenig Selbstbewusstsein. Ängste entstanden, vor allem die Angst davor, schwer krank zu werden, was mein Leben sehr beeinträchtigt hat. Die Bilder in mir wurden schwerer und dunkler, ich konnte mich in ihnen verlieren, als wären sie direkt schon Realität geworden. Der Hausarzt an unserer Seite hat dieses Thema leider falsch angepackt, die Angst mit vielen und regelmäßigen Untersuchungen gefüttert. Ich erinnere mich, wie ich vor einem Termin, an dem Laborwerte besprochen werden sollten, schon einen Tagebucheintrag als Lückentext vorgeschrieben habe, in den ich nur noch eintragen musste, ob der Test negativ oder positiv ausgefallen war. Zur Probe habe ich ihn vorausgefüllt: „Das heißt, ich habe Krebs". So habe ich ein Stück beängstigendes Bild schon zur Wirklichkeit gemacht. Mich reingefühlt, wie das wohl wäre ... Und mit all meiner Empathie ist mir dieses Einfühlen sicherlich schon sehr gut gelungen. Und auch wenn ich zum Glück noch nie tatsächlich diese niederschmetternde Diagnose erhalten habe, wusste ich schon, wie es sich anfühlen könnte ... hab mich eingelassen in dieses Bild und habe damit schon eine Erinnerung an ein Erlebnis, das ich nie real erlebt habe und das in gewissem Maße schon Wirklichkeit war, da es wirkte – in mir geschaffen.

Später, mittendrin in der Angststörung und als ich schon nach Stuttgart gezogen war, hatte ich eine andere Hausärztin. Eine, die sich einsetzte für Obdachlose, Drogensüchtige und andere Randgruppen der Gesellschaft. Die sich in Peru einbrachte für den Bau von Krankenhäusern. Sprich: Die die Realitäten des „echten" Lebens kannte und mir immer wieder den Kopf geraderückte. Die mir andere Bilder gab und sich weigerte, meine Angst mit regelmäßigen Untersuchungen weiter zu füttern. „Sie haben eine ausgezeichnete Fantasie, machen Sie sich mal Gedanken darüber, Autorin zu werden, Horrorgeschichten könnten Ihnen wirklich liegen." Sie hat mich damit nicht verletzt, sie hat mich wirklich nachdenklich gemacht und den ersten Baustein gesetzt zu meiner heutigen Grundeinstellung: Es gibt keine Schwächen! Es kommt nur immer darauf an, was du aus dir und deinen Fähigkeiten machst. Nutze deine Fähigkeiten so, dass sie zur Stärke werden."

Und auch wenn es immer wieder heftige Rückschläge gab, lag hierin der Beginn, daran zu arbeiten, meine inneren Bilder neu zu finden — zu erfinden. Denn, das ist ganz wichtig: Wir sind nicht das, was unsere Gedanken und Bilder aus uns machen. Wir sind es, die die Bilder machen, es sind unsere Gedanken, die wir leiten, und nicht andersrum.

Heute weiß ich, dass ich Bilder und Vorstellungen steuern kann, dass ich NEIN! sagen kann, z. B. dann, wenn Bilder aus Nachrichten auf mich einstürzen, es ist meine Wahl, ob ich sie zulasse oder nicht. Dasselbe gilt natürlich auch für innere Bilder. Die Befürchtungen, die sich in mir auftun, die sind wandelbar und auch stoppbar.

Ich weiß, dass ich Bilder aus der Vergangenheit neu bewerten darf und kann und mir ein Bild oder auch mehrere von meiner Zukunft erschaffe, mich an ihnen erfreue, weiß, wie sie sich anfühlen, und mich daher auch in der Gegenwart an sie erinnern kann. Um sie Realität werden zu lassen. Es funktioniert also in beide Richtungen, ist das nicht wunderbar?

Und so ist der Kreis nun rund geworden, denn heute schreibe ich zwar keine Horrorgeschichten, aber ich habe aus meiner vermeintlichen Schwäche eine Stärke gemacht, ich helfe Menschen mit neuen Bildern sich ihre Wirklichkeit neu zu gestalten. Möglich macht das die Imagination, die Fähigkeit, unsere inneren Bilder sicht-, fühl-, rich-, schmeck- und hörbar zu machen. Es gibt unterschiedliche Methoden oder auch einfach eine semantische Sprachführung, es gibt viele Möglichkeiten mit Bildern zu arbeiten. Eine davon ist die Hypnose ... für mich ist tatsächlich jede Art der Imagination Hypnose, aber das ist vermutlich ein sehr philosophischer Ansatz. Ein Erleben, das zielgerichtet Menschen dabei hilft, sich zu finden, neu auszurichten und neue Wirklichkeiten entstehen zu lassen, indem sie Altes zurücklassen, neu bewerten und sich an ihrem Erfolg in der Zukunft erfreuen. Es ist das Gespräch und das Erschaffen von Bildern und eine direkte Kommunikation mit dem Unterbewusstsein.

WARUM TAGTRÄUME WICHTIG SIND UND WIE IMAGINATIONEN WIRKLICHKEITEN ERSCHAFFEN

Begrifflichkeiten können verwirren. Früher hatte ich von Hypnose eine gänzlich andere Vorstellung und tatsächlich auch einen großen Widerstand dagegen. Heute ist mir eine konkrete Definition einfach gar nicht mehr wichtig. Für mich ist völlig irrelevant, wie wir es nennen: Es handelt sich um unsere Bilder und unsere Vorstellungen, es sind unsere Gedanken, die fast alles möglich machen können.

Imaginieren, das ist die Fähigkeit, Bilder vor unserem inneren Auge zu erschaffen, lebendig werden zu lassen, zu Träumen und Visionen wachsen zu lassen. Sie kann am Ende Wirklichkeiten schaffen. Bilder werden aus unseren Gedanken erschaffen, aber auch durch Sinneseindrücke inspiriert und verstärkt.

Imaginationen sind Vorstellungen, also alle Arten von Bildern oder auch vorgestellte Gedanken. Um mit ihnen zu arbeiten, ist es gut, ihre Arten zu kennen und zu unterscheiden, auch dann, wenn man sie gerade so verwendet, wie man sie im Alltag oder in der beruflichen Praxis benötigt. Ich tue das hier nun auf meine nicht-wissenschaftliche Weise, meine eigene kleine Bilderwelt, wie ich sie verstehe und die sicherlich von anderen vielleicht ganz anders interpretiert oder definiert wird. Um am Thema zu bleiben: Jeder darf sich dazu sein eigenes Bild machen:

1. Tagträume, ein Gleitenlassen in Träume und Visionen, wie unser Leben auch sein könnte. Völlig ohne weitere Grundlagen oder definierte Ziele.

Vor ein paar Jahren hörte ich eine fiktive Dokumentation über die *Tagtraum-Therapie* von Otto A. Böhmer und war sofort fasziniert ..., wäre es nicht schön, es gäbe so eine Art der Therapie?! Es gibt Stimmen aus der Wissenschaft, die das anders sehen, weil es um nichts

Konkretes zu gehen scheint und es sich um Bilder handelt, die eventuell in den Bereich der Illusion, Nicht-Machbarkeit gehen können. Doch bin ich überzeugt, dass Tagträume KEINE! Schäume sind. Sie erschaffen einen inneren Rückzugsort und sind die Basis für unsere Bedürfnisse und zukünftige Visionen. Lasst uns träumen!

2. Und dennoch: Ja, vielleicht sollten wir auch über die Grenzen sprechen, und gleichzeitig sind es gerade die, die grenzenlos gedacht haben, die Großes erreicht haben und ihre Idee gesehen und umgesetzt haben. Denken wir an Edisons Glühbirne, an die keiner glauben wollte, und noch viele andere Visionäre, die ihren Namen nicht von ungefähr haben. **Visionen** sind Imaginationen, die grenzenlos sein dürfen, um eine Richtung zu definieren, wie wir es uns wünschen, wie es sein darf. Hier wird das große Ganze gesehen und ein ebenso großes, aber auch unkonkretes Ziel kann die Folge sein.

„Die Kategorie ‚Vision' wird im Management häufig missverstanden oder sogar missbraucht. Das Wort ‚Vision' kommt aus dem Spätmittelhochdeutschen und bedeutet ‚Traumgesicht'. Eine Vision ist eine Vorstellung oder auch Idee, aber nicht ein exakt fassbarer Sollwert. Eine Vision ist kein Ziel. So kannte das ‚große Ziel' des Christopher Columbus bekanntlich keine Koordinaten oder quantitative Vergleichsgrößen. Der Entdecker war einfach von der Idee besessen, einen neuen Seeweg nach Indien zu finden; so etwas wie eine ‚planvoll lösbare Aufgabe' schwebte ihm nicht vor." **24**

3. Zielgerichtete Bilder wie sie in **Fantasiereisen oder der Hypnose** genutzt werden, zu denen ich im Laufe des Kapitels noch mehr Bezug nehmen möchte. Hier geht es um zielgerichtetes und geführtes Arbeiten mit den inneren Bildern. Eine Fantasiereise ist übrigens nichts anderes als Hypnose, wird aber gerne so bezeichnet, wenn der Respekt vor der Hypnose zu groß ist. Weshalb du dich aber nicht davor fürchten musst, erzähl ich dir später.

4. Meditationen: Manchmal werden Meditationen angeboten, die geführt sind, und auch hier wird viel mit Bildern gearbeitet. Das

---

24 Vgl. next practice, Erfolgreiches Management von Instabilität, Peter Kruse, GABAL Verlag, 7. Auflage 2013, S.69

ist aber nicht der wahre Wesenszug der Meditation, sondern gehört eher in den Bereich der Fantasiereisen mit einer ähnlich gearteten Motivation. Denn Meditationen sind der Weg zur Erleuchtung, um sich freizumachen von Gedanken und Gefühlen.

5. In unserer Welt gehören zu Imaginationen auch **Störungsbilder wie die der Schizophrenie oder Psychose** dazu. Die dann erlebten Halluzinationen sind auch Bilder oder Sinneseindrücke, die sich dadurch unterscheiden, dass sie für den, der sie erlebt, real sind und damit nicht steuerbar. Warum sage ich „in unserer Welt". Wenn jemand keinen Leidensdruck hat, sondern sich in „seiner" Welt und Wirklichkeit wohlfühlt und er nur nicht in unsere Gesellschaft passt, dann möchte ich das nicht bewerten. In alten Kulturen würde man jemanden, der Halluzinationen hat, vielleicht als großen Schamanen erkennen und achten. Ich möchte an dieser Stelle den Lübecker Psychologieprofessor Erich Kasten aus einem Interview aus dem Spiegel vom 10.11.2009 zitieren: „Das Verrückte ist, Psychotiker leiden unter ihren Halluzinationen und schlucken teure Medikamente, um sie loszuwerden, andere geben Geld für Drogen aus, um welche zu bekommen. [...] Ob Trugbilder als angenehm oder unangenehm empfunden werden, ist oft nur eine Frage des Standpunkts." [25]

6. Äußere Bilder: Glücklicherweise schreibe ich keinen wissenschaftlichen Text, sondern rein aus meiner nicht-wissenschaftlichen Sicht, aus der Praxis heraus. Vielleicht gehört das nicht wirklich dazu, aber in meiner systemischen Welt ist es wichtig: Wir zeigen unser Inneres auch gerne in äußeren Bildern. Wer im Äußeren chaotisch und unstrukturiert lebt, was sich zum Beispiel im Haushalt zeigt, der hat im Inneren oft auch nicht wirklich viel Struktur. Auch andersherum wirken Bilder. Viele kennen es vielleicht und auch mir geht es beim Schreiben nicht anders: Ich möchte erst Mal Ordnung um mich herum. Aufräumen, sortieren, Fenster putzen ... dann kann ich arbeiten. Diese Art der äußeren Bilder können wir uns z. B. auch bei Aufstellungen, in der Vision Board-Arbeit oder in der Kunsttherapie zunutze machen.

---

25 Vgl. Spiegel Wissen Online, Jörg Böckem, 10.11.2009, 00.00 Uhr,
https://www.spiegel.de/spiegelwissen/a-660648.html abgerufen am 24.09.2024

7. Fremde Bilder: Es fällt schwer, die richtige Überschrift zu finden, denn dieser Punkt ist ein weitreichender. Geschichten, Fotos, Berichte und natürlich Filme wirken. Empathische Menschen (und im Grunde sind wir das alle, mehr oder weniger) reagieren eben genauso wie im Bild oder Film oder eben auch in der Geschichte. Wir fühlen mit, und auch diese Bilder zeigen Wirkung, wir reagieren, wie bei inneren Bildern auch, mit der Ausschüttung von Botenstoffen, die so ein Stück weit dann eben Realität erschaffen. Kinofilme würden sonst auch gar nicht funktionieren. Wir lieben das Adrenalin, das ausgeschüttet wird, wenn wir einen Thriller anschauen, oder das Wohlgefühl von Oxytocin, wenn wir einen Liebesfilm anschauen.

Lass mich weitere Beispiele nennen:

Wenn eine „neu geborene" Mutter Milch abpumpen muss, weil sie z. B. vom Baby aus medizinischen Gründen getrennt ist, dann wird jede gute Hebamme den Rat geben, ein Bild vom Baby anzuschauen oder eben fest an das Kind zu denken. Denn dann wird Oxytocin ausgeschüttet, und das ist das Hormon, das beim Stillen die Milchbildung anregt.

Angst machen geht super über furchteinflößende Geschichten und wurde (oder wird?) noch heute gerne bei der Erziehung der Kinder eingesetzt.

Nachrichten beinhalten leider sehr viele negative Bilder von Unfällen und Kriegen oder Krankheiten. Dass die gesellschaftlichen Ängste in den letzten Jahren stark ansteigen, ist keine Überraschung, wenn wir das berücksichtigen.

Gerade Kinder sind sehr empfänglich für Bilder und wir sollten das in der Auswahl der Geschichten und Fernsehsendungen und auch deren (zeitlichen) Verfügbarkeiten stets berücksichtigen. Sie schaffen eben Überzeugungen, darauf gehe ich später noch weiter ein.

8. Virtuelle Realität: Ein Thema, das in Zukunft mehr Raum einnehmen wird und hier in meine Liste aufgenommen werden möchte, die sicherlich nicht vollständig ist.

Vielleicht erinnern sich die einen oder anderen an das *Holodeck* bei Star Trek. Ich war immer sehr beeindruckt davon, und ich glaube, mit der VR-Brille sind wir dieser Vorstellung ein Stückchen näher gekommen.

Diese Brille lässt einen in einen Raum treten, als wäre man in 3D wirklich genau dort. Ich durfte vor einigen Monaten damit auf einer Baustelle sein und auf einem Kran sitzen. Nichts für Menschen, die empfindlich auf Höhe reagieren ... und doch genau das kann eine tolle Chance sein. Wenn wir über Hypnose sprechen, kann eine virtuelle Realität eine Brücke zwischen Imagination und Realität darstellen.

BILDER SEHEN UND WAS NOCH?

Bei allen Arten von Imaginationen sind all unsere Sinnesorgane sehr wichtig: Wir riechen, schmecken, spüren, hören und sehen. Die visuelle Imagination ist meist die vorherrschende, aber ganz individuell gibt es Menschen, die vielleicht eher fühlen, schmecken, riechen, hören oder von einem anderen Sinnenreiz mehr angesprochen werden. Oder eben ganzheitlich von allem ähnlich viel, genauso kann es aber vorkommen, dass die Imagination eher ein gedachtes Bild ist als eines, das gesehen wird. Auch das ist ganz normal. Je „sinnhafter" die Bilder sind, desto überzeugender können sie wirken. So kann ein Bild gesehen, aber auch gehört, gerochen, geschmeckt oder aber gefühlt werden. Alleine der Gedanke an eine Mücke im Schlafzimmer regt schon an, zu hören und zu fühlen. Vermutlich schon dann, wenn du diese Zeilen liest.

WIE REAL BILDER WIRKEN

Gerade heute, wo ich diesen Text verfasse, denke ich an ein mir bekanntes Mädchen. Sie erlebt gerade eine typisch kindliche Angstphase. Sie hat seit Wochen Angst davor, dass Vulkane ausbrechen, dass es in dem Haus, in dem sie wohnt, brennen könnte, wenn das Licht angelassen wird, und ganz akut (es ist Dezember) und sehr konkret ist die Angst vor Silvester. Die Bilder, die sie beschreibt, haben mit der Realität nicht viel zu tun. In ihrer Fantasie aber sind sie sehr real. Sie kann das alles hören, sehen und vermutlich sogar riechen. In ihrer Fantasie erlebt sie die Situationen, als würde das genauso geschehen, wie sie es sich monströs vorstellt. Rein kopfmäßig wird man sie nicht erreichen können. Es sind die Erfahrungen ihrer Bezugspersonen und deren eigene Gelassenheit, die ihr die Ruhe zurückgeben können.

Doch ist dies ein gutes Beispiel, denn es ist tatsächlich so: Unser Unterbewusstsein unterscheidet nicht zwischen Imagination und Realität. Die Bilder und Szenen, die wir in unserer Fantasie erschaffen, empfinden wir als real. Es sind Erlebnisse, die wir wirklich erleben! Unser Körper reagiert genauso, wenn auch meistens etwas abgeschwächter, als wenn das gerade wirklich passiert. Er wird die gleichen Botenstoffe ausschütten. Bei Angst also vor allem Adrenalin, Noradrenalin und Cortisol.

Das kann beunruhigend klingen, und das ist es dann, wenn wir Bilder destruktiv einsetzen. Etwa dann, wenn es um angstbesetzte Situationen geht, wie bei dem erwähnten Kind. Und auch dann, wenn wir uns unseren Gedanken und den dazugehörigen Bildern widerstandslos hingeben.

DOCH HIER KOMMT DIE GUTE BOTSCHAFT:

1. Wir sind unseren Gedanken nicht willenlos ausgeliefert. Du bist nicht dein Gedanke, sondern du denkst den Gedanken nur, heißt: Du hast die Wahl, auch etwas anderes zu denken oder eben zu sehen. 2. Bilder wirken eben auch dann, wenn sie positiv besetzt sind. Die Geschichte des oben erwähnten Mädchens geht hier weiter. Ich erzählte ihr am Tag vor Silvester, dass sie in ein paar Jahren mit Silvester nicht nur die Böller und Kracher verbinden, sondern die Gesellschaft von Freunden, lustige Spiele und gute Musik. Sie wird sich in Vorfreude überlegen, was sie an diesem Tag anziehen wird, mit wem sie zu welcher Party geht und ob sie bei Freunden übernachtet oder zuhause. Und nahm dann Bezug auf die Party, die von den Erwachsenen mit ihren Kindern schon geplant war, schmückte sie in Farben und Gerüchen und erwähnte, dass der Teil des Böllerns nur ein minimal kleiner ist, dem sie auch gut ausweichen könne, auch das mit Ideen und Bildern. Sie begann sich sichtlich auf das Ereignis zu freuen, der Fokus auf das Mitternachtsspektakel wurde immer

kleiner, die Ideen, Spiele und Besonderheiten des Abends traten mehr und mehr in den Vordergrund. Für die kleine Mitternachtsepisode bereiteten wir mit den Eltern machbare Lösungen vor. Das Mädchen ließ sich voll und ganz auf die Bilder ein und durchlebte diesen Abend in ihrer Fantasie mehrfach. Was passiert dabei im Körper? Die Vorfreude bewirkt die Ausschüttung von Glückshormonen, wie Endorphine, Dopamin oder Oxytocin. Selbst wenn sie noch immer keine Böller mag oder sogar Angst vor ihnen hat, wird der Fokus ein anderer sein, und sie wird sehr viel gelassener mit der Situation umgehen können.

NUTZBARMACHUNG VON INNEREN BILDERN

Wie können wir also innere Bilder für uns nutzbar machen? Sie schaffen uns nicht nur eine wunderbare innere Freiheit, sondern wir können sie auch gezielt einsetzen. Sie wirken nicht nur auf unsere Stimmung, sondern haben einen direkten Effekt in unserem gesamten Körper. Ein eindrucksvolles Beispiel habe ich gerade in diesen Tagen auf der Homepage der DAK gelesen: In einer amerikanischen neuropsychologischen Studie gab es zwei Gruppen. Die eine trainierte über drei Monate täglich 15 Minuten den kleinen Finger, die andere tat das auch, allerdings nur imaginativ, ohne den Finger überhaupt nur zu bewegen. Die erste Gruppe legte im kleinen Finger 53% Muskelmasse zu, die zweite, die nur imaginativ trainierte, 35%. Es gibt schon viele solcher Studien, und gerade Sportler, die aufgrund von Verletzungen ihr Training aussetzen müssen, nutzen die Kraft ihrer Gedanken und trainieren imaginativ, was auch wirklich sehr gut funktioniert.[26]

Es ist eben so, dass wir Gehirn und Körper so gar nicht voneinander trennen können und sollen. Unser Gehirn steuert den Körper. Bilder entstehen in unserem Gehirn. Wenn wir imaginieren, also uns etwas vorstellen zu tun, dann wird im Gehirn genau das gleiche passieren, als wenn wir es tatsächlich erleben. Ist das nicht ganz wunderbar?

---

26 *Https://www.dak.de/dak/gesundheit/bewegung-und-sport/bewegungstipps/ trainiere-deine-muskeln-im-kopf-_14122* – abgerufen am 28.06.2024

Es geht noch mehr: Dopamin und Endorphine werden während der Vorfreude oftmals höher nachgewiesen als während des realen Ereignisses selbst. Dieser Effekt wurde in verschiedenen neurobiologischen Studien beobachtet, die die Rolle von Dopamin im Belohnungssystem des Gehirns untersuchen. Das Sprichwort „Vorfreude ist die schönste Freude" erhält in dieser Hinsicht eine ganz neue Bedeutung.

Gerne möchte ich hier noch tiefer darauf eingehen und meine Thesen untermauern, um Lust und Neugierde auf mehr Imagination zu wecken:

So gibt es z. B. eine häufig zitierte Studie in diesem Bereich von Pham und Taylor (1999)[27], die zeigt, dass Visualisierungstechniken die Zielerreichung unterstützen. Sie fanden heraus, dass Studierende, die sich ihre Erfolge in Prüfungen vorstellten, bessere Leistungen erzielten. Die Visualisierung stärkte die Motivation und das Engagement, was zu besseren Ergebnissen führte.

Menschen, die sich ihre Ziele regelmäßig und mit allen Sinnen visualisieren, erreichen sie mit größerer Wahrscheinlichkeit als Menschen, die das nicht tun, sie sind motivierter und zielstrebiger. Erfolgreiche Menschen zeichnet das meist aus: Sie arbeiten mit Visionen und Zielen und das sehr beständig und regelmäßig. Das ist nachvollziehbar, denn sie erleben ihre Visionen ständig. Und das meine ich genau so: Sie erleben es, leben es, wissen genau, wie es sich anfühlen wird, wenn sie ihre Ziele erreichen. Sie erleben das mit allen Sinnen. Hier ein paar prominente Beispiele: **Michael Phelps:** Der weltberühmte Schwimmer nutzte Visualisierungstechniken, um seine Rennen detailliert zu visualisieren, was zu seiner hohen Leistung beitrug. **Jim Carrey:** Der Schauspieler stellte sich seinen Erfolg vor und schrieb sich sogar einen symbolischen Scheck aus, um seine Ziele zu manifestieren. **Oprah Winfrey:** Sie betont die Bedeutung von Visualisierungen und Vision Boards für ihren Erfolg und ihrer Zielverwirklichung.

---

27 Vgl. Taylor, S., Pham, L. (1999): The Effect of Mental Simulation on Goal-Directed Performance. In: Im-agination, Cognition and Personality. Vol 18, 4, 253-268

Die große Motivation und Zielstrebigkeit rühren also daher, dass sich diese (und viele andere sehr erfolgreiche Menschen) in der Gegenwart an ihre Visionen erinnern. So kann durch das reine Imaginieren und sich „Vorfreuen" die Leidenschaft und Tatkraft sehr gefördert werden. Und da das Unterbewusstsein Realität und Imagination nicht unterscheidet, fühlt es sich an, als wäre diese Vision eben schon passiert (was es im Grunde ja auch schon ist). Das ist das, was ich meine, wenn ich sage: Wir können uns an die Zukunft erinnern. Denn genau das beschreibt, was neuronal passiert.

Umgedreht bedeutet das im Übrigen auch: Wir können in der Gegenwart die Vergangenheit neu gestalten. Auch das ist, was mit Imaginationen funktioniert. Aber dazu gerne später.

WAS BEDEUTET DAS FÜR UNSEREN ALLTAG?

Wir leben in einer Leistungsgesellschaft und sind dadurch geprägt. Viele von uns leiden unter negativen Überzeugungen wie „Ich bin nicht gut genug" oder „Ich schaffe das nicht" oder „Andere können das viel besser" oder ähnliches. Es geht meist um Leistung, Wertschätzung und mangelndes Selbstbewusstsein.

Diese inneren Überzeugungen, auch Glaubenssätze genannt, werden zu Bildern. Und Bilder wirken.

Wir erschaffen uns damit Wirklichkeiten und dann auch Realitäten. Botenstoffe werden ausgeschüttet, unsere ganze Haltung und unser Fokus richten sich nach diesen Überzeugungen aus und schaffen damit Fakten. Die selbsterfüllende Prophezeiung geht in Erfüllung.

Es ist Zeit umzudenken. Und auch Aberglauben fallen zu lassen. Sprichwörter wie: „Dreimal auf Holz geklopft", wenn man sich über Positives freut, „Ohne Fleiß keinen Preis" oder „Übermut tut keinem gut", sind letztlich auch Bilder, die uns bewerten und auch abwerten.

Auch kulturelle Prägungen sollten wir uns ins Bewusstsein rufen, um sie dann in Liebe zu verabschieden: Im Christentum haben wir über Generationen gelernt, dass nur denen, die im Hier und Jetzt aufrichtig leiden, der Himmel sicher ist. Nun gut, ich kann dafür keine Garantien geben, aber wer an einen liebenden Gott glaubt, kann das nicht für bare Münze nehmen …

Lasst uns uns verabschieden von allen negativen Überzeugungen, von denen wir wissen, dass sie uns mehr schaden als nützen, und uns den fröhlichen und schönen Bildern zuwenden, die uns den Alltag versüßen und unsere Ziele spürbar machen lassen. Lasst uns die Zukunft vorwegnehmen, um uns später in der Gegenwart an sie zu erinnern.

DER ALLTÄGLICHE HYPNOTISCHE WIRKUNGSKREIS UND WO ER UNS IM ALLTAG BEGEGNET

Der hypnotische Kreislauf ist ein Modell, das die Wirkung von Hypnose beschreibt. Er besteht aus vier Elementen:

Überzeugung: Die Überzeugung ist das Schlüsselelement des hypnotischen Kreislaufs. Sie bestimmt, wie wir unsere Wahrnehmungen interpretieren und wie wir auf Suggestionen reagieren. Es können auch ganz alte Überzeugungen sein, z. B. alte Glaubenssätze, die wir übernommen haben.

Vorstellung: Imagination kommt genau hier zum Tragen. Wenn wir an unsere Überzeugungen denken oder uns auf eine Suggestion einlassen, dann haben wir Bilder dazu im Kopf. Oder denken sie zumindest. Bilder wirken (wie oben gelernt) und alle Sinne können angesprochen werden.

Physiologische Reaktion: Unsere physiologischen Reaktionen sind Ausdruck unserer Überzeugungen und Wahrnehmungen. Da unser Unterbewusstsein Realität von Imagination nicht unterscheidet, werden körperliche Reaktionen ausgelöst.

Erleben: Unser Erleben ist das Ergebnis unserer Überzeugungen, innerer Bilder und physiologischer Reaktionen. Es beeinflusst wiederum unsere Überzeugungen und unsere Vorstellungen. Gerne tausche ich „Erleben" auch mit „Erfolg", denn hier passiert, was „erfolgt" aufgrund der vorangegangenen Schritte. Und dieses Erleben oder dieser Erfolg nährt wiederum unsere inneren Überzeugungen.

Ich biete unter anderem HypnoBirthing in meinen Kursen an, die Angst vor Geburt ist hier ein gutes Beispiel: Eine Frau ist schwanger und hat aus alten Prägungen und auch aus unserer Kultur heraus („nach dem Verspeisen der Frucht der Erkenntnis soll Gott zu Eva gesagt haben: „Unter Schmerzen wirst du deine Kinder zur Welt bringen" — so oder so ähnlich, Angst vor der Geburt. Aus unterschiedlichsten Gründen haben wir Frauen jedenfalls gelernt, dass eine Geburt etwas fast Unaushaltbares sein muss, an dessen Ende aber die Liebe zum Kind alles vergessen lässt. Die Schmerzen der Geburt sind also eine innere Überzeugung. Denkt die Frau nun also an die bevorstehende Geburt, kommen die Bilder fast unweigerlich, schon alleine deshalb, weil ihr oft ungefragt negative Geschichten serviert werden und schon in x Filmen in bester Schauspielmanier Geburten vorgestöhnt wurden. Die Vorstellung macht Angst, als physische Reaktion werden entsprechende Botenstoffe freigesetzt, wie z. B. Adrenalin, der Körper bereitet alles vor für Flucht, Angriff oder den Totstellreflex. Blut wird all den Organen entzogen, die dafür nicht benötigt werden (z. B. die Gebärmutter). Ist die Gebärmutter nicht gut durchblutet, wird sie nicht gut arbeiten können. Ist diese Angst also dann aktiv, wenn die Geburt losgeht, was bei vielen leider so ist, dann wird die Geburt schmerzhafter, als sie sein sollte. Angst verstärkt Schmerzen ohnehin, bei einer Geburt erst recht. Nun haben wir also ein Erleben oder einen Erfolg: eine sehr schmerzhafte Geburt. Und so schließt sich der Kreis. Die Vorstellung ist zur Realität geworden.

Die gute Nachricht ist: Der Kreislauf funktioniert auch perfekt mit positiven Überzeugungen. Und das ist die Antwort und die Lösung. Wir sind in der Lage, an unseren Glaubenssätzen zu arbeiten und neue Überzeugen lebendig werden zu lassen. Wir können innere Bilder erzeugen, die uns Glücksgefühle schenken, weil in unserem Gehirn Endorphine als physische Reaktion ausgeschüttet werden und unseren Körper entspannen lassen. Und so viel entspannter Situationen erleben, die früher angstbesetzt waren, und damit ein neues Erleben schaffen, dass diese neuen Überzeugungen füttert.

Das Sprichwort „Kino im Kopf haben" ist hier auch ein Schlüssel: Denn es ist DEIN Kino in DEINEM Kopf. Das Programm, das bestimmst du.

IST HYPNOSE TRANCE? IST TRANCE HYPNOSE?

Ahhhhh, meine Lieblingsfrage und für den ein oder anderen auch ein philosophisches Thema. Ich habe dazu eine klare Meinung:

Viele Menschen haben Angst vor Hypnose, sie denken sie wären nicht bei Bewusstsein, werden manipuliert. Übrigens auch so eine innere Überzeugung, die z.T. in der Historie begründet ist, ebenso aber auch damit zu tun hat, dass Hypnose auch in Unterhaltungsprogrammen einen festen Platz erhalten hat.

Zwei kurze Beispiele hierzu: Ich erinnere mich an einen Comic aus einem Magazin der Reihe der Lustigen Taschenbücher, den ich als Kind — und großer Comicfan — gelesen habe: Hier wurde Mickey Maus, der völlig entspannt einen gemütlichen Winterabend vor dem Fernseher verbrachte, ganz unvermittelt hypnotisiert. Das ging ganz einfach, indem plötzlich eine Spirale auf dem Bildschirm flackerte und Mickey in Hypnose versetze. Er war von da an willenlos und wurde von dem Phantom kontrolliert.[28] Mysteriös, spannend und gruselig zugleich.

Auch die sogenannte Showhypnose lässt uns ehrfurchtsvoll und wohlig erschaudern, wenn die Hypnotees völlig willenlos tun, was der Hypnotiseur ihnen auf der Bühne vorgibt. Früher waren es Magier auf Jahrmärkten, heute eben Hypnotiseure oder Mentalisten.

Das Mystische ist es, das uns diese schöne Gänsehaut auf die Haut zaubert, und das Unbegreifliche, das uns anzieht und staunen lässt. Doch ist es wahr? Was ist denn Hypnose und welche Macht lässt uns scheinbar willenlos werden?

Zugegeben, ja! Wir alle sind manipulierbar, lassen uns von Werbung, Geschichten oder unserer eigenen Wahrnehmung beeinflussen — jaaaaahhhhhh, da fängt es für mich tatsächlich schon an. Und genau da endet es auch wieder: Wir lassen uns nur so weit in unserem Willen beeinflussen, wieweit wir es wollen und zulassen. Nur wenn wir uns öffnen, wir uns einlassen und auch hingeben, dann ist es möglich, dass wir Dinge erleben und tun, die für uns bisher nicht vor-

---

28   Vgl. Das doppelte Geheimnis des Schwarzen Phantoms, LTB 62, 1979 Egmont Ehapa Media

stellbar waren. Dann könnte man uns auch dazu bekommen, uns als Huhn zu fühlen und wie ein solches zu verhalten. Dann kann unser Körper so steif werden, dass jemand darüber gehen kann oder du den eigenen Arm nicht mehr biegen kannst.

Zauberei? Nein, Vorstellungskraft. Und zwar nicht die des Hypnotiseurs, sondern die ganz eigene! Krass, oder? Nochmals richtig nachlesen und reinspüren: Ja, das ist *KRASS* und das ist der Punkt, der alles bedeutet und doch von so vielen nicht gesehen wird. Die Angst vor Manipulation und der Grusel sowie die Faszination der Showhypnose oder der Mentalisten ist nur eines: Die Angst vor dem, zu was wir wirklich fähig sind. Nicht der, der uns die Brücke zu unseren Fähigkeiten baut, ist der, vor dem wir so großen Respekt haben. Wenn wir uns eingestehen, zu was wir tatsächlich fähig sind … Wahnsinn! Was dann alles möglich wäre. Was bedeutet das?

Es liegt an dem, der sich auf die Bilder und Vorstellungen einlässt, alles fällt und steht mit der Hingabe in den Moment, der Erwartung, was möglich sein kann, und der eigenen Vorstellungskraft. Der Hypnotiseur selbst ist nur ein Begleiter, ein Bergführer oder Tanzpartner, einer, der dir die Bühne ausschmückt, auf der du dich ganz deinem Sein hingibst. Oder eben der Brückenbauer zu deinem Unterbewusstsein. Dein Gehirn ist die Steuerzentrale und du steuerst die Vorgänge in deinem Körper. Was passiert, wenn du dich deiner Vorstellung hingibst, wenn du meinst, dass jemand dich so beeinflussen kann, dass du Dinge tust, die du nicht für möglich gehalten hast, dann lass dir sagen: Das alles bist du! Du ganz alleine, dein Unterbewusstsein, das den Großteil deines Verhaltens steuert, ist so stark, dass es dich fähig macht zu noch viel, viel mehr! DAS ist die eigentliche Botschaft, die zwar dem Zauberer den Zauber nimmt, aber dich wahrhaftig in Eigenverantwortung bringt.

Nun möchte ich mich und meine Kollegen nicht arbeitslos machen …, wir können all dies erlernen und wirklich großartige Dinge tun, doch das ist ein Prozess und benötigt viel Übung. Das Wissen alleine bringt einen nicht so schnell ans Ziel, so wenig wie das pure Wissen von Anatomie einen zum guten Physiotherapeuten macht. Es ist gut, Menschen an seiner Seite zu wissen, die einem den Raum, die

Zeit, die Entspannung schenken und den Weg bieten, an die eigenen Ressourcen zu kommen. Was ich möchte, ist nicht die Entzauberung der Hypnose (wobei die guten Hypnotiseure sowieso auch genauso gut aufklären), sondern die Erkenntnis der eigenen Stärke und Möglichkeiten.

DER TRANCEZUSTAND

Bevor ich auf den Trancezustand eingehe, möchte ich kurz einen Satz zur Hypnose allgemein sagen: Wie (vielleicht schon öfter) erwähnt möchte ich nicht den Hauch von wissenschaftlicher Abhandlung erwecken. Es ist nur ein kleiner Einblick in die Welt der Hypnose, den ich hier geben kann und möchte. Ich selbst arbeite auch nur mit einem kleinen Teil der Möglichkeiten, die die Hypnose bietet. Ich liebe innere Bilder und das kann ich mit Hypnose bieten. Es ist mir der liebste Bereich der Hypnose, und so bleibe ich mit Sicherheit in vielen Dingen nicht nur an der Oberfläche, sondern bilde auch nicht alle Bereiche ab. Das mache ich sehr absichtlich so, denn ich möchte meine Art der Arbeit mit Bildern vorstellen und vor allem auch den Teil, der mich selbst so viel weitergebracht hat und es noch immer tut.

Wenn wir Menschen in Hypnose sehen, dann sehen wir sie oft mit geschlossenen Augen oder wenn mit offenen, dann mit einem sehr distanzierten, sehr starren Blick. Alles ist schlaff oder starr, ganz so, wie es ihnen gesagt wird. Es gibt Menschen, die sich danach nicht mehr erinnern oder denken, sie hätten geschlafen.

Das Wort „Hypnose" leitet sich vom griechischen Wort „Hypnos" ab, was „Schlaf" bedeutet. Es wurde im 19. Jahrhundert geprägt, um den tranceähnlichen Zustand zu beschreiben, der dem Schlaf ähnlich erscheint. Viele Hypnotiseure sagen auch „Schlaf", um während der Führung in die Entspannung diesen Zustand vollends herzustellen. Doch ist dieser Trancezustand kein Zustand, der bewusstlos sein lässt, der dich in einen Zustand von Machtlosigkeit oder gar Schlaf versetzt. Der Trancezustand ist vor allem völlige Entspannung und eine Fokussierung auf das, was gerade dran ist. Wir kennen diesen Zustand, wenn wir zum Beispiel fernsehen, wir sitzen entspannt vor der Kiste und sind ganz und gar fokussiert auf das Geschehen, dabei komplett entspannt und nehmen manchmal nicht mal bewusst wahr, wenn uns jemand beim Namen ruft. Und doch schlafen wir nicht. Es ist aber ein Zustand, der eben Bilder und den Zugang zum Unterbewussten gut möglich macht. Und übrigens auch einer der Gründe, weshalb ich, seit ich mich so viel mit Imaginationen beschäftige, sehr vorsichtig mit Filmen und Nachrichten umgehe und auch gerade bei Kindern für einen sehr achtsamen Umgang plädiere.

Nun ist es aber nicht der Trancezustand, der die Hypnose ausmacht. Mag sein, dass es Menschen gibt, die eine Trancetiefe erreichen, in der sie sich danach nicht mehr richtig erinnern können. Das kommt in Coaching- oder Therapiesitzungen nur äußerst selten vor und ist überhaupt nicht das Ziel. Also, worauf kommt es an?

Die Trance ist ein Zustand. Es geht um Entspannung und darum, auf das eigene innere Erleben fokussiert zu sein.

Die Hypnose selbst sehe ich als Prozess. Ich selbst arbeite in meinen Hypnosen sehr viel mit Bildern, angeleitet oder auch ganz frei imaginierend. Es geht darum, den oben beschriebenen Kreislauf zu unterbrechen und ein neues Verhalten möglich zu machen. Visionen lebendig zu machen. Neue Bilder entstehen zu lassen, den Köper neue Empfindungen zu schenken und dadurch ein Erlebnis zu schaffen, das neu und leicht ist. Um so alten Überzeugungen ihre Kraft zu nehmen und dem Gehirn die Möglichkeit zu geben, neue Verhaltensweisen (auch körperlicher Art) zu erlernen.

Trance ist nur der Zustand, der vorhergeht, um diese Kraft der Imagination zu stärken und auf das Thema zu fokussieren, und ja, auch um die innere kritische Grenze besser zu überwinden.

Wenn wir aber beispielsweise an den ein oder anderen Lehrer oder ein kritisches Familienmitglied denken, der uns mit einem Satz so verunsichert hat können, dass er bis heute nachwirkt (und viele von uns hatten in den vielen Schuljahren einen solchen Lehrer), dann ist eines ganz sicher: Um an inneren Überzeugungen zu arbeiten und ein Erleben zu erschaffen (egal wie wir es bewerten), braucht es keine Entspannung, keine Trance ..., das geht tatsächlich auch ganz ohne. Es ist nur nicht ganz so schön, nicht so sanft und viele können den Kopf nicht still werden lassen oder ihre Bewertungen zur Seite schieben.

Zusammenfassend ist also zu sagen: Trance ist der Zustand, in dem Menschen zugänglicher werden für innere Bilder. Trance ist einfach nur ein Zustand der tiefen Entspannung und des Fokussierens. Wir alle kennen Trance aus dem Alltag. Zum Beispiel beim Fernsehen: ein Klassiker, vor allem bei Kindern. Sie sitzen vor einem Film, man kann mit ihnen sprechen, sie Dinge fragen, ihnen Essen hinstellen ... sie nehmen es nicht wahr, sondern sind ganz und gar in den Film vertieft. Das ist schon Trance ... und verschärft das oben erwähnte Problem, denn in Trance sind wir noch viel zugänglicher für Bilder und dafür, dass sie unbewusst Überzeugungen schaffen. Zu sehen ist das auch dann sehr gut, wenn es um Social Media geht, hier werden wir beschallt durch Bilder und Filme, die zusätzlich noch schön gefiltert werden und so eine Illusion erschaffen, die viele von uns erreichen wollen.

WAS FÜR ARTEN VON HYPNOSE GIBT ES?

Sicher bleibe ich hier unvollständig, und wie erwähnt, möchte ich nicht den Eindruck einer wissenschaftlichen Abhandlung erwecken. Es ist mein ganz eigener Blick auf alle Arten der Imagination, wie ich sie verstehe, lebe, weitergeben möchte und wie sie mir vor allem durch meine eigenen inneren Täler geholfen hat. Schaut man im Internet, wird man schnell merken, wie schnell Trancezustände und das, was während der Hypnose passiert, durcheinandergewürfelt wird. Fantasiereise und Blitzhypnose wird hier z. B. in einem Atemzug genannt. Viele Menschen denken, wenn sie an Hypnose denken, an die sogenannte Showhypnose oder Filme, Lektüren und Geschichten wie oben erwähnt. Hypnose ist keine Zauberei, sowohl Trancezustand als auch Imagination kennen wir aus dem Alltag.

Es gibt verschiedene Arten der Hypnose:

Direkte Suggestionen: Diese wirken wie Befehle oder klare Anweisungen. Der Hypnotiseur sagt dem Klienten genau, was er tun oder fühlen soll. Zum Beispiel: „Du wirst dich jetzt entspannen."

Indirekte Suggestionen: Hier werden dem Klienten Möglichkeiten eröffnet, eigene Lösungen und Bilder zu finden. Diese Methode ist subtiler und fördert die persönliche Interpretation und Anpassung.

Zum Beispiel: „Vielleicht spürst du, wie die Entspannung langsam kommt." Beides kann auch als Posthypnotische Suggestion in Hypnosen eingearbeitet werden. „Nach der Hypnose wirst du dich entspannt und völlig gelassen fühlen."

Affirmationen: Diese sind besonders effektiv in der Selbsthypnose. Es handelt sich um positive, gegenwärtig formulierte Aussagen, die regelmäßig wiederholt werden, um das Unterbewusstsein zu beeinflussen. Zum Beispiel: „Ich bin ruhig und gelassen."

Ericksonsche Hypnose: Nutzt indirekte und metaphorische Sprache, um das Unterbewusstsein zu erreichen.

Selbsthypnose: Technik, bei der man sich selbst in Trance versetzt und sich mit guten Bildern und Affirmationen versorgt.

Regression: Rückführung zu früheren Erlebnissen, um diese zu bearbeiten.

Progression: Vorstellung zukünftiger Szenarien zur Problemlösung.

FÜR WEN EIGNET SICH HYPNOSE UND IST HYPNOSE GEFÄHRLICH?

Ich habe mir lange überlegt, ob ich darauf überhaupt eingehen soll. Das hier ist nicht nur KEINE wissenschaftliche Abhandlung, es ist auch natürlich keine Empfehlung, keine Rechtsberatung oder ähnliches. Dennoch bin ich ein großer Fan von Eigenverantwortung.

Immer wieder hört man, dass man z. B. auf keinen Fall mit Schwangeren arbeiten sollte. Gleichzeitig ist HypnoBirthing der lebende Beweis dafür, wie Hypnose sich sehr positiv auf Schwangerschaft und Geburt auswirken kann.

Es kommt wie bei allem auf das Maß, die Art und den Kontext an. Daher bitte ich dich, wenn du eine Hypnose erleben möchtest, auf deine Intuition zu hören, dem Hypnotiseur deine Fragen stellst (ein guter wird sie ernst nehmen und darauf antworten können, kann er nicht, such dir einen anderen) und dich informierst. Wichtig ist auch die Art der Hypnose. Bei einer therapeutischen Hypnose, einer sogenannten Heilhypnose wird dich der Therapeut immer aufklären. Ziel ist es bei einer Heilhypnose nie, dass du nicht bei Bewusstsein bist oder Dinge tust, die du nicht möchtest.

MEINE LIEBLINGSHYPNOSEN

Die Wunderfrage – wunderbar geeignet, um eine Vision zu erzeugen, Blockaden aufzudecken und dem Gehirn schon erste Zukunftsausblicke zu geben: Steve de Shazer war ein amerikanischer Psychotherapeut und einer der Begründer der lösungsorientierten Kurztherapie. Er wurde am 25.06.1940 geboren und starb am 11.09.2005.

Es handelt sich um eine Art Fragetechnik, die ein Team um Steve de Shazer und Insoo Kim Berg seit Ende der 1970er-Jahre in Milwaukee (USA) auf der Basis ericksonscher (Milton H. Erickson) und systemischer (System) Konzepte entwickelt hat [29, 30] und ist eine Technik in der lösungsorientierten Kurztherapie. Sie hilft Klienten, ihre Ziele zu visualisieren und Lösungswege zu finden. Dabei stellt der Therapeut die Frage, was sich ändern würde, wenn über Nacht ein Wunder geschehen wäre und alle Probleme gelöst wären.

Diese Frage regt deine Vorstellungskraft an und ermutigt dazu, konkrete positive Veränderungen zu benennen. So kannst du klare Vorstellungen von deinen Wünschen entwickeln und erste Schritte identifizieren, um sie zu erreichen.

Um zu erreichen, was ich voranstehend erklärt habe, nämlich die Imagination zu nutzen, indem wir sie als schon erlebt in unseren Erfahrungsschatz aufnehmen können, ist es nun ganz wichtig, alle Sinne miteinzubeziehen: Du siehst diese Zukunftsaussicht nicht nur, sondern du fühlst sie auch, hörst, riechst und schmeckst sie. Alle deine Sinne werden angesprochen.

Du kannst außerdem auch schon direkt dein neues Ich Probe fahren: Wie reagieren andere auf deine neuen Verhaltensweisen? Woran erkennen sie, dass sich dein Problem über Nacht gelöst hat? Hier findet sich fast nebenbei ein weiterer Vorteil: Ist diese Veränderung überhaupt „bekömmlich"?

---

29 De Shazer, Steve (1995): Wege der erfolgreichen Kurztherapie. Stuttgart (Klett- Cotta), 10. Aufl. 2010.; de Shazer, Steve u. Yvonne Dolan (2008): Mehr als ein Wunder. Lösungsfokussierte Kurztherapie heute. Heidelberg (Carl-Auer), 2. Aufl. 2011.

30 *Https://www.carl-auer.de/magazin/systemisches-lexikon/wunderfrage?srsltid=Af-mBOopXeRfBAcOC6n1uJo9dnEl-MBf6tnVUW-Kkwr7KmuNt_JChnEqX* abgerufen am 25.09.24

Du kannst schon jetzt in Deiner Vorstellung erleben, dass sich deine Veränderung auf dein Leben auch in anderen Bereichen auswirkt und vielleicht gar nicht zu 100 % deine Probleme löst, sondern vielleicht neue entstehen lässt oder das alte eventuell auch für etwas gut war.

Die Wunderfrage erlaubt dir einen Ausblick in deine Zukunft, und wenn du diese Imagination beendest, dann kannst du dich in der Gegenwart jederzeit an die Zukunft erinnern.

Der sichere Ort – Kennengelernt habe ich diese Methode in einem Traumatherapie-Kurs und durch die Texte von Luise Reddemann[31]. Geboren am 2. März 1943 in Aalen, sie ist eine deutsche Fachärztin für Psychiatrie und Psychoanalytikerin. Sie gilt als die Begründerin der integrativen Traumatherapie. Ich bin mir nicht sicher, ob sie die Begründerin ist, diese Imagination gibt es sicher in vielen Varianten. Doch für mich ist sie die Quelle dieser Art von Imagination, dicht gefolgt von der von mir sehr verehrten Michaela Huber.

Gerade in der Traumatherapie ist der sichere Ort ein sehr wichtiges Bild. Hier zu sein bedeutet nicht nur, völlig sicher zu sein, sondern auch frei und mit vielen Möglichkeiten, sich von dem Ballast des Alltages zu befreien. In Deiner Vorstellung reist du an einen Ort, vielleicht hier auf der Erde, vielleicht wo ganz anders. Meist in der Natur. Dort bist du ganz sicher. Auch diesen Ort nimmst du mit all deinen Sinnen wahr und lässt dich ganz auf ihn ein. Vielleicht erscheinen dir andere Wesen oder Tiere, Lebewesen jeder Art. Doch keine Menschen (bei Kindern mache ich natürlich Ausnahmen). Auch dein innerer Heiler kann dir begegnen.

In erster Linie ist es wichtig, dass wir einen solchen Ort immer implementieren, damit er wohl bekannt und immer gut genutzt werden kann. Ich gehe dort zum Beispiel sehr gerne hin, während ich auf dem Zahnarztstuhl liege. Ich widme mich dann den schönen Dingen des Lebens, nehme mich aus dem Geschehen der Praxis heraus und bekomme selbst Gespräche oder Geräusche dann nicht mehr mit.

Deinem Problem eine Gestalt geben – Hier ergeben sich ganz

---

31 Luise Reddemann, „Imagination als heilsame Kraft", Klett-Cotta, Stuttgart 2001, S. 45-46

wunderbare Geschichten. Eine der bekannteren Imaginationen kennen wir aus dem Buch: „Den Dämonen Nahrung geben".[32] Es geht hier wie auch in anderen ähnlichen Techniken darum, deinem Problem, deinen unerwünschten Gefühlen oder Verhaltensweisen eine Gestalt zu geben. Nicht nur, dass du damit wahrnimmst, dass es mehrere Teile sind, die dich ausmachen und dein Problem nur einen Anteil und nicht dich in ganzer Person betrifft, du lernst auch, dich davon zu distanzieren und dein Problem aus einer anderen Perspektive zu betrachten. Und du nimmst wertschätzend und auf Augenhöhe Kontakt auf. Wie oft versuchen wir, unseren Problemen davonzulaufen, sie zu verdrängen oder auch zu attackieren, nur um zu spüren, dass wir dadurch das Gegenteil erreichen? Mit dieser Methode nimmst du dein Problem an, gehst in Kontakt, sprichst mit ihm und erkennst das wahre Bedürfnis hinter deinem Problem.

All unsere Gefühle haben einen Grund. Es ist wichtig, sie nicht zu bewerten, schon gar nicht negativ. Unser Handeln, das dürfen wir bewerten, aber unsere Gefühle haben immer einen Grund. Es ist wichtig, ihn wertschätzend anzunehmen, erst dann kann es zur inneren Aussöhnung kommen.

Regression und die Reise in deine beste Zukunft – Mit Hilfe Deiner inneren Bilder kannst du nicht nur Visionen erschaffen, sondern auch in die Vergangenheit reisen. Du kannst dein jüngeres Ich in vergangenen Momenten besuchen und die Situation aus Sicht des Erwachsenen heute vielleicht ganz anders bewerten. Du hast die Möglichkeit, dein jüngeres Ich als Erwachsenen heute zu begleiten. Du kannst Helfer zu dir holen. Du kannst Schutzmechanismen einbauen, die Situationen mit Distanz betrachten oder sogar nochmals durchleben.

Gerade die Reise in die Vergangenheit sollte man aber nie ohne professionelle Begleitung unternehmen, zumindest dann nicht, wenn man darin nicht geübt ist. Denn wie schon geschrieben: Die Kraft der Imaginationen ist sehr stark, und gerade wenn es in der Vergangenheit traumatische Situationen gab, kann das sehr belas-

---

32 „Den Dämonen Nahrung geben" von Tsültrim Allione, übersetzt von Erika Ifang, Arkana.

tend sein. Die Chance liegt darin, sich selbst besser zu verstehen und die vergangenen Erfahrungen neu zu bewerten und dadurch auch zu programmieren.

Wenn du ähnlich alt oder älter bist als ich, wirst du den Film „Zurück in die Zukunft" mit Michael J. Fox kennen. Man kann sich das ganz ähnlich vorstellen: Eine Reise zurück in deine Vergangenheit kann Dinge lösen und verändern, die sich dann auf deine Zukunft auswirken. Dankbar dürfen wir zurücklassen, was wir damals ins Gepäck gepackt haben, was uns heute belastet.

Danach in die Zukunft zu reisen, um dort zu erleben, wie es sich anfühlt, leicht und ohne diese Last zu leben macht Freude auf mehr. Diese Imagination und das Lösen von Blockaden im Unterbewusstsein kann tiefe Verhaltensmuster auflösen und zu nachhaltigen Verhaltensveränderung führen.

Deine Hypnosen im Alltag und Konstruktivismus – Den Trancezustand, den ich schon beschrieben habe, kennen wir alle, z. B. wenn wir fokussiert einen Film sehen, eine bekannte Strecke fahren und dabei in Gedanken versinken oder ein spannendes Buch lesen. Es handelt sich um einen Zustand, den wir auch kennen von intensiven und guten Gesprächen, wir können alles um uns rum vergessen und nicht wahrnehmen, während wir uns einer Sache ganz intensiv und offen zuwenden.

Vorstellungen und Glaubenssätze, also innere Überzeugungen formen wir als Bilder oft sehr unbewusst. Sie können uns antreiben („Ja, das schaff ich und es wird geil!") oder komplett runterziehen („Das kann ich nicht, sowas können andere viel besser als ich"). Die Angst vor dem Zahnarzt wird innerlich zur Realität und stresst so sehr, dass wir gar nicht erst hingehen oder so verspannt auf dem Stuhl sitzen, dass es natürlich ein schlimmes Erlebnis sein wird (kann gar nicht anders gehen).

Seine eigenen Vorstellungen kann man sich dann in der Realität auch selbst konstruieren. Ein Beispiel dazu: In einer Familie wird ein Kind geboren, das Erstgeborene hat Sorge, dass es nun nicht mehr gewollt ist. Es ist unsicher und nimmt sich aus dem Familiengeschehen immer mehr heraus. Sind die Eltern nun nicht achtsam genug, integrieren das Kind nicht und können das Vertrauen nicht entsprechend herstellen, kann sich diese selbst konstruierte Wirklichkeit für das erstgeborene Kind manifestieren und so Wirklichkeit geben, obwohl es im Grunde nur die eigene Vorstellung ist, während die Eltern in ihrer Wahrnehmung diese Phase vielleicht dem Alter oder anderen Umständen zuschieben und dem Kind den Raum geben wollen. Keiner hat etwas falsch gemacht, und doch können hier zwei unterschiedliche Konstrukte entstehen, die zwar jeweils wirklich sind, aber nicht den richtigen Sachverhalt darstellen. Daher gibt es immer mehrere Wirklichkeiten, je nachdem wer sie schafft.

Welche Bilder gibt es noch, die zwar nicht Hypnose sind, aber dennoch wirken? – Dein inneres Bild kann sich auch im Außen zeigen, bewusst oder unbewusst.

Wir wissen, wie es uns besser geht, wenn wir umgeben sind von angenehmem Ambiente, genauso wie es uns runterzieht, wenn wir uns im Chaos wiederfinden oder in einer Umgebung, die uns kalt oder heruntergekommen vorkommt. Äußere Bilder wirken also auch in unserem Inneren.

Andersherum funktioniert das natürlich auch: Innere Bilder können nach außen gestellt werden und so kann deine Gefühlslage, dein Problem oder deine inneren Konflikte sichtbar gemacht werden. Ganz bewusst können das Techniken sein wie:

Aufstellungen mit Menschen, Figuren, Karten, Stühlen u.a. – Eine bekannte Begründerin ist Virgina Satir. Geboren am 26.06.1916, Neillsville, Wisconsin; und am 10.09.1988 in Kalifornien gestorben. Sie war eine US-amerikanische Psychotherapeutin sowie eine der bedeutendsten Familientherapeutinnen. Oft wird sie auch als Mutter der Familientherapie bezeichnet.[33] Aufstellungen kennen wir hauptsächlich von Familienaufstellungen. Aber du kannst auch ganz andere Situationen aufstellen: Dein Problem, deine Ziele und Hemmnisse, innere Anteile oder Konflikte, auch deine Werte sind aufstellbar und noch viel mehr. Der Kreativität sind keine Grenzen gesetzt. Der Vorteil ist bei dieser Art der Arbeit, ein Bild zu erhalten, das für uns

---

33 *Https://de.wikipedia.org/wiki/Virginia_Satir* abgerufen am 25.09.2024

sonst oft nicht greifbar ist. Die Situation wird nun viel verständlicher und man kann sich in die einzelnen Figuren hineinfühlen und die Sichtweise entsprechend einnehmen. Das führt fast immer zu viel Erkenntnis, Klarheit und vor allem Verständnis für sich und die eigenen Bedürfnisse. Stellt man ein zukünftiges Bild auf, dann kann man sich auch da hineindenken und -fühlen, und entsprechend der o. g. Regeln der Vorstellungskraft nimmt man eine ganz andere Haltung zu seinem Problem an. Diese Haltung ist spürbar und so kann eine Verhaltensänderung von außen nach innen entstehen. Wenn wir die Lösung aufstellen, nehmen wir das Bild dann in uns auf und integrieren es in unsere Wirklichkeit. Das ist eine sehr feine und leichte Art der Veränderungsarbeit, die doch so tiefgreifend ist.

Kunsttherapie – auch hier wird ein inneres Bild, Erleben oder eine Erinnerung ins Außen gebracht. Es handelt sich um eine psychotherapeutische Methode, die sich auf den kreativen Ausdruck durch bildnerische Gestaltung konzentriert, wie z. B. Malen, Zeichnen, Modellieren oder auch das Arbeiten mit anderen Materialien. Durch den künstlerischen Prozess wird es möglich, deine inneren Gedanken, Gefühle und Erlebnisse auf symbolische Weise auszudrücken und zu erkunden. Der Kunsttherapeut unterstützt dich dabei, diese Ausdrucksformen zu verstehen und zu reflektieren, was oft Einsichten und Veränderungen in der persönlichen Entwicklung fördert. Die Kunsttherapie eignet sich besonders gut für Menschen, die Schwierigkeiten haben, ihre Emotionen verbal auszudrücken, und bietet einen kreativen Raum für Selbstexploration und Heilung.

Das Psychodrama – vom österreichischen Psychiater, Soziologen und Philosophen Jacob Levy Moreno (1889–1974) entwickelt [34]. Hier werden wie bei der systemischen Aufstellungsarbeit innere Prozesse oder Konflikte nach außen gestellt und als Theater oder durch andere künstlerische Ausdrucksweisen verarbeitet und auch neu gespielt. Erinnerungen können so neu interpretiert und dann auch gelebt werden.

---

[34] *Https://psychodrama-deutschland.de/psychodrama/was-ist-psychodrama/* abgerufen am 25.09.2024

Auch andere Therapieformen wie die **Gestalttherapie, die Tiefen-psychologie** z. B. nach Jung und die Katathym-imaginative Psycho-therapie arbeiten mit Imaginationen und inneren Bildern. Diese Auf-zählung ist mit Sicherheit unvollständig, ich will damit vor allem ausdrücken, wie lange und erfolgreich vielerlei Therapieformen mit Imaginationen arbeiten.

Deine Wohnung — ja, Deine Wohnung eignet sich hervorragend, um das Prinzip der inneren und äußeren Bilder zu erklären: Wer kennt es nicht? Vor der Steuererklärung oder vor Prüfungen wird erst mal geputzt. Die Fenster müssen sauber sein, das Bücherregal geord-net und der Kühlschrank abgetaut ... erst wenn all das durch ist, dann ist die innere Ruhe hergestellt, und es kann sich an die Arbeit gemacht werden. Natürlich ist es auch ein klassisches Vor-sich-hin-Schieben. Dennoch macht es Sinn. Klarheit, Struktur und Ordnung hilft beim Lernen oder strukturierte Arbeiten zu erledigen. Die innere Ruhe wirkt sich nach außen aus.

Andersherum lässt eine chaotische Wohnung eventuell auf einen überforderten, gestressten und unstrukturierten Bewohner schlie-ßen. Die Raumnutzung kann Einblick geben, wie verschiedene Räu-me genutzt werden (z. B. ein gemütliches Wohnzimmer zum Entspan-nen, ein Arbeitszimmer zum Arbeiten), kann ein Ausdruck für die Prioritäten und Lebensweise einer Person sein. Die Dekoration einer Wohnung erzählt viel über persönliche Vorlieben und Lebenseinstel-lungen.

Auch die Symbolik kann hier zum Zug kommen, wenn z. B. der Schreibtisch mit Wäsche so zugebaut ist, dass man gar nicht arbeiten kann, oder man sich Dinge ständig selbst in den Weg stellt: Hier könnte Eigensabotage vorliegen.

Nun möchte ich den Faden wieder aufnehmen und den Bogen zurück zu meiner eigenen Geschichte spannen:
Ich hatte eine Angststörung, war jahrelang in Therapie, habe mit we-nigen Menschen darüber gesprochen, und doch kannte mein engs-ter Kreis die Phasen, in denen ich verzweifelt war und teilweise das Haus kaum noch verlassen habe. Es gab mehrere Ängste, die mich an

den Rand der Verzweiflung trieben, und die Angst vor der Angst kennt jeder, der sich in diesem Teufelskreis befindet.

Es sind kleine Meilensteine, die Großes bewirken können, und die ersten Bilder sollten für den Beginn nicht allzu weit weg von unserer derzeitigen Situation sein. Es dürfen ganz kleine Schritte sein, die wir gehen, die uns aber als Blaupause dienen für die größeren Ziele.

Ich bin sehr kleine Schritte gegangen, einer Angst nach der anderen bin ich begegnet. Als Beispiel möchte ich hier meine Höhenangst nennen. Tatsächlich begann ich mit Gittertreppen, Stühlen und dann auch Türmen. Bis heute frag ich mich immer, wie wichtig mir etwas ist, bevor ich mich einer Angst stelle und mit dieser arbeite. Ich gehe klettern, muss das aber nicht an der Nordwand beweisen. Ich freue mich inzwischen auf Flüge, ich habe aber keinerlei Bedürfnisse nach einem Fallschirmsprung. Sollte ich ihn aber mal haben, dann weiß ich, wo ich anfangen darf.

Eine Angst, die aus der Höhenangst resultierte, war meine Flugangst. Ich bin das Fliegen umgangen, soweit es nur irgendwie ging. Musste ich fliegen, dann habe ich mir Tabletten besorgt, anders ging es nicht.

Das änderte sich dann, als ich mir ausmalte, was ich alles erleben könnte, wenn ich diesen Schritt schaffe. Einmal in San Francisco auf der Golden Gate Bridge stehen. Ich hatte mir Amerika schon längst abgeschminkt und mir eingeredet, dass Europa mir völlig reicht, als ich sehr spontan eine günstige Möglichkeit geboten bekommen habe, kurzfristig nach San Francisco zu reisen. Ich habe mir diese Stadt so großartig vorgestellt, war frisch verliebt und voller Tatendrang. Die Vorstellung hat mich fasziniert. Kurz zuvor war mein Vater gestorben, und die Erkenntnis, wie wertvoll und gar nicht selbstverständlich unsere Lebenszeit ist, war noch ganz frisch. Ich wollte sie nutzen und mich von meiner Angst nicht länger kleinhalten lassen. Ich habe Ja gesagt! Ich war so voller Vorfreude, dass ich den Flug nicht nur gut überstanden habe, sondern richtig viel Freude daran gefunden habe. Dann erlebte ich meinen ganz persönlichen „Golden-Gate-Moment", als ich auf der berühmten Brücke stand und wusste, nachdem ich diesen Schritt gegangen war, nicht nur „durchgestanden", sondern wirklich gegangen war: Mir steht die ganze Welt offen.

Ein Jahr später reiste ich mit meinem Partner nach Panama und flog mit einer kleinen und offenkundig alten Cessna über den Regenwald zu den indigenen Kunas auf deren Inseln. Gelandet sind wir dort auf einer Graslandebahn, und ich hatte keine Sekunde Angst, sondern war einfach nur dankbar, so viel wunderbare Dinge erleben zu dürfen. Mein Traum davon, auf Island am Strand auf einem Island-Pony entlang zu tölten, erfüllte ich mir danach fast nebenbei. Meine Vorstellungen hatten mich selbst so fasziniert, dass ich dieses Vorgehen auf viele Ebenen übertragen konnte. Heute bin ich selbstständig und begleite Menschen in ihren Veränderungsprozessen mithilfe von dem, was ich selbst erlebt habe, und den Techniken, die mir geholfen haben, Schicht für Schicht Ängste abzutragen. Innere Bilder haben dabei den höchsten Stellenwert und faszinieren mich täglich mehr. Alleine das Schreiben dieses Kapitels hat mich schon wieder selbst so inspiriert, dass ich mich in Vorfreude auf weitere Bücher, Videos und Coachingtermine so sehr mit Dopamin und Endorphine überflute, dass ich all dies nicht als Arbeit, sondern als großes Glück empfinde, von dem ich leben darf.

Bilder im Innen und Außen, Visionen, Imaginationen und all deine Sinne berühren und gestalten deine Wirklichkeit! Die Wirklichkeit, die du dir selbst erschaffen kannst.

> Ich bin frei, denn ich bin einer Wirklichkeit nicht
> ausgeliefert, sondern kann sie gestalten.
> *Paul Watzlawick*

Hier geht es zu den Websites von Judith Meyer
www.judithmeyer.de   www.zeitblume.org

PATRIZIA HUBER

Jahrgang 1969, wurde in Ingolstadt geboren und wuchs dort auf. Nach dem Abitur im Jahr 1989 zog sie nach München, um an der Technischen Universität München Architektur zu studieren. 1995 schloss sie ihr Studium als Dipl.-Ing. Univ. Architektur erfolgreich ab.

Ihre berufliche Laufbahn begann sie als Architektin in Ingolstadt. Später setzte sie ihre Tätigkeit in München und Erding fort.
Neben ihrer beruflichen Karriere ist Patrizia Huber glückliche Mama zweier inzwischen erwachsener Kinder.

Derzeit lebt sie mit ihrem Mann Wolfgang in Erding.
In ihrer Freizeit widmet sie sich mit großer Leidenschaft dem Gesang und ist ein aktives Mitglied der Chorgemeinschaft Altenerding.

HISTAMIN-INTOLERANZ (HIT)
DIE SUCHE NACH WOHLBEFINDEN

ODER LEBST DU SCHON?

EINE ÄRZTEODYSSEE

1. VIELE SYMPTOME UND EINE GROSSE FRAGE

Es begann im Sommer vor acht Jahren (2016), ich war nicht mehr jung, heutzutage auch nicht alt. Mitte vierzig, quasi das neue Mitte dreißig, man kennt das. Ich fühlte mich gesund (vielleicht auch symptomlos krank).

Ich war bei Freunden zum Grillen eingeladen, und alles war so lecker, das Leben schmeckte süß, deftig, durstig. Von allem und vor allem viel.

So wunderte ich mich kaum, als ich am nächsten Tag noch deutlich am Erlebnis des Vortages zu arbeiten hatte. Mich beschlichen Gedanken wie: „Da war doch bestimmt was mit dem Grillfleisch" und „da geht doch bestimmt ein Virus rum, mal hören bei den Freunden, wem es noch so grauselig geht."

Nach ein paar Tagen erst (und das kannte ich als Partynachwirkung nicht mal aus meiner Studentenzeit) und der Erkenntnis, dass alle anderen Gäste fit geblieben waren, hatte ich mich wieder einigermaßen aufgerappelt, und wenn ich nichts aß, ging es mir fast schon gut.

Aber nicht essen ist eben auch keine Lösung.

Zurück im Alltag und zurück zu den für mich damals normalen Essgewohnheiten, legte es mich alle paar Tage flach mit einer Fülle an Symptomen: Völlegefühl, Drehschwindel, Herzrasen, Schweißausbruch im Wechsel mit Schüttelfrost, Übelkeit massivster Art, Gehirnnebel, schlagartige totale Erschöpfung und zu guter Letzt massive Reizdarmsymptomatik. Damals war für mich noch kein Muster erkennbar, jedoch war der Zustand unglaublich zehrend. Der Alltag lief irgendwie weiter, alles immer noch gerade so, der Zustand stellte sich ein ohne erkennbaren Auslöser. Schnell wurde mir klar, wie ich immer weniger kompatibel mit gesellschaftlichem Leben wurde, ich quälte mich durch gesellige Abende, alle sahen, dass etwas nicht stimmt, überspielen unmöglich – ja, ich jammerte und lebte kaum.

Zu dieser Zeit arbeitete ich freiberuflich als Architektin, nur kleine Aufträge, auch diese kaum zu bewältigen. Die Belastung durch die Angst, während einer Besprechung umzukippen, war überwältigend, auswärts essen wir russisches Roulette spielen.

Meine beiden Aufträge brachte ich mit letzter Kraft zu Ende, und mir war eines Nachts, als ich aus dem Schlaf aufschreckte, schlagartig klar:

Darum muss ich mich jetzt kümmern, sonst wird es lebensgefährlich! Hinzu kam der unvermeidliche Gewichtsverlust, zur Sicherheit aß ich wenig und durch die Erkrankung gab ich viel her. Erstaunlicherweise bekam ich damals dafür auch noch Komplimente für die tolle Figur, während ich darüber verzweifelte, dass ich scheinbar nichts mehr vertrug.

Es war nun unumstößlich: Der Gang zum Arzt war fällig.

2. DIE SUCHE BEGINNT –
ÄRZTE UND HEILPRAKTIKER ODYSSEE

Der erste Weg führte mich zu meiner Hausärztin, eine sehr empathische liebe Person, und das ist schon mal viel wert. Dort wurde das übliche Labor veranlasst, die Blutwerte stellten sich im Wesentlichen als unauffällig dar und das war die gute Nachricht.

In Punkto Unverträglichkeit war schnell Laktose ausgemacht. Ach ja und: STRESS ...

Damit konnte ich doch arbeiten, und somit wurden prompt Milchprodukte aus der Ernährung gestrichen – das ist eh besser, ich bin ja auch kein Kalb etc.

Abgesehen von der Erkenntnis, in wie vielen verarbeiteten Lebensmitteln sich Laktose befindet, war diese Ernährungsumstellung schnell zu bewerkstelligen.

Nur: Es ging mir weiter schlecht, nicht nur ein bisschen, sondern sehr, sehr schlecht.

Meiner Hausärztin fiel nun auch nichts mehr ein, die groben Erkrankungen waren, soweit man das kann mittels Blutwerte, Stuhlprobe und Ultraschall, ausgeschlossen, und mit der Empfehlung, Gelassenheit zu üben, das Ganze auch als Wechseljahresbeschwerden und Stresssymptome zu betrachten und eben nur gemäßigt zu essen, lief ich nun schon fast unter „eine schwierige Patientin".

Da ich aber wieder leben wollte und nicht nur irgendwie den Tag überstehen, begab ich mich weiter auf die Suche.

Ganz wunderbare Hilfe fand ich bei einer Heilpraktikerin auf Empfehlung einer lieben Freundin. Das waren dann zwar Kosten, die zum Großteil selbst zu stemmen waren, aber allein die Tatsache, dass man dort Zeit hatte, sich zu besprechen, war eine Wohltat.

Dort kam dann schon der entscheidende Hinweis, auch an all die weiteren großen Unverträglichkeiten zu denken, die da wären:

– Laktose (war ja schon als Störenfried ausgemacht)
– Fruktose
– Sorbit
– Glukose

Und als Sonderfall, da noch kein einzelner Test dafür existiert, die komplexeste und schwierigste Unverträglichkeit:
— Histamin
Abgesehen davon wurde ich mit dem klaren Auftrag losgeschickt, neben der Abklärung beim Facharzt, mich in eine Yogagruppe zu begeben, um auch am Stressabbau auf körperlicher Ebene zu arbeiten. Und obwohl es mir so schlecht ging, war es für mich ein Weg, meinen Körper wieder auf eine gute Art zu spüren und meine Anspannung und Angst in Bewegung umzusetzen.

Im damaligen Zustand konnte ich mir das kaum vorstellen, aber da die Einladung sehr konkret und persönlich ausgesprochen wurde, ließ ich mich darauf ein. Die Yogalehrerin ist eine Freundin der Heilpraktikerin, sie selbst praktizierte dort Yoga, und so fühlte ich mich auch sicher, selbst wenn ich „schlapp" machen würde.

Und siehe da: Der nächste entscheidende Schritt kam zusätzlich über die Yogalehrerin, die mit ähnlichen diffusen Problemen selbst schon zu kämpfen hatte.

Sie nannte mir eine Arztpraxis, die trotz Schulmedizin ganzheitliche, umfängliche Behandlung bietet.

Inzwischen kreisten all mein Denken und Handeln nur noch um das Thema Gesundheit, Ernährung und Diagnostik. Schnell klar wurde in dieser Praxis, dass der Darm beteiligt war, lädiert durch eine Fehlbesiedelung (Dysbiose) nach mehreren Behandlungen mit Antibiotika.

Jetzt ging es immerhin aufwärts, Besserung trat ein durch Gabe von Probiotika, Präbiotika, Heilerde, förderlichen Aminosäuren und Vitaminen als Nahrungsergänzung.

Mein inzwischen schon recht stattliches Behandlungsteam bestehend aus zwei Ärzten, einer Heilpraktikerin, einer Yogalehrerin erweiterte sich auf Empfehlung noch um eine Ernährungsberaterin.

Inzwischen war längst klar, dass das Thema sehr komplex war und die alten Weisheiten: *„Der Tod sitzt im Darm."* und *„Lass Nah-*

rung deine Medizin sein, sonst wird Medizin deine Nahrung." so wahr sind.

3. DAS KIND HAT EINEN NAMEN: HIT

Zurück zu meinen Hausaufgaben, die großen Unverträglichkeiten abzuklären:

Da es bezüglich Histamins noch nicht den einen Test gibt, begann ich neben der Darmsanierung mit histaminarmer Ernährung. Hierzu gibt es einige Veröffentlichungen inzwischen, die für mich sehr geeignete Liste fand ich im Internet von der Schweizer Interessengemeinschaft Histamin-Intoleranz, SIGHI. (www.histaminintoleranz.ch) Das war für mich der durchschlagende Erfolg. Es ging mir so viel besser, und mein Speiseplan war zwar anders als früher (bis dahin liebte ich Tomaten), aber nach so viel Unsicherheit konnte ich aus einer gewissen Vielfalt schöpfen. Man kann die Lebensmittel nicht intuitiv wählen, histaminarme Ernährung muss man erlernen wie eine neue Sprache.

Erschwerend hinzu kommt, dass der Histamingehalt bei Wiederaufwärmen stark ansteigt, es ist eine Wissenschaft für sich und würde an dieser Stelle zu weit führen. Inzwischen gibt es sehr gute Literatur (auch leider schlechte – ich weiß das, ich habe sie alle ...) darüber, vor allem seit 2022.

Im Laufe meiner Recherche stieß ich schlussendlich auf ein Buch von Herrn Prof. Dr. Martin Storr zum Thema Leaky gut, Darmbeschwerden und Histamin Abbaustörung. Da Prof. Dr. Martin Storr in Starnberg als Gastroenterologe praktiziert und ich seine Bücher sehr hilfreich finde, entschied ich mich, zur Komplettierung meiner Diagnose HIT (Magen-, Darmspiegelung und Fruktose, Sorbit und Glukosetest standen noch aus) mich in Starnberg vorzustellen. Histamin schien ja mein Hauptthema zu sein, aber nun wollte ich nichts mehr übersehen, und auf Verdacht weitere Lebensmittel auszusparen, wollte ich mir und meinem Körper nicht antun. Mein Team wurde also um einen Herrn Professor Doktor größer.

Bei Herrn Prof. Dr. Storr fand mein Thema diagnostische Abrundung und ich konnte es kaum glauben: Endlich konnte ich mich auf eine Koryphäe beziehen, um mein Thema bei anderen Fachärzten glaubhaft zu vertreten.

Tatsächlich wurde das Thema HIT-Histaminintoleranz fast noch als Glaubensfrage behandelt und Glaube kann die Geister und in diesem Fall die Ärzte scheiden. Diese Tatsache führte auch zur Trennung von meiner Gynäkologin, die mir nach 20 Jahren die Tür wies – da es so etwas nicht geben kann ... wow.

Die darauffolgende Gynäkologin hingegen war eine Offenbarung, sie ist selbst davon betroffen und bestätigt, dass sie im Kollegenkreis immer noch häufig auf totales Unverständnis stößt.

Von ihr stammt das geflügelte Wort: „Isst was Falsches der Histamini, dann geht's dahini", und genauso ist es, es gelang mir erstmals, darüber zu lachen. Danke dafür. ☺

Dabei stellt sich immer mehr heraus, dass gerade Ärzte sich dem Thema annehmen müssen, da gewisse Medikamente sich bei einer HIT nicht anwenden lassen oder nur nach Gabe von Antihistaminika. Bei all den Irrungen und Wirrungen, der ausgeprägten Ärzte und Heilpraktiker Odyssee (und dabei erzählte ich bisher nur von den erfolgreichen Kontakten, die Fehlgriffe blieben bisher unerwähnt! – keine Angst, es bleibt dem geneigten Leser erspart) konnte ich auf meinem Weg immer mehr Menschen treffen, die ebenfalls an diffusen Symptomen litten und, wie sich bei manchen im Laufe der Zeit herausstellte, tatsächlich auch betroffen waren. Ich war bei Weitem nicht allein und besonders schon gar nicht – Gott sei Dank. Gemeinsam kann man voneinander lernen, was gestern selten ist, ist heute schon recht weit verbreitet, das macht's nicht besser, aber erträglicher.

Auch die konstruktive Auseinandersetzung mit Ärzten, die dies zuließen, führte durchaus zu gegenseitiger Bereicherung. Inzwischen gibt es sehr gute Ratgeber, mehrere Nahrungsergänzungsmittel, die das entsprechende Enzym zum Histaminabbau, Diaminoxidase, ergänzen können, und bei vielen Betroffenen bringt das zumindest Symptomlinderung oder sogar Beschwerdefreiheit bei Verzehr histaminhaltiger Lebensmittel oder auch Genussmittel. Genuss muss nicht, aber manchmal ist so ein Glaserl in guter Gesellschaft halt schon schön, Lebensfreude ist eben auch Genuss ... ja, und Tomaten liebe ich noch immer. Halt nun seltener, und ohne Pillchen geht das dann nicht, in diesem Fall hält die Pharmaindustrie inzwischen ja wirksame Präparate bereit.

4. ERKENNTNIS

All mein Suchen und dankenswerterweise auch mein Finden bringt mich zu folgender Erkenntnis: Bleibe mutig, bleibe tapfer und vor allem selbstwirksam. Das ist im schwachen und kranken Zustand eine fast übermenschliche Anstrengung. Aber ich möchte aus tiefstem Herzen dazu ermutigen, das Leben ist schön und will gelebt werden. In meinem Fall spielte die Zeit für mich und bestimmt auch etliche glückliche Fügungen, die meine Odyssee in die richtige Richtung lenkte.

Ohne Team geht es nicht und der wichtigste Teilnehmer war ich selbst.

Obwohl es enorm mühselig war, zum Teil Unsummen an Geld verschlang und auch zeitlich sehr intensiv war, es war mein Weg. War es der Königsweg? Vermutlich nicht, aber man geht eben manche Wege das erste Mal und da kennt man sich noch nicht aus.

Was heute selten ist, kann sich schon bald als häufig herausstellen, und gewisse Erkenntnisse möchte ich trotz des Leidenswegs nicht missen. So mag uns die Nahrungsmittelindustrie, aktuelle Gesundheitstrends, der wirklich gut gemeinte Rat von Freunden oder gar die Politik eine bestimmte Art der Ernährung als gesund verkaufen oder anbieten (im schlimmsten Falle vorschreiben). Doch die Frage: Gesund im Allgemeinen oder gesund für mich zum momentanen Zeitpunkt (ja auch das spielt eine Rolle ... Laktose ist kein Problem mehr) kann man nur für sich selbst zu beantworten versuchen.

Mich jedenfalls „zwingt" die HIT dazu, am besten selbst zu kochen mit frischen Zutaten. Die Anzahl der Zutaten überschaubar zu halten, hilft auch, und saisonal und regional ist eh am besten.

Meine Oma hätte alles als Lebensmittel erkannt, Konvenienz-Produkte sind bei HIT gar nicht konvenient — eigentlich ja auch kein Nachteil. Und für auswärts essen kann man sich ja mit besagten Nahrungsergänzungsmitteln behelfen ... zumindest klappt das in meinem Fall.

Ob es mir für weitere Herausforderungen im Leben geholfen hat? Nun, so ein richtiger Überlebensvorteil ist eine Stoffwechselstörung nun nicht, und unbehandelt ist es eine sehr gefährliche Situation, die vor allem mittel- bis langfristig zu Mangelerkrankungen führen kann (z. B. Osteoporose, Schilddrüsenproblemen, um nur zwei zu nennen). Aber immer wieder besinne ich mich auf meine innere Kraft, die ich in dieser ganz akuten Leidenszeit aktivieren konnte. Wenn ich es einmal konnte, dann geht's, wenn es muss, auch wieder. Das stärkt ... Und ein Team habe ich ja schon. ☺

Immer noch beschäftigt mich die Frage, warum das moderne Leben so schwer verdaulich scheint. Gab es die Erkrankung HIT und auch Histaminose (zu viel körpereigenes Histamin oder/und zu viel zusätzliches Histamin aus der Nahrung, dazu ev. ein ungünstiges Biogenom, das zusätzlich noch Histamin produziert) auch früher schon? War ein Betroffener früher das, was man in Bayern einen „Krepierl" nannte? Einen, der nichts aushält und an den nichts hinwächst? Ein schlechter Futterverwerter?

Jedoch, das ist mir inzwischen klar: Bei vielen Beschwerden ist Histamin beteiligt (hier möchte ich betonen, ohne Histamin geht es nicht, es ist ein wichtiger Botenstoff im Körper zur Regelung vieler Abläufe), jedoch nicht jede Problematik lässt sich auf eine Histaminthematik zurückführen, darum ist eine eingehende Diagnose mit Ausschluss anderer ernster Erkrankungen, die ähnliche Symptome hervorrufen können, unbedingt nötig.

Sollte sich nach eingehender ärztlicher und/oder heilpraktischer Diagnose eine Histaminproblematik bestätigen, war mein Weg, einen Behandlungsplan zusammen mit unterschiedlichsten Fachleuten zu erarbeiten mit laufender Anpassung an den Genesungs- bzw. Verbesserungsprozess. Vieles kann sich nach einiger Zeit der Behandlung stabilisieren, so war es bei mir zumindest.

MEIN FAZIT:

Inzwischen habe ich mich mit meiner „Stoffwechselbesonderheit", so möchte ich es nennen, und mit meiner Odyssee versöhnt. Ich genieße die Stabilisierung meines Zustands durch eine für mich förderliche Behandlung und Lebensweise. Mein Körper hat sich sehr laut geäußert und eine Anpassung der Ernährung, Lebensführung und Selbstachtung eingefordert. Ich fühle mich ermutigt, selbstwirksam für mich einzustehen.

Nur Mut, wenn ich das geschafft habe, dann schaffst du das auch – und vielleicht kann dir meine Geschichte auf deinem Weg ein wenig helfen, und eine „kürzere Odyssee" schadet ja auch nicht. ☺

Quellennachweise

Histaminintoleranz | Histamin und Seekrankheit
  Herausgegeben von Reinhart Jarisch | Thieme
  ISBN: 978-3-13-105383-1
Sofortratgeber Leaky Gut
  Verstehen, erkennen, behandeln, so wird's gemacht!
  Prof. Dr. Martin Storr | DIGESTA | ISBN: 978-3-7494-8181-1
Sofortratgeber Histaminintoleranz
  Verstehen, erkennen, behandeln – so wird's gemacht!
  Prof. Dr. Martin Storr | DIGESTA | ISBN: 978-3-7557-3420-8
Der Ernährungsdetektiv
  Anleitung zum Erkennen von Lebensmittelunverträglichkeiten und Allergien
  plus Ernährungs-Symptom-Tagebuch, bei Reizdarm, Reizmagen, Colitis,
  Leaky gut und Allergien | Prof. Dr. Martin Storr | DIGESTA
  ISBN: 978-3-753-441887
Mastzellenfreundliche und histaminarme Küche
  Diätanleitung und Rezeptsammlung
  Schweizerische Interessengemeinschaft Histamin-Intoleranz (SIGHI)
  Heinz Lamprecht | ISBN: 978-3-86386-748-5
www.histaminintoleranz.ch
  Schweizerische Interessengemeinschaft Histamin-Intoleranz (SIGHI)
  (Zugriffsdatum 30.05.2024)

MARC BÖCKENFÖRDE

Marc Böckenförde kommt gebürtig aus Münster.
Nach seinem Studium der Wirtschaftsinformatik in
Bamberg hat ihn sein beruflicher Weg nach München
geführt, wo er seit vielen Jahren lebt und arbeitet.
In seiner beruflichen Laufbahn war Marc unter anderem
als Geschäftsführer von Medienunternehmen tätig und hat
sich anschließend mit seinem gewonnenen Know-how als
Unternehmensberater selbstständig gemacht. Darüber
hinaus ist er Dozent an Hochschulen und Akademien
und mit großer Leidenschaft an den Finanzmärkten aktiv.

Die Faszination für Gesundheitsthemen, insbesondere
die Bedeutung von Makro- und Mikronährstoffen, hat ihn
veranlasst, an diesem Buchprojekt als Herausgeber und
Autor mitzuwirken. In dem folgenden Kapitel erfahrt ihr
mehr über die Rolle von Nährstoffen und wie deren
gezielte Optimierung zu einem besseren Gesundheitszustand beitragen kann. Es ist Marc ein Anliegen, diese
wertvollen Informationen, die ihn auf ein noch höheres
gesundheitliches Level gebracht haben, mit dir zu teilen
und dir dabei zu helfen, deine Gesundheit und dein Wohlbefinden auch zu verbessern.

NÄHRSTOFFE, DIE UNSICHTBAREN HELDEN UNSERER GESUNDHEIT

OFT ÜBERSEHEN, ABER UNVERZICHTBAR FÜR UNSER WOHLBEFINDEN

Es ist Sonntagvormittag. Nachdem es gestern Abend mal wieder recht spät geworden ist, habe ich mir gegönnt auszuschlafen. Beim Blick aus dem Fenster sehe ich die Regentropfen an der Fensterscheibe herunterlaufen. Dass es einen Wetterumschwung geben würde, hatte der Wetterbericht vorhergesagt. Beim Blick auf die Wetter-App wird mir klar: Das wird ein verregneter Tag. So wie es aussieht, soll es nicht nur heute, sondern auch die kommenden Tage mehr oder weniger durchgängig regnen. Als ich noch in Münster in Nordrhein-Westfalen lebte, waren solche Tage nichts Ungewöhnliches. Nicht umsonst gibt es dort das Sprichwort: „Entweder es regnet oder die Glocken läuten."[35] In München, meinem heutigen Lebensmittelpunkt, sind Regentage, an denen es mehr oder weniger durchregnet, eher die Ausnahme.

Noch im Bett überlege ich, wie ich den Sonntag gestalten könnte. Ich bin nicht verabredet und Rausgehen erledigt sich bei dem Wetter von selbst. Beim Gang ins Bad stechen sie mir, wie in den letzten Monaten und zum Teil auch schon die Jahre zuvor, ins Auge: die Umzugskartons mit Unterlagen, die ich schon so lange aufarbeiten wollte. Aber merkwürdigerweise gab es immer Dinge, die mir wichtiger erschienen – auch wenn sie das natürlich nicht immer waren. Unter der Dusche plagt mich das schlechte Gewissen, und ich denke mir, jetzt oder nie – fang doch heute einfach mal mit einer Kiste an. Sollte das Wetter im Laufe des Tages besser werden oder sich jemand melden, könnte ich immer noch etwas unternehmen.

Nach dem Frühstück schiebe ich die erste Kiste ins Wohnzimmer und leere sie auf dem Parkettboden aus. Interessant, was da alles zum Vorschein kommt: Steuerunterlagen, Weihnachtspost, jede Menge Notizzettel mit Dingen, die zum damaligen Zeitpunkt wichtig erschienen und erledigt werden sollten. Darüber hinaus jede Menge Prospekte von Finanzveranstaltungen, Give-aways von diversen Messen, Krankenkassenabrechnungen, Seminarunterlagen und was sich sonst noch so alles ansammelt. Oh, wie sehr ich diese Art von Aufarbeitung liebe!

Nachdem ich alles gesichtet habe, kann immerhin ein Teil getrost entsorgt werden. Das nicht zeitnahe Aufarbeiten macht auf einmal Sinn. Dadurch, dass ich die Dinge liegengelassen habe, haben sie sich von selbst erledigt. Plötzlich verspürte ich Lust weiterzumachen, während der Stapel für den Altpapiercontainer immer größer wird.

Nach weiterem Aussortieren halte ich Unterlagen von einem

---

35 Der erste Teil des Spruchs weist darauf hin, dass es in Münster und Umgebung häufig regnet. Der zweite Teil des Spruchs bezieht sich auf den Klang der Kirchenglocken, der in vielen Städten und Dörfern oft zu hören ist. Der Spruch suggeriert humorvoll, dass es in der Region nur diese beiden Zustände gibt: Regen oder das Läuten der Glocken.

Seminar in meinen Händen. Sie stammen aus der Zeit, als ich als Geschäftsführer zweier Tochtergesellschaften eines Medienunternehmens tätig war. Der Titel des Seminars lautete „Power your life". Ich erinnere mich, dass ich mich für das Seminar, das im Schindlerhof in Nürnberg stattfand, einem der zum damaligen Zeitpunkt besten Tagungshotels in Deutschland, angemeldet hatte. Ich war zu der Zeit nicht im „Flow".[36] Ehrlich gesagt war ich damals ziemlich ausgepowert – fühlte mich aber nicht wirklich krank. Mir war dennoch bewusst, dass ich mit der Taktung, mit der ich unterwegs war, die nächsten zehn Jahre nicht so weitermachen konnte, ohne dass sich das auf meine Gesundheit negativ auswirken würde. Der Seminartag war wie folgt strukturiert: Frühmorgens Blutentnahme, anschließend Vorträge zu den Themen Ernährung, Bewegung und mentale Fitness – aus Sicht des Referenten die drei Säulen für die persönliche Leistungsfähigkeit. Nach dem Mittagessen und weiteren Vorträgen stand die Besprechung der ersten Ergebnisse der Blutuntersuchung auf dem Programm. Insgesamt lagen meine Werte im Referenzbereich, abgesehen von einem niedrigen Magnesiumspiegel und einem durchschnittlichen, aber nicht optimalen Gesamteiweißwert. Die Empfehlung war, diese Defizite durch entsprechende Nahrungsergänzungsmittel auszugleichen, um mit der Zeit ein gutes Level zu erreichen. Das tat ich auch – aber nach ein paar Monaten hatte ich die Supplementierung auslaufen lassen. Zum einen empfand ich die Produkte – als jemand, der als Sparfuchs bekannt ist – nicht wirklich günstig, zum anderen hatte mich der Arbeitsalltag schon wieder so sehr im Griff, dass ich das Interesse an der Supplementierung verloren hatte.

In der Zwischenzeit sind über fünfzehn Jahre vergangen, in denen sich einiges in meinem Leben verändert hat. Obwohl ich die

---

36 Der Begriff „Flow" umschreibt den Zustand, in dem alles wie von selbst läuft, ohne dass wir uns anstrengen müssen. Wir leben im Hier und Jetzt und gehen in unseren Aktivitäten auf. Im Zustand des „Flow" laufen wir zur Höchstform auf, ohne es wirklich zu merken. Jede Tätigkeit erledigt sich fast wie von selbst. Ein Adler lebt im Flow. Er nutzt die Kraft des Aufwinds für seine Ziele. Wie wäre es, wenn auch du die Kraft des Windes für dich nutzen könntest?

Zeit als Geschäftsführer genossen, jede Menge gelernt, eine Vielzahl an sympathischen Kolleginnen und Kollegen kennengelernt hatte und ich die Medienbranche zu dem Zeitpunkt als eine der interessantesten Branchen empfand, fühlte ich mich wie in einem Hamsterrad. Am Anfang war mir das gar nicht so bewusst. Gerade einmal vier Jahre nach meinem Studienabschluss übernahm ich die erste Gesellschaft als Geschäftsführer. Das zweite Unternehmen folgte einige Jahre später. Nach meinem Ausscheiden wurde mir deutlich, dass ich über die Jahre viel Zeit und Energie in die Arbeit gesteckt hatte und ich auf diese Weise nicht weitermachen wollte.

Nachdem ich über die Jahre hinweg Rücklagen gebildet hatte, war ich in einer komfortablen Position, um mir Zeit für die Jobsuche zu lassen. Zwar erhielt ich kurze Zeit später das Angebot, bei einem Mitbewerber erneut als Geschäftsführer tätig zu werden. Aber ich entschied, mir die nötige Zeit zu nehmen, um mir bewusst zu werden, wohin die berufliche Reise künftig gehen soll. Nach etwa einem Jahr, in dem ich diverse Gespräche geführt und verschiedene Optionen für mich durchgespielt hatte, entschied ich mich für eine Vertriebstätigkeit bei einer internationalen Unternehmensberatung – unter der Bedingung, dass ich als Selbstständiger meiner Tätigkeit nachgehen kann. Ich wollte selbst entscheiden, wann und wie viel ich arbeiten möchte.

Neben meiner Tätigkeit als Unternehmensberater bin ich als Dozent und Coach an Hochschulen und Akademien tätig. Die Vermittlung von Wissen hat mir schon während meines Studiums, als ich für das Kolpingwerk Nachhilfe für Berufsschüler gegeben habe, viel Freude bereitet. Ganz nach dem Motto der österreichischen Schriftstellerin Marie von Ebner-Eschenbach (1830–1916): „Wissen – das einzige Gut, das sich vermehrt, wenn man es teilt."[37]

Auch wenn die Selbstständigkeit in den ersten Jahren herausfordernd war, da ich mir einen Kundenstamm aus dem Nichts aufbauen musste, war es die richtige Entscheidung. Die Entscheidungsfreiheit über meine Aktivitäten, insbesondere beruflich, war und ist mir nach

---

37 *Https://www.175jahre.uzh.ch/ueber/wissenteilen.html*, 16.07.2024.

wie vor sehr wichtig. Diese Selbstbestimmtheit führte dazu, dass ich wieder die Zeit gefunden habe, meiner Leidenschaft für die Kapitalmärkte vermehrt nachzugehen, die ich schon in jungen Jahren, insbesondere durch meinen Vater gefördert, entdeckt hatte. Zudem bleibt mir auch die Zeit, mich um meine Gesundheit zu kümmern. Verstärkt wurde diese Einsicht, nachdem zwei meiner Cousins, ein Studienkollege sowie Personen meines Alters aus meinem beruflichen Umfeld in den letzten Jahren an den Folgen unterschiedlicher Krankheiten verstorben waren. Die Endlichkeit der eigenen Person, die bis jetzt nie ein Thema gewesen ist – abgesehen von einem beinahe tödlichen Unfall beim Windsurfen auf Sardinien –, ist durch diese Ereignisse in den letzten Jahren immer mehr in mein Bewusstsein gerückt.

Aber zurück zum Seminar von damals: Auch wenn ich die meiste Zeit meines Lebens selten krank gewesen war und somit auch so gut wie nie Medikamente eingekommen hatte, fühlte ich mich auch nicht besonders fit, in der Form, dass ich Bäume hätte ausreißen können. Zum einen hatte ich mir das damit erklärt, dass mein Tagesablauf eher dem einer Eule und nicht dem einer Lerche gleicht. Zum anderen war ich der Meinung, dass es auch mit meinem niedrigen Blutdruck zusammenhing, dass ich morgens meine Zeit brauchte, um auf Betriebstemperatur zu kommen.

Bei der weiteren Durchsicht des Seminarprogramms erinnere ich mich daran, dass im Laufe des Seminars erwähnt wurde, eine Blutuntersuchung solle viel umfassender sein als das kleine oder auch große Blutbild, das normalerweise im Rahmen einer Blutuntersuchung angefertigt wird. In mir verfestigt sich der Wunsch, die Sache genauer anzugehen. Möglicherweise würde mir ein ausführliches Blutbild Aufschluss über meinen Gesamtgesundheitszustand geben und eine Erklärung für meine morgendliche Antriebsschwäche liefern.

Meine Recherche ergab, dass in der Regel die privaten Krankenkassen die Kosten einer umfänglichen Blutuntersuchung – im Gegensatz zu dem überwiegenden Teil der gesetzlichen Krankenkassen – übernehmen. Und auf einmal kommt in mir der Gedanke hoch, dass ich mit dem Wechsel in die Selbstständigkeit auch einen Wechsel von der gesetzlichen in die private Krankenversicherung vollzogen habe: Wenn die Wahrscheinlichkeit groß ist, dass meine Krankenkasse die Kosten für diese Art von Blutuntersuchung übernimmt, dann spricht nichts dagegen, diese jetzt in Angriff zu nehmen.

Nachdem seit dem Seminar schon etliche Jahre ins Land gezogen sind, denke ich mir, dass es sinnvoll wäre, mir erst einmal im Internet einen Überblick zu der Thematik zu verschaffen. Insbesondere ein Video, in dem der Arzt Dr. Michael Spitzbart von Bodo Schäfer zum Thema Gesundheit, vor allem zu den essenziellen Nährstoffen, interviewt wird, hat mich bewogen, mich mit der Materie näher zu beschäftigen.[38]

Auf den folgenden Seiten nehme ich dich mit auf meine Reise, wie ich durch die Fokussierung auf eine optimale Nährstoffversorgung eine noch bessere Gesundheit erlangen konnte.

Es dauerte eine Zeit lang, bis ich mich entschied, in einer von mir favorisierten Arztpraxis anzurufen, um einen Termin zu vereinbaren. Als ich nach mehreren Anrufversuchen endlich durchgekommen war, wurde mir signalisiert, dass erst wieder in vier Monaten ein Termin frei wäre. So lange hatte ich noch nie auf einen Arzttermin warten müssen. In den Wochen bis zu meinem Termin recherchierte ich immer mal wieder zum Thema Präventivmedizin. Mit der Zeit wurde mir immer bewusster, wie wichtig es ist, sich mit diesem Thema auseinanderzusetzen. Bis jetzt hatte ich eher den Ansatz verfolgt, zum Arzt zu gehen, wenn ich mich richtig krank fühlte. Diese Ansicht vertrat auch mein Vater, der sich als Tierarzt um das Wohl der Tiere kümmerte, aber selbst so gut wie nie zum Arzt ging. Die väterliche Haltung hatte sicherlich Einfluss auf mich. Zudem wurde und wird die Nichtinanspruchnahme von Gesundheitsleistungen von meiner Krankenkasse durch einen finanziellen Bonus gefördert, was mich zusätzlich motivierte – wenn nicht unbedingt erforderlich –, nicht

---

38 Bodo Schäfer ist ein deutscher Autor, Coach und Vortragsredner. Der zu seinem Buch „Die Gesetze der Gewinner" erschienene Motivationskalender ist Bestandteil meiner morgendlichen Affirmation.

zum Arzt zu gehen. Für einen meiner Brüder, der einige Jahre älter ist als ich, hatte das Thema Prävention dagegen schon seit einer gefühlten Ewigkeit einen höheren Stellenwert in seinem Leben eingenommen.

Die Monate bis zu meinem Untersuchungstermin vergingen schneller als gedacht, und rund zwei Wochen danach lagen mir die Untersuchungsergebnisse vor. Ich war positiv überrascht über die Ausführlichkeit der Dokumentation der Ergebnisse. Sie waren nicht wie üblich auf nur einer Seite aufgelistet, sondern es wurde zu jedem Untersuchungsergebnis ein Erklärungstext mit aufgeführt, der auch für Nichtmediziner wie mich im Großen und Ganzen verständlich geschrieben war. Es wurden insgesamt 45 Laborwerte bestimmt, der Befundbericht umfasste 16 Seiten. Bei den überprüften Werten handelte es sich in erster Linie um den Gehalt an Makro- und Mikronährstoffen im Blut. Von der Ausführlichkeit des Berichts war ich beeindruckt, und nachdem ich die Zusammenhänge – zwar nicht im Detail, aber im Großen und Ganzen – nachvollziehen konnte, kam in mir die Neugierde auf, mich näher mit der Materie zu beschäftigen. Hierfür nahm ich den Befund als Grundlage und arbeitete mich nach und nach in die Thematik ein.

Wahrscheinlich hast du schon des Öfteren gehört oder gelesen, dass Makro- und Mikronährstoffe für deine Gesundheit wichtig sind. Aber du fragst dich, was sich konkret hinter diesen beiden Begriffen verbirgt? Das habe ich mich damals auch gefragt und gebe dir gerne die Antworten, die ich dazu gefunden habe.

Die in der Nahrung enthaltenen Nährstoffe werden in Makro- und Mikronährstoffe unterteilt. Es sind Bausteine, die unseren Körper am Leben erhalten. Weil unser Körper nicht alle davon selbst herstellen kann, müssen sie über die Nahrung aufgenommen werden. Jeder von uns hat einen individuellen Bedarf an Makro- und Mikronährstoffen. Der Bedarf hängt unter anderem davon ab, wie aktiv wir über den Tag oder wie jung oder alt wir sind. Darüber hinaus spielt unser Körperbau, unser Geschlecht und auch unsere genetische Ausstattung eine signifikante Rolle hinsichtlich unseres Nährstoffbedarfs.

MAKRONÄHRSTOFFE

Die Makronährstoffe sind die Grundbausteine unserer Ernährung. Die Bezeichnung „Makro" stammt aus dem Griechischen und bedeutet „groß". Da sie der Hauptbestandteil unserer Nahrung sind, benötigen wir von ihnen große Mengen. Die Makronährstoffe werden im Verdauungstrakt unseres Körpers in ihre Einzelteile aufgespalten und gelangen anschließend über das Blut zu den Körperzellen. Sie sind relevant für verschiedene Körperfunktionen wie zum Beispiel die Energiegewinnung oder den Aufbau unserer Zellen. Zu den Makronährstoffen zählen Kohlenhydrate, Proteine, die auch als Eiweiße bezeichnet werden, und Fette.

KOHLENHYDRATE

Zur ersten Gruppe der Makronähstoffe zählen die Kohlenhydrate. Sie sind relevant für verschiedene Körperfunktionen wie zum Beispiel die Energiegewinnung. Kohlenhydrate bestehen aus Zuckermolekülen und bilden unterschiedlich lange Ketten. Eine Einteilung erfolgt danach, wie viele dieser Zuckermoleküle miteinander verknüpft sind.

Es wird unterschieden zwischen Einfach-, Zweifach-, Mehrfach- und Vielfachzucker. Einfachzucker (auch als Monosaccharide bezeichnet) bestehen aus einem einzigen Zuckermolekül. Dazu zählen der Traubenzucker (Glukose) und der Fruchtzucker (Fruktose). Zweifachzucker (Disaccharide) setzen sich aus zwei miteinander verknüpften Zuckermolekülen zusammen. Hierzu gehören der Milchzucker (Laktose) und der Haushaltszucker (Saccharose). Bis zu zehn miteinander verknüpfte Zuckermoleküle werden als Mehrfachzucker (Oligosaccharide) bezeichnet. Als Beispiel für diesen Typ von Zucker sei die in Hülsenfrüchten, Zuckerrüben und Zuckerrohr vorkommende Raffinose genannt. Komplettiert wird diese Auflistung durch die Vielfachzucker. Sie bestehen aus sehr vielen, bis zu mehreren Tausend zu Ketten miteinander verknüpften Zuckermolekülen. Beispiele für Mehrfachzucker sind pflanzliche und tierische Stärke oder Cellulose.[39]

---

39 Stärke ist eine pflanzenbasierte Kohlenhydratquelle, die zum Beispiel in Kartoffeln, Mais und Weizen vorkommt.

Einfache Kohlenhydrate, zu denen die Einfachzucker gehören, sind kurzkettig, werden zügig vom Blut aufgenommen und liefern uns schnell Energie. Der Nachteil ist, dass ihr Verzehr zu einem schnelleren Anstieg und Abfall des Blutzuckerspiegels führt, wodurch sie uns nicht lange satt halten.[40] Eine nächste Heißhungerattacke ist somit häufig vorprogrammiert. Zudem bevorzugen die Zellen bei einem hohen Blutzuckerspiegel Glukose zur Energiegewinnung, während die Fette am Bauch und den Hüften unangetastet bleiben. Im Gegensatz zu einfachen Kohlenhydraten sind komplexe Kohlenhydrate langkettig, benötigen mehr Zeit zur Verdauung und halten uns daher länger satt. Zudem enthalten sie wertvolle Ballaststoffe, die das Verdauungssystem unterstützen.

Zu den Nahrungsmitteln mit einfachen Kohlenhydraten, die umgangssprachlich auch als „schlechte" oder „leere" Kohlenhydrate bezeichnet werden und die wir nur in geringem Maße zu uns nehmen oder meiden sollten, gehören beispielsweise:

Zucker: insbesondere Haushaltszucker, Traubenzucker, aber auch Honig und Sirup;

Weißmehl-Produkte: zum Beispiel Weißbrot, Nudeln;

Obst: Obst enthält zwar Vitamine, Mineralstoffe und Ballaststoffe, aber leider auch viel Fruchtzucker;

Gezuckerte Getränke: Limonade und Fruchtsäfte;

Fruchtjoghurts: Die überwiegende Zahl enthält zu viel Zucker;

Süßigkeiten: beispielsweise Schokolade, Bonbons, Gummibärchen, Eiscreme;

Fertigprodukte: Sind zu meiden wegen in der Regel höherer Mengen an Zucker, Fetten, insbesondere gesättigte Fettsäuren, Salz und Zusatzstoffen, die für gleichbleibenden Geschmack, Konsistenz und lange Haltbarkeit sorgen sollen.

---

40 Der Blutzuckerspiegel gibt an, wie viel Zucker (Glukose) sich im Blut befindet. Ein normaler, nüchterner Blutzuckerspiegel liegt laut aktuellen Literaturempfehlungen zwischen 70 und 100 mg/dl. Neben dem Blutzuckerspiegel spielt auch der HbA1c-Wert, auch als Langzeitzucker bekannt, eine wichtige Rolle. Er zeigt den durchschnittlichen Blutzuckerspiegel der letzten 2–3 Monate an. Der Referenzbereich liegt zwischen 4,5 und 5,7 Prozent.

Abbildung 1: Ernährungspyramide (traditionelle Nahrungsverteilung)

Die komplexen Kohlenhydrate, die umgangssprachlich auch als „gute" oder „hochwertige" Kohlenhydrate bezeichnet werden, sollten wir den einfachen Kohlenhydraten vorziehen. Enthalten sind sie zum Beispiel in:

Gemüse: Mais, Möhren;
Hülsenfrüchten: Bohnen, Erbsen, Linsen;
Kartoffeln: (Süß-)Kartoffeln;
Vollkorn-Produkten: Vollkornbrot, -nudeln;
Hafer: Haferflocken;
Naturreis: Im Gegensatz zum weißen Reis hat er noch seine äußere Schale, die reich an Nähr- und Ballaststoffen ist.

Die oben aufgeführten Nahrungsmittel sind Teil einer Vollwerternährung, die frische, unverarbeitete Lebensmittel sowie Vollkornprodukte in den Mittelpunkt stellt. Besonderes die in Vollkornprodukten enthaltenen Ballaststoffe sind wichtig für eine gesunde Verdauung, halten lange satt und unterstützen die Regulierung des Blutzuckerspiegels. Die obige Ernährungspyramide zeigt die traditionelle Nahrungsverteilung, die bis heute oft Anwendung findet.

Sie basiert auf Kohlenhydraten, gefolgt von Obst und Gemüse, tierischen Milchprodukten, Fleisch, Fetten und schließlich Zucker und Alkohol.

Abbildung 2: Ernährungspyramide (zeitgemäße Nahrungsverteilung)

Im Gegensatz zum traditionellen Modell, bei dem Kohlenhydrate die Grundlage bildeten, spiegelt die obige Ernährungspyramide die neuesten wissenschaftlichen Erkenntnisse wider. Sie setzt Wasser als Fundament und legt anschließend den Schwerpunkt auf eine ausgewogene Verteilung von Gemüse und Obst im Verhältnis drei zu zwei, gefolgt von Hülsenfrüchten, Vollkornprodukten, pflanzlichen Proteinen und Fetten. Ungesättigte Fette sollten gesättigten Fetten vorgezogen und in angemessener Menge in die Ernährung integriert werden. Tierische Produkte wie Milch und Fleisch sind in moderaten Mengen zu konsumieren und Zucker sowie Alkohol auf ein Minimum zu reduzieren. Diese Ernahrungspyramide fordert eine ausgewogene Ernährung, unterstützt unsere Gesundheit und minimiert das Risiko chronischer Krankheiten.[41]

Bei der Ernährung sollte möglichst auf Bio-Lebensmittel zurückgegriffen werden, da sie zunehmend an Bedeutung gewinnen und als gesündere Alternative zu herkömmlichen Lebensmitteln gelten. Innerhalb des Bio-Sektors gibt es jedoch Unterschiede in den Stan-

---

41 Abbildung 1 und 2 sind Teil der Sendung „Die Gesundmacher: Die Diäten-Challenge – Vollwert, Low Carb und Intervallfasten im Vergleich" des Hessischen Rundfunks.

dards und Praktiken. So unterliegen EU-Bio-Produkte Vorschriften, die beispielsweise den Einsatz von synthetischen Pestiziden einschränken – aber nicht vollständig ausschließen. Organisationen wie Bioland und Demeter setzen strengere Standards, die oft über die EU-Vorgaben hinausgehen. Ihre Bio-Produkte werden ohne den Einsatz synthetischer Pestizide und Kunstdünger angebaut. Dies hat zur Folge, dass sich in den Lebensmitteln weniger Rückstände von Chemikalien befinden und somit das Risiko von gesundheitlichen Problemen sinkt. Des Weiteren wird bei der Produktion von Bio-Lebensmitteln auf den Einsatz von Hormonen und Antibiotika in der Tierhaltung verzichtet, was zu einer höheren Fleischqualität führt und zudem Antibiotikaresistenzen beim Menschen vermieden werden.

Ein weiterer Vorteil von Bio-Lebensmitteln ist der höhere Gehalt an bestimmten Nährstoffen. Anhand von Studien wurde gezeigt, dass biologisch angebautes Gemüse und Obst in der Regel eine höhere Konzentration an Antioxidantien, Mineralstoffen und Vitaminen im Verhältnis zu herkömmlich angebauten Produkten aufweisen.[42] Diese Nährstoffe sind essenziell für unsere Gesundheit und wirken sich zum einen positiv auf unser Immunsystem aus, zum anderen sorgen sie dafür, dass Entzündungen reduziert und das Risiko chronischer Erkrankungen verringert wird.[43]

Obwohl Bio-Lebensmittel in der Regel teurer als herkömmliche Lebensmittel sind, rechtfertigt aus meiner Sicht der höhere Preis die gesundheitlichen und ökologischen Vorteile. Wer es sich finanziell leisten kann, Wert auf eine gesunde Ernährung legt und zudem auch zum Erhalt unserer Umwelt beitragen möchte, für den sind Bioprodukte auf jeden Fall eine sinnvolle Alternative.

---

42 Antioxidantien sind Substanzen, die unsere Zellen vor oxidativem Stress und freien Radikalen schützen. Die freien Radikale sind instabile und hochreaktive Moleküle, die bei Stoffwechselprozessen entstehen, Schäden an unseren Zellen verursachen können und dadurch den Alterungsprozess beschleunigen. Sie entstehen zum Beispiel durch Umweltgifte, Smog, Ozon, Tabakrauch und Sauerstoffmangel.

43 In der Biologie und der Medizin wird „essenziell" in der Regel verwendet, um Nährstoffe zu beschreiben, die der Körper nicht selbst herstellen kann und die deshalb über die Nahrung aufgenommen werden müssen.

FETTE

Zur zweiten Gruppe der Makronährstoffe zählen die Fette und fetten Öle, auch Lipide genannt. Sie sind eine essenzielle Gruppe von Makronährstoffen, die eine Vielzahl wichtiger Funktionen im menschlichen Körper erfüllen. Darüber hinaus bilden die Fette unsere größten Fettspeicher. Fett, welches nicht benötigt wird, wird in den Fettzellen eingelagert. Auch Proteine und Kohlenhydrate können, sofern vom Körper eine Umwandlung in Fett vorgenommen wird, eingespeichert werden.

Benötigt der Körper Energie, bedient er sich der Fettspeicher. Trotz ihres manchmal negativen Rufs sind Fette für unsere Gesundheit und unser Wohlbefinden unverzichtbar. Sie liefern eine konzentrierte Energiequelle, unterstützen die Aufnahme fettlöslicher Vitamine, bieten Isolation gegen Kälte und sind entscheidend für viele physiologische Prozesse.

Fette und Öle bestehen aus Fettsäuren und dem dreiwertigen Alkohol Glycerin. In jedem Fettmolekül sind drei Fettsäuren mit einem Glycerinmolekül chemisch verbunden, weshalb auch von Triglyceriden gesprochen wird.[44] Die Fettsäuren in der Nahrung werden nach ihrem Sättigungsgrad in gesättigte sowie einfach und mehrfach ungesättigte Fettsäuren unterteilt. Einfach ungesättigte Fettsäuren besitzen eine Doppelbindung zwischen zwei Kohlenstoffatomen, während mehrfach ungesättigte Fettsäuren mehrere Doppelverbindungen aufweisen.

Vor allem in Fetten tierischer Lebensmittel, wie zum Beispiel Fleisch, Wurst und Butter, sowie in Kokos- und Palmkernfett kommen gesättigte Fettsäuren vor. Ein hoher Konsum gesättigter Fette begünstigt das Risiko für Bluthochdruck, Gefäß-, Darm-, Krebs- und

---

44   Erhöhte Triglyceride sind mit einem erhöhten Risiko für Herz-Kreislauf-Erkrankungen wie Herzinfarkt und Schlaganfall verbunden. Hohe Triglyceride können zur Arteriosklerose führen und dadurch arterielle Blutgefäße verengen oder verstopfen. Der Wert sollte idealerweise unter 100 mg/dl liegen. Ein Wert von 50 mg/dl wird als Hinweis auf eine „vorbildliche, fettarme Ernährung" angesehen.

Herz-Kreislauf-Erkrankungen, einen Anstieg des Cholesterinspiegels sowie Diabetes mellitus.[45] Einfach ungesättigte Fettsäuren kommen zum größten Teil in Pflanzenöl wie beispielsweise Olivenöl, aber auch in Avocados und Nüssen vor. Sie sind mit positiven Effekten auf die Herzgesundheit verbunden. Zur Kategorie der mehrfach ungesättigten Fettsäuren gehören die „gute" Alpha-Linolensäure (Teil der Gruppe der Omega-3-Fettsäuren) und die „schlechte" Linolsäure (eine Omega-6-Fettsäure), die beispielsweise in Leinsamen, Walnüssen und Sonnenblumenöl vorkommen. Sonnenblumenöl sollte aber nur sehr begrenzt verwendet werden, da der Anteil an Omega-6-Fettsäuren in diesem Öl um ein Vielfaches höher ist als der der Omega-3-Fettsäuren. Im Unterschied zu gesättigten und einfach ungesättigten Fettsäuren sind die mehrfach ungesättigten Fettsäuren essenziell, da der menschliche Organismus nicht in der Lage ist, Omega-3- und Omega-6-Fettsäuren selbst zu erzeugen und sie bei der Entzündungsregulation und für die Gehirnfunktion von großer Bedeutung sind.

Neben den oben aufgeführten Fettsäuren gibt es noch Transfettsäuren, eine Gruppe ungesättigter Fettsäuren, die eine andere Struktur an der Doppelbindung aufweisen. Sie sind insbesondere in verarbeiteten Lebensmitteln enthalten und entstehen durch die industrielle Hydrierung von Pflanzenölen.[46] Transfette, die das Risiko von Herzkrankheiten erhöhen, sollten vermieden werden.

Die Deutsche Gesellschaft für Ernährung (DGE) empfiehlt eine tägliche Energiezufuhr aus Fetten in Höhe von rund 30 Prozent. Der Schwerpunkt solle auf ungesättigten Fetten liegen, insbesondere auf Omega-3-Fettsäuren, die zahlreiche gesundheitliche Vorteile bieten. In diesem Zusammenhang sei erwähnt, dass unser Gehirn besser

---

45 Diabetes mellitus, auch als Zuckerkrankheit bekannt, ist eine chronische Stoffwechselerkrankung. In Deutschland leben rund 11 Millionen Menschen mit Diabetes, Tendenz steigend. Der überwiegende Teil, etwa 95 Prozent, haben Diabetes Typ 2, der auch als Alterszucker bezeichnet wird. Der Grund für die Stoffwechselstörung ist eine mangelnde Wirkung des Hormons Insulin auf die Körperzellen.

46 In der Lebensmittelindustrie wird die Hydrierung eingesetzt, um flüssige pflanzliche Öle in feste oder halbfeste Fette umzuwandeln.

funktioniert, wenn es reichlich auf Omega-3-Fettsäuren zurückgreifen kann. Sie unterstützen die Signalübertragung der Neuronen und wirken sich somit positiv auf unsere Hirnfunktion aus.[47] Studien haben gezeigt, dass Menschen, die unter Depressionen leiden, in der Regel einen Omega-3-Mangel haben und die Signalfunktion der Neuronen nur noch eingeschränkt funktioniert. Wird die Reizübertragung mit Omega-3-Fettsäuren unterstützt, kann das die Stimmung aufhellen und Depressionssymptome lindern und im Idealfall beseitigen oder erst gar nicht entstehen lassen.

Die Auswahl der richtigen Art von Fetten und deren Verzehr in angemessenen Mengen kann somit helfen, das Risiko von Krankheiten zu senken und das allgemeine Wohlbefinden zu fördern. Eine ausgewogene Ernährung, die reich an ungesättigten Fetten und arm an gesättigten Fetten und Transfetten ist, ist positiv für unsere Gesundheit. Dabei sollte das Verhältnis zwischen Omega-6- und Omega-3-Fettsäuren höchstens 4:1, im Idealfall 1:1 betragen. Je kleiner dieses Verhältnis ist, desto besser. Das Omega-6-/Omega-3-Verhältnis der deutschen Bevölkerung liegt laut der Deutschen Gesellschaft für Ernährung im Durchschnitt bei 15 zu 1. Die Japaner oder Inuit, die viel Fisch essen, weisen in der Regel ein gutes Omega-6-/Omega-3-Verhältnis auf. Eine Möglichkeit, sich einen Eindruck über seinen Fettsäurestatus zu verschaffen, ist der sogenannte Omega-3-Index. Er gibt den Anteil der Omega-3-Fettsäuren Eicosapentaensäure und Docosahexaensäure am Gesamtfettsäuregehalt des Blutes an und sollte mindestens einen Wert von acht Prozent aufweisen. Veganer haben oft einen recht niedrigen Omega-3-Index, der zwischen drei und vier Prozent beträgt. Eine gezielte Zufuhr von Omega-3-Fetten, ob über die Nahrung und/oder über Nahrungsergänzungsmittel, ist in diesem Fall zu empfehlen.

---

47 Neuronen, die auch als Nervenzellen bezeichnet werden, sind die grundlegenden Bausteine unseres Nervensystems. Ihre Aufgabe ist es, Informationen durch chemische und elektrische Signale im Körper zu übertragen.

PROTEINE

Zur dritten und letzten Gruppe der Makronährstoffe gehören Proteine, die auch als Eiweiße bezeichnet werden. Sie sind wichtige Grundbausteine für unsere Zellen im Körper. Der Name Protein wird aus dem griechischen Wort „protos" abgeleitet. Es bedeutet „das Erste, das Wichtigste" und verdeutlicht, dass Proteine für unseren Körper sehr essentiell sind. Die Bausteine der Proteine, die Aminosäuren, werden in einem Proteinmolekül zu langen Ketten verknüpft. Obwohl die Aminosäuren die Bausteine von Proteinen sind, gehören sie nicht zu den Makronährstoffen im klassischen Sinn, sondern zu den Mikronährstoffen, da sie zwar bedeutende, aber keine energieliefernden Nährstoffe darstellen. Entsprechend wird auf sie näher bei den Mikronährstoffen eingegangen.

Proteine besitzen eine Vielzahl wichtiger Funktionen in unserem Körper. So unterstützen sie zum Beispiel den Muskelaufbau, sind in Form von Antikörpern für die Aufrechterhaltung unseres Immunsystems und als Hormone oder Enzyme für die Regulation von Stoffwechselprozessen zuständig. Proteine spielen aber auch als Energiequelle eine bedeutende Rolle, insbesondere dann, wenn nicht genügend Energie, zum Beispiel in Form von Kohlenhydraten, vorhanden ist. Auch wenn die positiven Eigenschaften von Proteinen überwiegen, sei erwähnt, dass eine übermäßige Zufuhr von tierischen Proteinen mit einem erhöhten Risiko für Herz-Kreislauf-Erkrankungen einhergeht oder auch zu Nierenproblemen führen kann. Entsprechend sollte auf eine ausgewogene Ernährung geachtet werden, die einen größeren Anteil an pflanzlichen Proteinen enthält.

Unser Körper besteht – je nach Alter – im Durchschnitt zu 7 bis 13 Kilogramm aus Proteinen. Die tägliche Proteinzufuhr ist nicht nur vom Alter, sondern auch vom Geschlecht und spezifischen Lebenssituationen abhängig. Die Deutsche Gesellschaft für Ernährung empfiehlt für Frauen und Männer mit Normalgewicht eine tägliche Proteinzufuhr von 0,8 Gramm pro Kilogramm Körpergewicht, um ausreichend mit Eiweiß versorgt zu sein. Für eine Person mit einem Körpergewicht von 75 Kilogramm entspricht dies etwa 60 Gramm Protein pro Tag. Bei Jugendlichen, Schwangeren, Stillenden, Menschen im fortgeschrittenen Alter und Sportlern wird eine höhere Proteinzufuhr empfohlen. Je nach Personengruppe beträgt diese zwischen 0,9 und 2 Gramm pro Kilogramm Körpergewicht. Eine Einnahme direkt vor dem Sport oder gleich danach wirkt sich zudem positiv auf den Aufbau unserer Muskulatur aus.

Um festzustellen, ob wir mit Proteinen gut versorgt sind, wird in der Regel das Gesamteiweiß im Blut gemessen. Es gibt an, wie viel Protein insgesamt im Blut vorhanden ist. Das Gesamteiweiß umfasst jedoch nicht die Bestimmung der einzelnen Aminosäuren. Zu den Aminosäuren zählen beispielsweise Lysin, Methionin und Tryptophan. Zusätzlich ist es sinnvoll, auch deren Werte im Blut zu messen, um genauere Informationen über die Aminosäureversorgung zu erhalten. Bevor sich der Wert des Gesamteiweißes erhöht, muss zuerst das Proteindefizit in den Muskeln, den Knochen und im Blut ausgeglichen werden. Dieser Prozess kann sich, wie in meinem Fall, über Monate oder auch Jahre hinziehen, wenn das Defizit hoch ist.

In welchen Lebensmitteln findest du viel Protein?
Lebensmittel, die reich an Protein (Eiweiß) sind, sind vielfältig und umfassen sowohl tierische als auch pflanzliche Quellen. Bisher gibt es keinen eindeutigen Nachweis, dass tierische Proteine pflanzlichen überlegen sind. Im Gegenteil, ein hoherer Anteil an pflanzlichen Proteinen wird sogar als vorteilhaft angesehen, da er mit einer höheren Ballaststoff- und Vitaminzufuhr sowie einem geringeren Gehalt an gesättigten Fettsäuren verbunden ist. Tierische Proteine haben oft eine höhere biologische Wertigkeit, während pflanzliche Proteine tendenziell niedriger bewertet werden. Die biologische Wertigkeit eines Proteins zeigt an, wie gut das Protein in unserem Körper zur Synthese von körpereigenem Protein verwendet wird. Ein höherer Wert bedeutet, dass das Protein besser zur Erzeugung von Körperproteinen geeignet ist.
Trotzdem ist es nicht nur die Wertigkeit, sondern auch die Menge

des aufgenommenen Proteins, die entscheidend für die tägliche Proteinzufuhr ist.[48]

Zu den tierische Proteinquellen zählen zum Beispiel:

Fleisch: Hühnchen, Pute, Rindfleisch, Schweinefleisch;
Fisch und Meeresfrüchte: Lachs, Thunfisch, Shrimps;
Milchprodukte: Milch, Joghurt, (Hütten-)Käse;
Eier.

Pflanzliche Proteinquellen findest du beispielsweise in:

Hülsenfrüchten: Bohnen, Erbsen, Linsen;
Nüssen und Samen: Mandeln, Walnüsse, Chiasamen;
Getreideprodukten: Haferflocken, Quinoa;
Sojaprodukten: Sojabohnen, Tofu, Tempeh;
Gemüse: Brokkoli, Spinat.

Durch die Kombination proteinhaltiger Lebensmittel schaffen wir die Grundlage für eine ausreichende Proteinzufuhr. Ob tierische und pflanzliche Quellen bevorzugt werden, ist im wahrsten Sinne des Wortes Geschmackssache. Da es herausfordernder ist, mit pflanzlichen Quellen ausreichende Mengen an Protein zu erreichen, sollten insbesondere Vegetarier und Veganer ihren Eiweißspiegel regelmäßig überprüfen lassen. Wissenschaftliche Studien zeigen, dass diese Personengruppe nicht selten einen zu niedrigen Eiweißspiegel aufweist.

Nachdem wir uns einen Überblick über die Makronährstoffe verschafft haben, werden wir im nächsten Abschnitt einen Fokus auf die Mikronährstoffe legen.

---

48 Die biologische Wertigkeit von Proteinen aus Eiern wird mit 100 Einheiten angegeben. Im Vergleich weist das Protein aus Soja eine biologische Wertigkeit von etwa 80 Einheiten aus. Eine weitere Methode zur Bewertung der Proteinqualität ist der Protein Digestibility-Corrected Amino Acid Score (PDCAAS). Dieser Wert berücksichtigt sowohl die Menge als auch die Qualität der Aminosäuren eines Proteins sowie die Fähigkeit des Körpers, es zu verdauen und aufzunehmen. Die biologische Wertigkeit unterscheidet sich von der Bioverfügbarkeit, die angibt, wie viel von einem Nährstoff, in diesem Fall Protein, tatsächlich vom Körper aufgenommen und genutzt werden kann. Die Bioverfügbarkeit bezieht sich somit auf die Menge des Nährstoffs, die nach der Verdauung in den Blutkreislauf gelangt und dem Körper zur Verfügung steht.

MIKRONÄHRSTOFFE

Im Gegensatz zu den Makronährstoffen zählen zu den Mikronährstoffen Vitamine, Mineralstoffe und Aminosäuren. Wie schon erwähnt, werden in der Literatur zum Teil auch Fettsäuren den Mikronährstoffen zugeordnet. Da die Fettsäuren ein Baustein der Fette sind, wurde auf sie bei den Makronährstoffen näher eingegangen. Auch wenn Aminosäuren die Bausteine der Proteine sind, werden sie nicht als Makronährstoffe bezeichnet, da sie nicht als primäre Energiequelle dienen und auch nicht in großen Mengen zur Verfügung stehen müssen, wie es bei Kohlenhydraten, Fetten und Proteinen der Fall ist. Entsprechend wird auf sie in diesem Absatz näher eingegangen.

Mikronährstoffe werden auch als Vitalstoffe bezeichnet. Das Wort „mikros" stammt aus dem Griechischen und bedeutet „klein". Die Bezeichnung Mikronährstoffe könnte suggerieren, dass sie wegen des Wortbestandteils „Mikro" nicht so relevant sind. Das ist aber ein Trugschluss. Ihre Bedeutung ist nach den Kenntnissen, die die Wissenschaft über sie in den letzten Jahren gewonnen hat, nicht zu unterschätzen. Ihr positiver Einfluss auf die Gesundheit und das Wohlbefinden ist heutzutage in Fachkreisen unbestritten.

Der Bereich der Medizin, der sich intensiv mit den Mikronährstoffen beschäftigt, ist die Orthomolekulare Medizin oder Orthomolekularmedizin. Dabei handelt es sich um eine alternativmedizinische Methode, die maßgeblich von Linus Pauling mit beeinflusst wurde. Im Mittelpunkt steht die Verwendung von Mikronährstoffen zur Vermeidung und – falls vorhanden – Behandlung von Krankheiten.[49] Mikronährstoffe sind Stoffe, die der Körper über seinen Stoffwechsel in den meisten Fällen nicht selbst synthetisieren kann und die deshalb mit der Nahrung aufgenommen werden müssen.[50] Es wird in

---

49 Linus Pauling (1901–1994) war ein US-amerikanischer Chemiker, der 1954 den Nobelpreis für Chemie und 1963 den Friedensnobelpreis für sein großes Engagement gegen Atomwaffentests erhielt.

50 Der Stoffwechsel, auch Metabolismus genannt, umfasst alle chemischen Prozesse im Körper, die zur Umwandlung von Nährstoffen beitragen. Er besteht aus zwei zentralen Prozessen: dem Katabolismus, bei dem große Moleküle in kleinere zerlegt werden und in Energie freigesetzt wird, und dem Anabolismus, bei dem kleinere Moleküle zu größeren Strukturen aufgebaut werden, die für Wachstum und Reparatur notwendig sind.

diesem Zusammenhang auch von essenziellen Nährstoffen gesprochen. Essenziell deshalb, weil ein Mensch bei dem Nichtvorhandensein eines dieser Stoffe nicht überlebensfähig wäre. Die Mikronährstoffe liefern, im Gegensatz zu Makronährstoffen, nicht direkt Energie. Sie sind für viele andere Funktionen des Körpers zuständig – zum Beispiel für das Zellwachstum und die Erneuerung der Knochen, Muskulatur, Haut und Blutkörperchen.

Mikronährstoffe, wie das Spurenelement Selen, können eine antioxidative Wirkung entfalten. Sind Mikronährstoffe – wie zum Teil auch Makronährstoffe – nicht in ausreichender Menge vorhanden, kommt es zu Mangelerscheinungen. Diese Mangelerscheinungen können unser Immunsystem, die biologische Abwehr unseres Organismus, das uns vor Bakterien und Viren schützt, schwächen.

VITAMINE

Vitamine sind organische Verbindungen, die in kleinen Mengen für eine Vielzahl von lebenswichtigen Funktionen im Körper benötigt werden. Sie gehören zu den Mikronährstoffen, da sie nur in geringen Mengen erforderlich sind. Trotz dieser geringen Mengen sind Vitamine unerlässlich für das reibungslose Funktionieren unseres Körpers. Es gibt 13 essenzielle Vitamine, die nach ihren chemischen Eigenschaften in wasserlösliche und fettlösliche Vitamine unterteilt sind.

Die B-Vitamine und das Vitamin C werden den wasserlöslichen Vitaminen zugeordnet. Zu den B-Vitaminen gehören Thiamin (Vitamin B1), Riboflavin (B2), Niacin (B3), Pantothensäure (B5), Pyridoxin (B6), Biotin (B7), Folat (B9 oder Folsäure) und Cobalamin (B12). Wasserlösliche Vitamine sind die Vitamine, die sich aufgrund ihrer Molekülstruktur in Wasser lösen und für zahlreiche lebenswichtige Funktionen in unserem Körper wichtig sind. Da sie nicht langfristig gespeichert werden können, ist eine regelmäßige Aufnahme über die Nahrung erforderlich.

Das Vitamin B1 ist relevant für den Energiestoffwechsel und die Funktion des Nervensystems. Das Vitamin B2 ist förderlich zum Erhalt der Haut und der Schleimhäute und unterstützt auch den Energiestoffwechsel. Ebenfalls am Energiestoffwechsel beteiligt ist das Vitamin B3. Es ist zudem wichtig für die DNA-Reparatur.[51] Das Vitamin B5 ist erforderlich für die Synthese von Coenzym A, welches relevant für den Stoffwechsel der Makronährstoffe ist. Beteiligt an der Synthese von Fettsäuren und dem Abbau von Aminosäuren ist das Vitamin B7, das auch als Vitamin H bezeichnet wird. Das Vitamin B9, auch als Folsäure bekannt, ist erforderlich für die Zellteilung und die Bildung der roten Blutkörperchen. Auch das Vitamin B12 ist notwendig für die Bildung der roten Blutkörperchen. Darüber hinaus ist es für die Aufrechterhaltung des Nervensystems bedeutend.

Zu den wasserlöslichen Vitaminen gehört neben den B-Vitaminen das Vitamin C, bekannt als Ascorbinsäure, das als starkes Antioxidans wirkt. Zum einen ist es förderlich für das Immunsystem und unterstützt die Aufnahme von Eisen. Zum anderen spielt es eine wichtige Rolle bei der Kollagensynthese.[52]

Zu den fettlöslichen Vitaminen zählen die Vitamine A, D, E und K (K1 und K2). Vitamin A unterstützt das Immunsystem und fördert die Sehkraft, das Zellwachstum und die Zellteilung. Das kommt insbesondere der Entwicklung und Aufrechterhaltung der Zähne, Knochen, Haut und Schleimhäute zugute. Vitamin E wirkt als Antioxidans und schützt die Zellen vor freien Radikalen. Darüber hinaus unterstützt Vitamin E das Immunsystem, indem es zur Förderung der Immunzellen beiträgt und Entzündungen entgegenwirkt. Bei dem Vitamin K werden zwei Hauptformen unterschieden. Zum einem das Vitamin K1 (Phyllochinon), das wichtig für die Blutgerinnung ist, zum anderen das Vitamin K2 (Menachinon), welches einen Einfluss auf die Gesundheit unserer Knochen hat, indem es an der Regulation des Kalzium-Stoffwechsels beteiligt ist. Auf alle Vitamine im Detail einzugehen, würde den Rahmen dieses Kapitels sprengen.

---

51 DNA steht für Desoxyribonukleinsäure. Sie ist das Molekül, das die genetischen Informationen für die Entwicklung, das Wachstum, die Funktion und die Reproduktion in unseren Zellen trägt. DNA fungiert wie ein Bauplan für alle Zellen unseres Körpers und bestimmt, wie wir aussehen und wie unser Körper funktioniert.

52 Bei der Kollagensynthese handelt es sich um einen Prozess, bei dem der Körper Kollagen produziert. Kollagene sind faserbildende Struktur-Proteine, die zum Beispiel der Haut, den Muskeln, Gelenken und Knochen Halt geben.

Aber nachdem das Vitamin D, das in engeren Sinn ein Hormon ist, in den letzten Jahren mehr Aufmerksamkeit erhalten hat und weil bei einem nicht unwesentlichen Teil der Bevölkerung ein Vitamin-D-Mangel vorherrscht, möchte ich darauf im Folgenden näher eingehen.

Das Vitamin D, das umgangssprachlich auch als „Sonnenschein-Vitamin" bezeichnet wird, spielt eine bedeutende Rolle bei der Erhaltung unserer Gesundheit. Im Gegensatz zu den anderen Vitaminen, die als essenzielle Stoffe über die Nahrung aufgenommen werden müssen, ist eine Aufnahme von Vitamin D sowohl über die Nahrung als auch durch das Einwirken von UV-B-Strahlung des Sonnenlichts über die Haut möglich. Vitamin D ist für unseren Körper in vielfältiger Weise nützlich. Eine der bekanntesten Funktionen ist die Stärkung der Knochen sowie Muskeln. Ein adäquater Vitamin-D-Spiegel reduziert somit das Risiko eines Sturzes, insbesondere bei älteren Menschen. Darüber hinaus spielt das Vitamin D eine entscheidende Rolle für das Immunsystem, indem es das Risiko von Infektionen, zum Beispiel Atemwegserkrankungen, verringern oder sogar verhindern kann. Beim Ausbruch von SARS-CoV-2, das die genaue wissenschaftliche Bezeichnung des Corona-Virus ist, führte die Infektion nur bei einem geringen Teil der Infizierten zu schweren Krankheitsverläufen oder zum Tod. Der Anteil derjenigen, die verstorben sind, betrug mit rund 183.000 Menschen rund 0, 22 Prozent der deutschen Bevölkerung, wobei die prozentualen Todesraten bei älteren Menschen signifikant höher als bei jüngeren Menschen lagen.[53] So tragisch jeder durch COVID-19 verursachte Todesfall auch ist, kann festgehalten werden, dass für den überwiegenden Teil der an COVID-19 erkrankten Menschen die Infektion eher harmlos verlaufen ist.

---

[53] Laut Statista betrug die Anzahl der Personen, die bis zum 15. Mai 2024 an COVID-19 verstorben sind, 183.155. Zum Vergleich: In Deutschland sterben laut Dr. Gernot Rücker, Notfall- und Suchtmediziner sowie einer der führenden Experten für Freizeitdrogenkonsum, jährlich über 70.000 Menschen an alkoholbedingten Krankheiten. Das Robert Koch-Institut schätzt, dass etwa 127.000 Menschen an den Folgen des Rauchens sterben. Damit übersteigen die jährlichen alkohol- und rauchbedingten Todesfälle die Gesamtzahl der durch COVID-19 verursachten Todesfälle seit Beginn der Pandemie im Jahr 2020 deutlich.

Zum einem wurde festgestellt, dass sowohl bei den schwer erkrankten als auch den verstorbenen Menschen ein Vitamin-D-Mangel, der zur Schwächung des Immunsystems beigetragen hat, nachgewiesen wurde. Zum andern deutete schon im Jahr 2021, also noch während der Coronà-Pandemie, viel darauf hin, dass ein durch das geschwächte Immunsystem ausgelöster Zytokinsturm und nicht das Virus an sich die Ursache für eine schwere und tödliche Corona-Infektion war. Es ist zu hinterfragen, ob es nicht auch schon zu dieser Zeit sinnvoller gewesen wäre, eine Herdenimmunität auf Basis einer immunologisch gesunden Bevölkerung, anstatt auf Basis von wiederholten Impfungen zu erzielen.[54] An dieser Stelle sei erwähnt, dass schon Mitte des Jahres 2020 ein Antrag mit dem Titel „Schwere Verlaufsformen bei Infektionen mit dem Coronavirus SARS-CoV-2 reduzieren — Vitamin-D-Mangel in der Bevölkerung beseitigen, Immunabwehr stärken" dem Bundestag zur Abstimmung vorlag. Die Umsetzung der in dem Antrag aufgeführten Maßnahmen hätten dazu beigetragen, Menschen vor schweren bis tödlichen COVID-19-Infektionen zu bewahren. Die Ablehnung des Antrags erfolgte mit den Stimmen der Fraktionen CDU/CSU, SPD, FDP, DIE LINKE und BÜNDNIS 90/GRÜNEN gegen die Stimmen der Fraktion der AfD.[55]

Ein leistungsfähiges Immunsystem schützt uns nicht nur vor Infektionen, sondern trägt auch dazu bei, Krebszellen zu erkennen und zu eliminieren. Neben der Stärkung der Knochen und einer Verbesserung des Immunsystems kann sich ein guter Vitamin-D-Wert positiv

---

54 Zytokine sind Proteine, die eine bedeutende Funktion in der Koordination der Immunabwehr spielen. Im Rahmen einer Immunreaktion werden Zytokine gebildet, um weitere Immunzellen zu aktivieren. Wenn diese Zytokine an den Ort gelangen, an dem sich die Entzündung befindet, entstehen weitere Zytokine. Auf diese Weise wird die Immunreaktion verstärkt. Bei einem Zytokinsturm werden Leukozyten in hohem Maße aktiviert, so dass es nicht zu einem automatischen Abklingen der Immunreaktion kommt. Unter normalen Umständen würde eine Reduzierung erfolgen, wenn das Antigen nicht mehr vorhanden ist. Ein Zytokinsturm führt dazu, dass Zytokine auch gesunde Organe angreifen und schädigen, was mitunter zu Organversagen führen kann. Dr. Michael Nehls geht in seinem Buch „Das Corona Syndrom" näher auf diese Thematik ein.

55 Der Antrag (Drucksache 19/20118) vom 17. Juni 2020 wurde von der Fraktion der AfD gestellt. Dr. Michael Nehls geht auf diesen Sachverhalt in seinem offenen Brief an das Bundesgesundheitsamt vom 1. November 2022 näher ein.

auf die Herz-Kreislauf-Gesundheit auswirken, indem er zur Reduktion des Bluthochdrucks und von Entzündungen beiträgt. Darüber hinaus wird Vitamin D im Rahmen der Prävention und Behandlung von Depressionen als hilfreich angesehen.

Obwohl Vitamin D für unsere Gesundheit und unser Wohlbefinden entscheidend ist, kann eine Überdosierung – wie auch bei anderen Nährstoffen – langfristig schädlich sein. Laut dem Robert-Koch-Institut sollte der Vitamin-D-Spiegel über 20 ng/ml oder über 50 nmol/l liegen. Ärzte, mit denen ich im Kontakt stehe, empfehlen jedoch einen Zielbereich von 50–60 ng/ml oder 125–150 nmol/l. Ein Wert im oberen Bereich wäre erstrebenswert. Zur Umrechnung von Nanogramm pro Milliliter auf Nanomol pro Liter kannst du den Wert in Nanogramm pro Milliliter mit 2,5 multiplizieren.

MINERALSTOFFE

Mineralstoffe werden in zwei Gruppen unterteilt. Zum einen handelt es sich um Mengenelemente, die auch als Makroelemente bekannt sind. Zum anderen um Spurenelemente, die auch als Mikroelemente klassifiziert werden.

Mengenelemente sind solche, von denen der Körper mehr als 50 Milligramm pro Kilogramm Körpergewicht benötigt. Mineralstoffe, von denen der Körper weniger als 50 Milligramm pro Kilogramm Körpergewicht gespeichert hat, gehören der Gruppe der Spurenelemente an. Somit werden als Spurenelemente all jene Mineralstoffe bezeichnet, die der Körper nur in sehr geringen Mengen benötigt, die aber dennoch wichtig für verschiedene biologische Funktionen sind.

Zu den Mengenelementen gehören Chlorid, Kalzium, Kalium, Magnesium, Natrium, Phosphor und Schwefel. Chlorid ist erforderlich für die Bildung von Magensäure und den Flüssigkeitshaushalt. Kalium und Natrium sind wichtig für die Regulation des Flüssigkeitshaushalts und die Funktion von Muskeln und Nerven. Für unsere Knochen und Zähne sowie die Muskel- und Nerventätigkeit ist Kalzium erforderlich. Magnesium, das vielen von uns als Mineralstoff geläufig ist, unterstützt den Energiestoffwechsel und die Muskelfunktion.

Für die Energiegewinnung wichtig ist Phosphor. Er ist außerdem Bestandteil unserer Knochen und Zähne. Schwefel ist ein wesentlicher Bestandteil von Aminosäuren wie Methionin und Cystein, die für den Aufbau von Proteinen erforderlich sind. Zudem ist Schwefel an der Bildung von Kollagen, das Faserbestandteil von Haut, Haaren und Nägeln ist, beteiligt. Auch bei der Entgiftung unseres Körpers spielt es eine Rolle.

Bei den Spurenelementen handelt es sich um Chrom, Fluor, Eisen, Jod, Kobalt, Kupfer, Lithium, Mangan, Molybdän, Selen und Zink.

Chrom unterstützt die Wirkung von Insulin und ist relevant für den Stoffwechsel von Kohlenhydraten und Fetten. Zur Stärkung unserer Zähne und zur Vorbeugung von Karies wird Fluor benötigt. Eisen, ein Hauptbestandteil von Hämoglobin, ist wichtig für den Sauerstofftransport im Blut. Obwohl seine Konzentration bei etwa 60 Milligramm pro Kilogramm Körpergewicht liegt, zählt es dennoch zu den Spurenelementen. Für die Produktion von Schilddrüsenhormonen, die den Stoffwechsel regulieren, ist Jod erforderlich. Kobalt ist als Bestandteil von Vitamin B12 relevant, das wiederum für die Blutbildung und die Funktion des Nervensystems von Bedeutung ist. Essenziell für die Bildung der roten Blutkörperchen, für das Immunsystem und die Eisenverwertung ist Kupfer. Die Rolle von Lithium als Spurenelement wird noch erforscht. Anwendung findet es in der Psychiatrie zur Behandlung von bipolaren Störungen.[56] Es hilft, die Stimmung zu stabilisieren und starke Stimmungsschwankungen zu reduzieren, die eine Ausprägung einer Manie (extreme Hochstimmung, Energie und Aktivität) bis hin zu einer Depression (extrem antriebslose und traurige Phasen) haben können. Mangan ist beteiligt an der Knochenbildung sowie am Stoffwechsel von Aminosäuren, Cholesterin und Kohlenhydraten. Molybdän spielt eine Rolle bei verschiedenen Enzymreaktionen in unserem Körper – insbesondere fördert es den Stoffwechsel von Proteinen und Schwefelverbindungen und trägt zur Entgiftung unseres Körpers bei.

---

56 Bipolare Störungen sind psychische Erkrankungen, die durch extreme Stimmungsschwankungen gekennzeichnet sind.

Selen unterstützt unser Immunsystem und schützt unsere Zellen vor Schäden durch freie Radikale. Für die Regulation unseres Immunsystems ist auch Zink erforderlich. Darüber hinaus spielt Zink bei Wundheilung, Zellwachstum und DNA-Synthese eine bedeutende Rolle.[57]

AMINOSÄUREN

Beim Menschen gibt es 20 Aminosäuren als Bausteine von Proteinen, die in essenzielle, semiessenzielle und nichtessenzielle Aminosäuren unterteilt werden. Aminosäuren sind wichtig für die Zellen unseres Körpers und spielen eine entscheidende Rolle in vielen biologischen Prozessen. Sie sind essenziell für das Zellwachstum, die Zellteilung und die Reparatur von Zellschäden. Darüber hinaus werden Aminosäuren zum Beispiel für den Aufbau von Knochen, Muskeln, Haut, Haaren, Bändern und Sehnen benötigt. Bei Bedarf können sie auch zur Energiegewinnung herangezogen werden. Für ein intaktes Immunsystem sind sie unerlässlich.

Die essenziellen (unentbehrlichen) Aminosäuren kann unser Körper, so wie Vitamine, nicht selbst herstellen. Eine Zuführung ist nur über die Ernährung möglich. Für Erwachsene sind neun der 20 Aminosäuren essenziell. Hierzu gehören Histidin, Isoleucin, Leucin, Lysin, Methionin, Phenylalanin, Threonin, Tryptophan und Valin. Die Aminosäure, die in der geringsten Menge zur Verfügung steht, bestimmt das Ausmaß der Syntheseleistung und ist somit der limitierende Faktor. Ist eine essenzielle Aminosäure nicht vorhanden, findet kein Eiweißaufbau statt.

Semiessenzielle (bedingt erforderliche) Aminosäuren sind solche, die der Körper unter normalen Umständen synthetisieren kann. In bestimmten Situationen wie Krankheit und Stress oder bei besonderen Entwicklungsphasen wie Wachstum und Genesung besteht je-

---

57 Bei der DNA-Synthese handelt es sich um einen Prozess, durch den neue DNA-Moleküle in Zellen hergestellt werden – entweder für das Wachstum, die Reparatur oder die Fortpflanzung. Die DNA-Moleküle an sich enthalten die genetischen Informationen unseres Körpers.

doch die Möglichkeit, dass die Produktion nicht ausreicht. Ist Letzteres der Fall, muss eine Aufnahme über die Nahrung erfolgen. Zu den semiessenziellen Aminosäuren gehören Arginin, Cystein, Glutamin und Tyrosin. Gelegentlich wird auch Taurin den semiessenziellen Aminosäuren zugeordnet. Es ist zwar auch eine organische Säure, aber keine Aminosäure. Sie wird oft als aminosäureähnliche Verbindung bezeichnet, da sie strukturell ähnlich ist und einige Funktionen von Aminosäuren teilt. Die semiessenziellen Aminosäuren können in den meisten Fällen vom Körper selbst synthetisiert werden. Unter bestimmten Umständen, zum Beispiel bei erhöhtem physiologischem Stress, bei Krankheiten oder während Entwicklungsphasen, reicht die Eigenproduktion jedoch nicht aus, so dass sie zusätzlich über die Nahrung aufgenommen werden müssen.

Nichtessenzielle Aminosäuren umfassen solche, die der Körper selbst synthetisieren kann und die daher nicht zwingend über die Nahrung zugeführt werden müssen. Diese Aminosäuren haben für unseren Körper hohe Bedeutung, da sie an zahlreichen biologischen Prozessen beteiligt sind, darunter dem Aufbau und der Reparatur von Geweben. Trotz ihrer Einstufung als nichtessenziell bleiben sie unverzichtbar für unsere Gesundheit und unser Wohlbefinden. Zu den nichtessenziellen Aminosäuen zählen Alanin, Asparagin, Asparaginsäure, Glutaminsäure, Glycin, Prolin und Serin.[58]

Wie die obigen Ausführungen zeigen, übernimmt jeder einzelne Nährstoff wichtige Funktionen in unserem Körper. Wenn Makro- und Mikronährstoffe im richtigen Verhältnis zugeführt werden, verbessern sich sowohl die Leistungsfähigkeit als auch das Wohlbefinden signifikant. Diese Erkenntnis steht im Einklang mit dem Minimumgesetz, das ursprünglich für das Wachstum von Pflanzen formuliert wurde und besagt, dass dieses durch die knappste Ressource (Nährstoffe wie Kohlenstoffdioxid, Wasser, Licht etc.) begrenzt wird.[59]

---

[58] In der medizinischen Literatur gilt Prolin in bestimmten Kontexten, wie in Zeiten von Stress, Krankheiten und erhöhter Belastung, als semiessenzielle Aminosäure.

[59] Das Minimumgesetz wurde von Carl Sprengel 1828 veröffentlich und von Justus von Liebig in erweiterter Form popularisiert.

In ähnlicher Weise haben die Biochemie und die Ernährungswissenschaft erkannt, dass nicht nur Pflanzen, sondern auch der menschliche Organismus eine ausgewogene Zufuhr von Vitalstoffen benötigt, um die biochemischen Prozesse optimal zu unterstützen und die Gesundheit zu fördern.[60] Meine Erfahrung hat gezeigt, dass nicht wenige Ärzte und Mediziner den Vitalstoffen keine so ausgeprägte Bedeutung beimessen. Hier wird aus meiner Sicht ein nicht zu unterschätzendes Potenzial an Gesundheit, Wohlfühlfaktor und Lebensqualität verschenkt.

Auf alle essenziellen Makro- und Mikronährstoffe im Detail einzugehen, würde den Rahmen dieses Kapitels sprengen. Deshalb konzentriere ich mich auf die Nährstoffe, bei denen es bei mir Optimierungsbedarf gab.

Bei der Untersuchung stellte sich heraus, dass mein Cortisolwert tendenziell zu hoch, während mein Dopamin- als auch mein Gesamteiweißwert zu niedrig waren. Ein niedriger Dopaminspiegel sowie ein Mangel an Gesamteiweiß führen oft dazu, dass wir uns nicht krank, aber antriebslos fühlen. Ein niedriger Dopaminwert ist häufig darauf zurückzuführen, dass die Aminosäuren Phenylalanin und Tyrosin im Körper nicht in ausreichender Menge vorhanden sind. Genau dies war auch bei mir der Fall. Dass mein Gesamteiweißwert zu niedrig war, lag wahrscheinlich daran, dass ich als jemand, der selten Fleisch isst, tendenziell zu wenig Proteine zu mir nehme. Zum Zeitpunkt der Untersuchung lag mein Gesamteiweiß bei 7,1 g/dl. Der Referenzbereich liegt laut aktuellen Literaturempfehlungen für einen Erwachsenen zwischen 6,6 und 8,7 g/dl im Serum. Mein Arzt wies darauf hin, dass der Wert nicht unter 7,7 g/dl liegen sollte. Er erklärte zudem, dass ein durchschnittlicher Läufer mit einem Gesamteiweißwert im oberen Bereich einen Marathon ohne zusätzliches Training etwa eine halbe Stunde schneller laufen könnte. Das war für jemanden wie

---

60 Die Biochemie befasst sich mit den biochemischen Vorgängen in Lebewesen. Dabei überschneiden sich die Fachgebiete Biologie, Chemie und Medizin.

mich, zu dessen Lieblingssportarten das Joggen gehört, hochinteressant. Und was lernen wir daraus? Eiweiß ist pure Lebensenergie!

Wenn in diesem Kapitel von Referenzbereichen oder Referenzwerten die Rede ist, ist es wichtig zu wissen, dass diese entwickelt wurden, um die Bevölkerung vor schwerwiegenden, krankheitsbedingten Mängeln zu schützen. Es handelt sich um Mindestwerte, die einen lebensbedrohlichen Mangel verhindern sollen. In der Orthomolekularen Medizin haben diese Werte wenig mit der Dosis zu tun, die notwendig ist, um Blutspiegel auf therapeutische Zielspiegel anzuheben und ein gutes, gesundes Leben zu fördern. Entsprechend liegen die von meinem Arzt empfohlenen Werte in der Regel höher.

Wie oben erwähnt, befand sich mein Cortisolwert zum Zeitpunkt der Blutuntersuchung im oberen Grenzbereich. Bei einem erhöhten Cortisolwert sorgt normalerweise die Aminosäure Arginin dafür, dass dieser reduziert wird. Nachdem bei mir aber auch das Arginin einen zu niedrigen Wert aufwies, begann der Körper in dieser Mangelsituation Eiweiß zu verbrennen, um den Cortisolwert zu senken. In einem solchen Fall fühlen wir uns aufgrund des niedrigen Eiweißspiegels abgeschlagen und müde, was uns dazu veranlasst, unsere Leistung mit größerer Anstrengung zu erbringen. Das führt dazu, dass der Cortisolspiegel nicht sinkt, sondern unter Umständen sogar weiter ansteigt und weiteres Eiweiß abgebaut wird, das normalerweise für den Stoffwechsel und andere wichtige Dinge benötigt wird. Und wenn wir in einer solchen Situation nicht gegensteuern, besteht die Gefahr, dass wir nach und nach in eine Abwärtsspirale geraten.

Neben den oben aufgeführten Defiziten stellte sich in einer weiteren Untersuchung heraus, dass auch mein Vitamin-D-Spiegel, das Verhältnis der Omega-6- und Omega-3-Fettsäuren sowie mein Selenwert nicht optimal waren.

Bei mir wurde ein Vitamin-D-Spiegel von 19 ng/ml gemessen, der außerhalb des Referenzbereichs liegt. Werte unterhalb von 20 ng/ml deuten auf eine suboptimale Versorgung hin, die mögliche Folgen für die Knochengesundheit haben kann. Da ich seit der Untersuchung regelmäßig Vitamin D supplementiere, konnte ich meinen Vitamin-D-Wert auf knapp 40 ng/ml erhöhen. Auch wenn dieser Wert keine suboptimale Versorgung mehr anzeigt, besteht noch Spielraum für eine weitere Verbesserung.[61]

Mein Omega-6-/Omega-3-Verhältnis lag bei 5:1 und damit schon deutlich besser als beim Durchschnitt der deutschen Bevölkerung. Mit Hilfe einer gezielten Supplementierung habe ich es in den letzten Jahren geschafft, ein Verhältnis von 1,25:1 zu erzielen.

Obwohl ich der Meinung war, dass ich mich ausgewogen ernähre, wurde mir deutlich, wie notwendig es ist, seine Blutwerte regelmäßig überprüfen zu lassen. Denn so wie wir es immer wieder hören und lesen, ist es nicht: Eine ausgewogene Ernährung ist keine Garantie dafür, dass der Körper mit genügend Nährstoffen versorgt wird. Es wäre zwar erstrebenswert, wenn wir unseren Nährstoffhaushalt mit dem, was wir zu uns nehmen, sinnvoll decken könnten. Wenn dem aber nicht so ist, ist eine Supplementierung sinnvoll, beispielsweise durch Nahrungsergänzungsmittel. Hinzu kommt, dass wir alle Individuen sind – und so, wie wir uns im Äußeren unterscheiden, so unterscheiden wir uns auch im Inneren. Die Folge ist, dass dieselbe Menge mit der Nahrung oder durch Supplementierung zugeführter Nährstoffe, zum Beispiel das Vitamin D, von jedem von uns unterschiedlich stark aufgenommen wird und somit zu individuell verschiedenen Vitamin-D-Spiegeln führt.

Dass wir über die Nahrung oft nicht die erforderliche Menge an Makro- und Mikronährstoffen zu uns nehmen, hat unterschiedliche Gründe. Zum einen ist der Kalorienbedarf heutzutage geringer im Vergleich zu dem unserer Vorfahren. Bedingt durch die in früheren Jahren in der Regel schwerere und längere körperliche Arbeit im Verhältnis zu heute lag der Kalorienbedarf bei circa 4.000 bis 5.000 Kalorien pro Tag. Heutzutage benötigen Frauen und Männer je nach Alter im Durchschnitt zwischen 1.600 und 1.900 Kalorien beziehungs-

---

61 Bei der Messung von Vitamin D wird nicht Vitamin D selbst, sondern der Metabolit 25-Hydroxyvitamin D3 gemessen, der umgangssprachlich als Vitamin D bezeichnet wird.

weise 2.000 und 2.500 Kalorien pro Tag. Der geringere Kalorienbedarf führt dazu, dass wir weniger Nahrung benötigen und entsprechend auch weniger Nährstoffe zu uns nehmen.

Zum anderen sind unsere heutigen Lebensmittel von der Qualität oft leider nicht mehr so hochwertig wie früher. Unterschiedliche Faktoren spielen dabei eine Rolle. Diese reichen zum einen von der Globalisierung über die Industrialisierung in der Landwirtschaft, den Einsatz von Pestiziden bis hin zur Veränderung der Saatgüter. Zum anderen liegt es mitunter auch daran, dass unsere Böden, unter anderem bedingt durch Monokulturen, nicht selten ausgelaugt sind. Entsprechend enthalten viele der heute verkauften Obst- und Gemüsesorten niedrigere Wirkstoffmengen als in früheren Zeiten. Ein Beispiel dafür ist das Spurenelement Selen. Der Selengehalt in pflanzlichen Lebensmitteln wird beeinflusst durch den Selengehalt der Böden. In Deutschland und weiten Teilen Europas ist der überwiegende Teil der Böden arm an Selen. Das führt dazu, dass dieser wichtige Nährstoff auch in den landwirtschaftlich genutzten Flächen nur in geringem Ausmaß vorhanden ist und somit auch ein Großteil der pflanzlichen Lebensmittel Selen nur in geringen Mengen enthält. Der Selenwert bei einem Großteil der deutschen Bevölkerung ist tendenziell niedrig. Der durchschnittliche Selenwert im Serum beträgt bei Erwachsenen zwischen 50 und 120 µg/l oder im Vollblut zwischen 60 und 130 µg/l. Zur Umrechnung des Selenwertes im Serum auf den Selenwert im Vollblut kannst du den Selenwert im Serum mit etwa 1,3 multiplizieren.

Die wissenschaftliche einschlägige medizinische Fachliteratur empfiehlt einen Wert bei Erwachsenen zwischen 80 und 120 µg/l im Serum oder zwischen 100 und 140 µg/l im Vollblut, um eine angemessene Versorgung sicherzustellen. Ärzte, die sich auf die Orthomolekulare Medizin spezialisiert haben und mit denen ich im Kontakt stehe, empfehlen jedoch Zielwerte von mindestens 115 µg/l im Serum oder mindestens 150 µg/l im Vollblut. Da das Spurenelement Selen essenziell für den Körper ist, antioxidativ wirkt und möglicherweise zur Vorbeugung von Krebs beitragen kann, ist es ratsam, bei einer durch eine Laboruntersuchung festgestellten Unterversorgung auf eine ausreichende Selenzufuhr zu achten. Bei einer meiner letzten Untersuchungen wurde festgestellt, dass mein Selenwert bei 90 µg/l im Vollblut lag, was unterhalb des Zielwertes liegt und darauf hinweist, dass noch Spielraum für Verbesserungen besteht.

Darüber hinaus wirkt sich auch der Klimawandel auf die Produktion unserer Lebensmittel aus. Zum Beispiel können steigende Temperaturen und veränderte Niederschläge die Ernteerträge und die Qualität beeinträchtigen. Ein weiterer Faktor, der einen Einfluss auf die Lebensmittelqualität hat, ist die zunehmende Umweltbelastung. So ist davon auszugehen, dass beispielsweise chemische Substanzen, Medikamente oder Plastikmüll, die in den vergangenen Jahrzehnten in die Luft, ins Wasser und in den Boden gelangt sind, in irgendeiner Art und Weise mit unserer Nahrung in Berührung kommen und sie negativ beeinflussen.

Aber auch die Veränderung unseres Ernährungsverhaltens spielt eine Rolle. Hier sei zum Beispiel die vegetarische und die vegane Ernährung, bei der auf tierische Quellen verzichtet wird, erwähnt. Entsprechend sind Veganer nicht selten von Nährstoffmangel betroffen. Auch wenn ich mich nicht als Vegetarier oder Veganer bezeichnen würde, habe ich dennoch meinen Fleischkonsum in den letzten Jahren reduziert. Entsprechend war es im Nachhinein für mich nicht verwunderlich, dass mein niedriger Fleischkonsum mitverantwortlich dafür war, dass ich einen recht niedrigen Eiweißwert hatte.

Des Weiteren hat sich unsere Lebensweise in den letzten Jahrzehnten verändert. Zum einen ist die Taktung schneller geworden, wir sitzen zunehmend am Computer, bewegen uns oft nicht ausreichend und nehmen uns nicht genügend Zeit zum Kochen und Essen. Zudem wird – trotz fortschreitender Aufklärung – von einer Vielzahl von Menschen zu viel Alkohol getrunken, geraucht und vermehrt einseitige, ungesunde Nahrung zu sich genommen. Dazu zählt zum Beispiel die überhöhte Zufuhr von „leeren" Kalorien in Form von zucker- und weißmehlhaltigen Lebensmitteln. Insbesondere Zucker hat in den letzten Jahren wegen seiner negativen Auswirkungen auf unsere Gesundheit eine Menge Aufmerksamkeit auf sich gezogen. Wissenschaftliche Studien belegen, dass Zucker unseren Stoffwechsel durcheinanderbringt. So steigt beim Essen der Spiegel der Hormone. Insulin, das wichtigste Hormon für den Stoffwechsel, wird in der Bauchspeicheldrüse gebildet und entscheidet darüber, ob Kohlenhydrate verbrannt oder in Fett umgewandelt werden. Es steuert den Transport von Zucker in unsere Zellen. Ein dauerhaft erhöhter Insulinspiegel, der durch regelmäßigen Zuckerkonsum entsteht, bewirkt, dass überschüssiger Zucker in Fettgewebe gespeichert wird. Zudem kann sich Zucker, insbesondere Glukose, durch Glykation an Proteine binden und ihre Struktur verändern. Umgangssprachlich bedeutet das, dass der Zucker mit den Eiweißstrukturen verklebt und dadurch eine Erhöhung der Entzündungswerte möglich ist. Erhöhte Entzündungswerte sind unter anderem dafür verantwortlich, dass mit der Zeit die Gesundheit unserer Zellen beeinträchtigt wird, was wiederum zur Beschleunigung unseres Alterungsprozesses führt. Weiterhin stört ein hoher Zuckerkonsum die Darmflora, fördert das Wachstum von schädlichen Bakterien und reduziert nützliche Darmbakterien, was zusätzliche gesundheitliche Probleme verursacht.

Darüber hinaus werden verarbeitete Lebensmittel in Form von Fast Food, Süßgetränken und minderwertigen Snacks schnell verdaut – sättigen aber nicht. Entsprechend kommt erneut Hunger auf. Zudem bringt eine zuckerreiche Nahrung unsere Darmflora durcheinander. Die in unserem Darm befindlichen „guten" Darmbakterien, die relevant für die Verdauung sind und Krankheiten vorbeugen können, werden durch den Zucker inaktiviert oder sogar getötet. Damit kann unser Darm seinen Aufgaben nicht oder nicht ausreichend nachkommen. Erschwert wird die Arbeit der Darmbakterien dadurch, dass eine Vielzahl an verarbeiteten Lebensmitteln wenig bis gar keine Ballaststoffe enthalten, die aber den Darmbakterien als Nahrung dienen. Es ist schon erstaunlich, dass die Verbreitung von verarbeiteten Lebensmitteln – trotz ihrer schädlichen Wirkung und der Erkenntnis darüber, dass sie die Grundlage für einen erheblichen Teil unserer Zivilisationskrankheiten sind – immer weiter zunimmt und somit auch zur Beschleunigung unseres Alterungsprozesses beiträgt. Es ergibt somit Sinn, den Zuckerkonsum signifikant zu reduzieren oder – idealerweise – ganz auf ihn zu verzichten. Weil ein kompletter Verzicht in der Regel dauerhaft nicht praktikabel ist, wird empfohlen, sechs Wochen im Jahr auf Zucker zu verzichten, um Krebszellen, die Zucker zum Leben benötigen, im wahrsten Sinne des Wortes auszuhungern und somit absterben zu lassen. Zudem kann es hilfreich sein, zur Stabilisierung des Blutzuckerspiegels beim Essen zuerst Salat und Gemüse und anschließend den Rest wie Fisch und Fleisch zu sich zu nehmen. Sollte zwischen den Mahlzeiten ein Hungergefühl aufkommen, sind zum Beispiel Nüsse als Snack eine gesunde Alternative zu Süßigkeiten. Ich habe die Erfahrung gemacht, dass es keine große Herausforderung ist, sich an gesundes Essen zu gewöhnen. Nach einiger Zeit wollte ich gar nichts anderes mehr zu mir nehmen. Nicht umsonst heißt ein Sprichwort „Du bist, was du isst" – es verdeutlicht, wie Ernährung unsere körperliche und geistige Gesundheit beeinflusst.

Auch ein übermäßiger Fleischkonsum, insbesondere von rohem und rotem Fleisch, wirkt sich negativ auf unsere Gesundheit aus. So kann er beispielsweise zu Fettleibigkeit und Herz-Kreislauf-Erkrankungen führen. Zudem beeinträchtigt ein hoher Fleischkonsum unsere Umwelt und das Tierwohl. Darüber hinaus führt der Kostendruck zum Beispiel bei Kantinen, Krankenhäusern und Pflegeheimen dazu, dass in Bezug auf Nährstoffe nicht immer die qualitativ besten Lebensmittel zubereitet werden. Da verwundert es nicht, dass sich viele von uns nicht so richtig gesund fühlen und der Krankenstand in den letzten Jahren im Verhältnis zu früheren Jahren zugenommen hat.

Es mag unterschiedliche Gründe dafür geben, warum sich nicht wenige Menschen so richtig fit fühlen. Unter anderem liegt es daran, dass sich unsere Lebensumstände mit der Zeit geändert haben. Neben der Fehlernährung und dem sich verändernden Lebensstil sei noch der zunehmende Stress zu nennen, der sich negativ auf das Immunsystem auswirkt. Bei unserem Immunsystem handelt es sich um das Abwehrsystem des menschlichen Körpers. Es schützt den Menschen vor Fremdstoffen und Krankheitserregern wie Bakterien und Viren. Das Immunsystem gleicht somit einem Schutzschild. Es ist von

Geburt an aktiv und baut sich in der Kindheit weiter aus. Kleinkinder nehmen gern Gegenstände in den Mund. Durch die damit unweigerlich aufgenommenen Erreger trainieren und stärken sie nach und nach ihr Immunsystem. Im Alter, sofern wir keine entsprechende Vorsorge betreiben, schwächt sich die Funktionsfähigkeit des Immunsystems ab. Das Immunsystem ist kein klassisches Organ wie das Herz oder die Niere, sondern besteht aus hochkomplexen, vielfältigen Strukturen, die als Netzwerk im ganzen Körper verteilt sind. Neben einer Fehlernährung wirken sich auch Lebensmittelzusatzstoffe, Umweltschadstoffe, Medikamente, physikalische Belastungsfaktoren und ein Lebensstil in Form von negativem Stress, Bewegungsmangel, Überernährung und zu wenig Schlaf negativ auf das Immunsystem aus.[62] Je schwächer das Immunsystem ist, desto schlechter schützt es den Menschen vor Krankheiten. Wenn ein intaktes, optimal funktionierendes Immunsystem so relevant für unsere Gesundheit ist, muss es das Ziel sein, es mit den richtigen Bausteinen zu versorgen. Entsprechend sollten wir darauf achten, dass die Nährstoffe, die wir zu uns nehmen, immunrelevante Funktionen und Eigenschaften besitzen. Zu den Nährstoffen mit bekannter immunrelevanter Wirkung zählen zum Beispiel die Mineralstoffe und Spurenelemente Eisen, Jod, Kupfer, Magnesium, Selen und Zink. Bei den Vitaminen sind es beispielweise die Vitamine A, C, D, E, K sowie ein Teil der B-Vitamine (B1, B2, B6, B9 und B12). Beispiele bei den Aminosäuren sind Arginin, Cystein, Glutamin und Lysin. Darüber hinaus zählen zu den Nährstoffen mit bekannter immunrelevanter Wirkung die Omega-3- und Omega-6-Fettsäuren.

Wie wir dieser Aufzählung entnehmen können, gibt es eine Vielzahl an Nährstoffen, die für ein stabiles Immunsystem von Bedeutung sind. Eine ausgewogene Ernährung ist die Grundlage für ein intaktes Immunsystem. Sie garantiert aber nicht, dass wir durch sie genügend Nährstoffe zu uns nehmen. Wie schon erwähnt, liegt es unter

---

62   Unter physikalischen Belastungsfaktoren werden beispielsweise einseitige Bewegungen, schweres Tragen und Heben sowie eine ungünstige Körperhaltung verstanden.

anderem daran, dass unsere Körper unterschiedlich intensiv auf Nährstoffe reagieren. Deshalb ist es meines Erachtens zwingend notwendig, den Gehalt unserer Nährstoffe im Blut messen zu lassen. Nur so können wir entweder durch die Nahrung oder durch eine gezielte Supplementierung mit Nahrungsergänzungsmittel Mängel beheben und damit langfristig gesund sowie leistungsfähig bleiben und unsere Lebensqualität verbessern.

Ernährung sollte als die beste Medizin angesehen werden. Oder wie es Hippokrates von Kos formulierte: „Lass die Nahrung deine Medizin sein und Medizin deine Nahrung." Diese Empfehlung, die dem Lehrbuch „Orthomolekulare Medizin. Ein Leitfaden für Apotheker und Ärzte" von Uwe Gröber vorangestellt ist, wird meines Erachtens, insbesondere in westlichen Industrieländern, zu wenig befolgt. Das hängt unter anderem auch damit zusammen, dass das Thema Ernährung bei einem Großteil der Medizinstudiengänge nur am Rande behandelt wird. Entsprechend ist es nicht verwunderlich, dass der Fokus bei einer Vielzahl von Ärzten in der Regel auf der Diagnose und Behandlung von Krankheiten und weniger auf präventiven Maßnahmen liegt. Dabei spielt die Ernährung nach wissenschaftlichen Erkenntnissen eine zentrale Rolle für unsere Gesundheit und kann einer Vielzahl an Krankheiten vorbeugen oder deren Verlauf positiv beeinflussen. Es wäre wünschenswert, dass das Thema Ernährung sowohl im Medizinstudium als auch in der Fort- und Weiterbildung von Ärzten mehr Relevanz erhält und dadurch eine größere Rolle in der täglichen Arbeit der Ärzte einnimmt.

Einer der Ärzte, der der Bedeutung der Ernährung für unsere Gesundheit einen hohen Stellenwert beimisst, ist Dr. Matthias Riedl. Seiner Erfahrung nach seien ernährungsbedingte Krankheiten inzwischen ein enormes Problem: „Mehr als 90 Prozent der Menschen, die eine deutsche Praxis aufsuchen, haben eine verhaltensbedingte Erkrankung. Das muss man sich mal vorstellen. Das heißt, fast alle in deutschen Praxen, die Hilfe suchen, die haben sich krank gemacht, und zwar durch ihr Verhalten, dabei spielt die Ernährung tatsächlich die wichtigste Rolle, und das ist wichtiger geworden als Rauchen und Alkohol." [63]

Wir haben uns einen Überblick über die Makro- und Mikronährstoffe verschafft und sind auf einzelne Nährstoffe, insbesondere diejenigen, bei denen ich Optimierungspotenzial hatte, eingegangen. Im Folgenden möchte ich der Frage nachgehen, ob eine Zuführung von Nährstoffen, bei denen Defizite vorliegen, über die Ernährung und/oder über Nahrungsergänzungsmittel zielführend ist.

NAHRUNGSERGÄNZUNGSMITTEL

Die Bezeichnung Nahrungsergänzungsmittel ist in aller Munde – aber was wird darunter konkret verstanden?

Nahrungsergänzungsmittel dienen dazu, die normale Ernährung zu ergänzen und enthalten konzentrierte Nährstoffe mit ernährungsphysiologischer Wirkung. Sie sind in verschiedenen Formen erhältlich wie Kapseln, Pulver, Tabletten oder Flüssigkeit. Beispielsweise werden flüssige Formen von Vitamin D in der Regel schneller im Magen-Darm-Trakt aufgenommen, da sie bereits aufgelöst sind und keine zusätzliche Aufspaltung im Verdauungssystem erforderlich ist.[64]

Es ist wichtig zu beachten, dass Nahrungsergänzungsmittel rechtlich als Lebensmittel eingestuft werden und nicht als Arzneimittel gelten. Daher übernehmen Krankenkassen, sowohl gesetzliche als auch private, in der Regel keine Kosten für diese Produkte.

WOFÜR SIND NAHRUNGSERGÄNZUNGSMITTEL GUT?

Nahrungsergänzungsmitteln dienen dazu, Nährstoffdefizite in bestimmten Bevölkerungsgruppen wie Vegetariern, Veganern, Men-

---

63 Dr. Matthias Riedl, 2022, *https://www.abendblatt.de/hamburg/article236435357/ ernaehrungsdocs-dr-matthias-riedl-voellig-neue-Erkenntnisse-beim-diabetes-typ-2-experte-gesundheit.html*. Dr. Riedl ist Ärztlicher Direktor des Medicum Hamburg, Europas größtem Fachzentrum für Diabetologie, Ernährungsmedizin und angrenzende Fachgebiete. Er hat zudem diverse Bestseller über gesunde Ernährung geschrieben und gehört als erfahrener Mediziner zum Team der Sendung „Die Ernährungs-Docs" des Norddeutschen Rundfunks.
64 Nahrungsergänzungsmittel werden oft mit der Abkürzung NEM bezeichnet.

schen im fortgeschrittenen Alter oder Schwangeren zu verringern oder auszugleichen. Sie tragen zur allgemeinen Gesundheit bei, indem sie beispielsweise Omega-3-Fettsäuren für das Herz oder Vitamin D für das Immunsystems, die Knochen und Muskel liefern. Darüber hinaus können Nahrungsergänzungsmittel zur Prävention von Krankheiten beitragen, etwa durch Selen als Antioxidans zur Verringerung des Krebsrisikos. Auch im Bereich der Leistungssteigerung, zum Beispiel durch Proteine und Kreatin im Sport, finden sie Anwendung.[65]

Sie sind sinnvoll, wenn die normale Ernährung nicht ausreicht, um den Nährstoffbedarf zu decken, oder bei spezifischen gesundheitlichen Problemen. Es gibt auch Menschen, die aus Bequemlichkeit Nahrungsergänzungsmittel einnehmen, weil sie zum Beispiel einen hektischen Lebensstil haben und sich nicht die Zeit nehmen, sich gesund zu ernähren. Ich möchte ausdrücklich betonen, dass ich die Supplementierung aus Bequemlichkeit nicht befürworte. Die Einnahme von Nahrungsergänzungsmittel entlässt einen nicht aus der Verantwortung, sich gesund und ausgewogen zu ernähren!

Welche Nachteile können sich durch die Einnahme von Nahrungsergänzungsmitteln ergeben?

Die übermäßige Zufuhr von Nahrungsergänzungsmitteln kann gesundheitliche Einschränkungen verursachen. Beispielsweise führt eine Überdosierung von Eisen zu Magen-Darm-Beschwerden wie Übelkeit, Erbrechen und Durchfall. Langfristig drohen Schäden an Organen, insbesondere an Herz und Leber. Eine zu hohe Jodzufuhr beeinträchtigt die Schilddrüsenfunktion und verursacht sowohl Über- als auch Unterfunktionen der Schilddrüse. Überdosierungen von Nährstoffen können somit toxisch wirken und unerwünschte Nebenwirkungen zur Folge haben.

Zudem bestehen Risiken für unerwünschte Wechselwirkungen mit Medikamenten, die deren Wirkung beeinflussen. Ein weiterer

---

65 Kreatin ist eine in unserem Körper vorkommende Substanz, die in Muskelzellen gespeichert wird und bei der Energieversorgung der Muskeln, insbesondere bei kurzfristigen und intensiven Aktivitäten wie Krafttraining, eine relevante Rolle spielt.

Nachteil entsteht, wenn ein Nahrungsergänzungsmittel nicht die Reinheit und damit auch nicht die Qualität aufweist, um tatsächlich gesundheitsfördernd zu sein. Da Reinheit und Qualität von Hersteller zu Hersteller variieren, ist darauf zu achten, nur Produkte von vertrauenswürdigen Herstellern zu wählen. Die regelmäßige Einnahme hochwertiger Nahrungsergänzungsmitteln kann auch kostspielig sein. Wenn nur geringe oder keine Nährstoffdefizite vorliegen, die durch eine ausgewogene Ernährung ausgeglichen werden können, ist die Supplementierung zu hinterfragen.

Daher empfehle ich, zunächst durch eine Blutuntersuchung abzuklären, ob tatsächlich Defizite vorliegen, bevor Nahrungsergänzungsmittel in Betracht gezogen werden.

Liegt ein Defizit vor, sollte der tägliche Bedarf idealerweise in Absprache mit einem Arzt oder Ernährungsberater ermittelt und nach der Supplementierung die Blutwerte kontrolliert werden.

Wer diese Reihenfolge einhält, für den ist es nur eine Frage der Zeit, bis sie oder er in Bezug auf die Nährstoffe gut auf- und eingestellt ist, was sich positiv auf den Gesundheitszustand sowie das Wohlbefinden auswirkt. Wichtig dabei ist, die empfohlene Dosis einzuhalten und die Einnahmehinweise auf dem Produktetikett zu beachten. Abschließend sei betont, dass Nahrungsergänzungsmittel, wie der Name schon sagt, lediglich eine Ergänzung und kein Ersatz für eine ausgewogene Ernährung sind. Jeder ist selbst dafür verantwortlich, eine optimale Nährstoffversorgung – in welcher Form auch immer – sicherzustellen.

INTERVALLFASTEN

Nicht nur das, was wir über die Nahrung zu uns nehmen, sondern auch das Zeitfenster, in der die Nahrungsaufnahme stattfindet, ist für unsere Gesundheit und unser Wohlbefinden entscheidend. Ich praktiziere schon seit mehreren Jahren das Intervallfasten, das auch als intermittierendes Fasten bekannt ist. Es gibt unterschiedliche Varianten des Intervallfastens. Zu den gängigsten Varianten gehören die 5:2-Methode, die 24-Stunden-Methode und die Variante 16:8. Bei der 5:2-Methode wird an fünf Tagen normal gegessen und an zwei Tagen die Kalorienzufuhr stark begrenzt. Bei der 24-Stunden-Methode wird einmal oder zweimal die Woche für vierundzwanzig Stunden gefastet. Ich favorisiere die Variante 16:8, die auch als Time-Restricted Eating (TRE) bekannt ist. Bei dieser Variante ist die Nahrungszufuhr auf acht Stunden am Tag begrenzt. In den restlichen sechzehn Stunden wird keine Nahrung zu sich genommen. Das Intervallfasten ist eine Art des Fastens, dem unterschiedliche gesundheitsfördernde Wirkungen auf den Stoffwechsel zugeschrieben werden. Insbesondere der Zustand der Autophagie sei in diesem Zusammenhang erwähnt. Unter Autophagie (von altgriechisch αὐτόφαγος/autóphagos „sich selbst verzehrend" und κύτος/kýtos „Höhlung, Raum") wird der Prozess in unseren Zellen verstanden, bei dem beschädigte Zellbestandteile und Proteine abgebaut, verwertet und erneuert werden.[66] Diese „Entrümpelung" der Körperzellen trägt nicht nur zur Zellgesundheit bei, sondern ermöglicht auch die Umwandlung der abgebauten Bestandteile in neue Energie. So wird die Funktion der Mitochondrien, die als „Kraftwerke" der Zellen die notwendige Energie liefern, unterstützt. In Bezug auf die Zellgesundheit spielen die Telomere, die Schutzklappen unserer DNA, eine wichtige Rolle. Sie schützen unsere Erbinformationen während der Zellteilung vor Schäden. Mit jeder Teilung verkürzen sich die Telomere, da bei jedem Replikationsvorgang ein kleiner Teil ihrer Enden verloren geht. Im Laufe unseres Lebens führt diese Verkürzung zu einer Beeinträchtigung der Zellinformation. Eine ausreichende Versorgung mit bestimmten Nährstoffen wie Vitamin C und Vitamin E trägt ebenfalls zur Zellgesundheit bei. Diese Vitamine wirken als starke Antioxidantien, neutralisieren freie Radikale und reduzieren oxidativen Stress, der die Telomere schädigen könnte.

Eine weitere Möglichkeit, den Stoffwechselprozess während des Fastens zu unterstützen, ist die ketogene Ernährung. Diese Ernäh-

---

66 Der japanische Zellbiologe Yoshinori Ohsumi erhielt im Jahr 2016 den Nobelpreis für Medizin für seine Forschungen auf dem Gebiet der Autophagie.

rungsform setzt auf eine kohlenhydratarme, aber fettreiche Kost, die den Körper schneller in einen Zustand der Ketose bringt. In der Ketose gewinnt der Körper seine Energie anstatt aus Kohlenhydraten aus Fett. Eine solche Umstellung reduziert die Produktion freier Radikale im Vergleich zur Energiegewinnung aus Kohlenhydraten, was die Gesundheit der Mitochondrien fördern kann. Dies unterstützt nicht nur die Fettverbrennung, sondern kann auch Heißhungerattacken verhindern und den Einstieg ins Intervallfasten erleichtern. Während der Fastenphasen nutzt der Körper verstärkt Fettreserven, was die positiven Effekte des Intervallfastens weiter erhöht.

Zudem bewirkt Fasten biochemische Veränderungen in unserem Körper, indem das Ausbleiben der Energiezufuhr die Alterungsprozesse in unseren Zellen bremst und eine Verjüngung fördern kann. Konkret erhöht Fasten die Stressresistenz unserer Zellen, verringert die Produktion freier Radikale und wirkt entzündungshemmend. Dies verlangsamt die Zellalterung und kann das Risiko für altersbedingte Krankheiten wie Krebs und neurodegenerative Erkrankungen reduzieren.[67] Ein weiterer positiver Effekt des Fastens ist die Erholung und Regeneration der Organe, wie Leber und Bauchspeicheldrüse, während der Fastenzeiten. Auch unterstützt das Intervallfasten zum Beispiel die Prävention von Übergewicht, Typ-2-Diabetes und Herz-Kreislauf-Erkrankungen. Obwohl viele der beschriebenen Effekte vor allem in Tierversuchen festgestellt wurden, gibt es zahlreiche Hinweise darauf, dass regelmäßiges Fasten ebenfalls positive Auswirkungen auf die Gesundheit und das Wohlbefinden des Menschen hat.

Wenn dem Körper während des Fastens keine Kohlenhydrate mehr zur Verfügung stehen, greift er zunächst auf die Fettreserven zurück, um Energie zu gewinnen. Sind diese aufgebraucht oder nicht ausreichend vorhanden, kann der Körper beginnen, Proteine – also Muskelmasse – abzubauen, um Energie zu erzeugen, was den Muskelabbau

---

67 Neurodegenerative Erkrankungen sind Erkrankungen, die durch den kontinuierlichen Untergang von Nervenzellen unseres zentralen Nervensystems gekennzeichnet sind. Dazu gehören zum Beispiel die Alzheimer- und die Parkinson-Krankheit.

beschleunigt. Deshalb ist es wichtig, während des Fastens oder bei Kalorienreduktion auf eine ausreichende Eiweißzufuhr zu achten. Besonders beim Intervallfasten kann eine gezielte Zufuhr von Proteinen helfen, den Muskelabbau zu minimieren. Zudem steigert Intervallfasten die Produktion des Wachstumshormons Human Growth Hormons (HGH), was den Fettabbau fördert und die Erhaltung der Muskelmasse unterstützt.[68]

Trotz der Wichtigkeit der Optimierung der Ernährung, insbesondere der Versorgung mit Makro- und Mikronährstoffen, gibt es noch weitere Faktoren, die für unsere Gesundheit, unser Wohlbefinden und unsere Lebensqualität relevant sind. Dazu zählen Bewegung, Atmung, Schlaf, Entspannung, soziale Kontakte und insbesondere die innere Einstellung. Das Zusammenspiel dieser einzelnen Faktoren kann dazu beitragen, Krankheiten vorzubeugen und im Idealfall zu vermeiden, den Alterungsprozess zu verlangsamen und bis ins hohe Alter fit und gesund zu bleiben.

Auf die genannten sechs weiteren Faktoren im Detail einzugehen, würde den Rahmen dieses Kapitels sprengen, und sie wären von ihrer Bedeutung her ein eigenes Kapitel wert — beispielsweise das Thema Atmung, dem in diesem Buch das Kapitel „Die transformative Kraft des Atems: Wie Breathwork dein berufliches und persönliches Leben verändert" gewidmet ist.

BLICK IN DIE ZUKUNFT

Zum Ende dieses Kapitels möchte ich einen Blick in die Zukunft werfen, insbesondere in Bezug auf die Chancen, beim Thema Gesundheit die fortschreitenden technologischen Möglichkeiten zu nutzen.

Die Begriffe Digitalisierung, Big Data und Künstliche Intelligenz (KI) sind in aller Munde. Big Data ermöglicht es, riesige Mengen an Ge-

---

68 Das Human Growth Hormone, auch menschliches Wachstumshormon genannt, wird in der Hirnanhangdrüse (Hypophyse) produziert und spielt eine zentrale Rolle im Wachstum sowie in der Zellregeneration. Bei Erwachsenen trägt es zur Aufrechterhaltung der Muskelmasse, der Knochendichte und des Fettstoffwechsels bei. Bei Kindern und Jugendlichen ist es besonderes wichtig für das Wachstum und die Entwicklung.

sundheitsdaten zu analysieren, um Muster und Trends zu erkennen, die sonst zum Teil unentdeckt bleiben. Die neuen Technologien ermöglichen es zum Beispiel, Risikofaktoren für bestimmte Krankheiten genauer zu identifizieren, so dass persönliche Behandlungspläne entwickelt werden können.

In diesem Zusammenhang wird der künstlichen Intelligenz eine bedeutende Rolle bei der Diagnose und Behandlung von Krankheiten beigemessen. Zum Beispiel können Algorithmen medizinische Bilder analysieren, um frühe Anzeichen von Krankheiten wie Krebs zu erkennen – und das in der Regel genauer und schneller, als Ärzte dies können. Darüber hinaus werden KI-gestützte Systeme die Ärzte bei der Auswahl der für ihre Patienten sinnvollsten Behandlungsmöglichkeit unterstützen.

Aber nicht nur die Ärzte profitieren von dieser Entwicklung – auch ihre Patienten haben den Vorteil, dass sie zukünftig nicht mehr für jede Diagnose den Arzt aufsuchen müssen. Mit Technologien wie Wearables oder Gesundheits-Apps, die zunehmend, insbesondere von Sportlern, verwendet werden, können kontinuierlich Daten erfasst, zur Prävention selbst ausgewertet und bei Bedarf und zum Teil automatisch an medizinische Systeme oder direkt an die Ärzte weitergeleitet werden.[69] Auch die Telemedizin mit Unterstützung audiovisueller Kommunikationstechnologien wird zukünftig an Bedeutung gewinnen, so dass der Zugang zu einer medizinischen Beratung, insbesondere in ländlichen Regionen, erleichtert wird. Die Digitalisierung hat und wird zukünftig auch bedeutende Auswirkungen auf die Genforschung haben. Mit Unterstützung von bioinformatischen Analysewerkzeugen wird es Forschern möglich sein, zukünftig eine Vielzahl an genetischen Daten zeitnah und kosteneffizient zu verar-

---

69 Wearables sind tragbare Geräte, die unterschiedliche Gesundheits- und Fitnessdaten messen und aufzeichnen können. Hierzu zählen beispielsweise Fitness-Tracker, Smartwatches und Smartphones. Sie sind in der Lage – je nach Gerät – Blutdruck, Herzfrequenz, Kalorienverbrauch, Sauerstoffsättigung und Schlafmuster zu bestimmen.

beiten. Dies wird zur Folge haben, dass genetische Variationen und deren Einfluss auf Krankheiten besser zu verstehen sind. Auch der Einsatz von Roboter-assistierten Systemen im Rahmen von Operationen wird minimalinvasive Eingriffe zukünftig präziser und sicherer machen.

Insgesamt wird das Zusammenspiel von Medizin und Technologie im Laufe der Zeit zu präziseren und effizienteren Lösungen im Gesundheitssektor führen. Sowohl die Qualität der Behandlungen als auch die Patientenautonomie – in Form von selbstbestimmten Entscheidungen über die eigene Gesundheitsversorgung – verbessern sich und erreichen ein höheres Niveau. Aus meiner Sicht trägt diese Entwicklung zur Demokratisierung der Gesundheit bei. Das verstärkt den Trend, dass Ärzte zukünftig in erster Linie nicht mehr als „Halbgötter in Weiß", wie es immer noch in Spielfilmen und Fernsehserien dargestellt wird, angesehen werden. Stattdessen übernehmen sie zunehmend, insbesondere im Bereich der Prävention, eine unterstützende Rolle als Gesundheits-Coaches, die bei der Entscheidungsfindung und der Umsetzung eines gesunden, erfüllten Lebensstils helfen.

Versuchen wir, einen noch weiteren Blick in die Zukunft der Medizin zu werfen: Wie wäre es, wenn die Möglichkeit bestehen würde, das Altern und damit verbundene Krankheiten nicht als gott- oder schicksalsgegeben hinzunehmen, sondern als eine behandelbare Krankheit?

Vielleicht hört sich das für dich als nicht realisierbar an. Das muss es aber nicht sein. Der australische Forscher David Andrew Sinclair, der sich seit vielen Jahren mit dem Bereich der Altersforschung beschäftigt, sieht Chancen, dass es nur eine Frage der Zeit ist, bis sichtbare Fortschritte bei diesem Thema gemacht werden. Er und andere Forscher argumentieren, dass durch das Verständnis der biologischen Mechanismen des Alterns und die Entwicklung gezielter Therapien das Altern verlangsamt, gestoppt und sogar umgekehrt werden kann. Die Idee, das Altern als eine Krankheit zu behandeln, mag revolutionär klingen. Wenn es aber gelingen sollte, hätte es signifikante Auswirkungen auf die Medizin und unsere Gesellschaft. Kritiker weisen jedoch darauf hin, dass es eine Vielzahl an ethischen, sozialen und wirtschaftlichen Fragen gibt, die diskutiert und zu guter Letzt im Sinne der Gesellschaft beantwortet werden müssen.[70]

Zum Ende des Kapitels möchte ich auf meine persönlichen Erfahrungen zum Thema Nährstoffe, die ich in den vergangenen Jahren gemacht habe, eingehen.

Nach der ersten umfangreichen Blutuntersuchung folgte ich den Empfehlungen meines Arztes und begann gezielt mit der Supplementierung, um die Defizite, insbesondere die nicht ausreichend vorhandenen Aminosäuren, Fettsäuren, Mineralien, Proteine und Vitamine, auszugleichen. Mit der Zeit bemerkte ich Verbesserungen: Mein allgemeines Wohnbefinden stieg und ich spürte eine deutliche Erhöhung meines Energielevels. Diese positiven Effekte bestätigten mir, dass die gezielte Supplementierung die richtige Entscheidung war, und halfen mir dabei, meine tägliche Leistungsfähigkeit zu optimieren. Um das erreichte Wohlfühlniveau mittel- bis langfristig zu halten, habe ich feste Routinen entwickelt, bei denen ich täglich meine Supplemente einnehme. Gleichzeitig versuche ich, die Einnahme der Nahrungsergänzungsmittel schrittweise zu reduzieren. Das gelingt mir nach und nach durch eine Anpassung meiner Ernährung, bei der ich verstärkt auf nährstoffreiche Lebensmittel zurückgreife, um meinen Bedarf an Nährstoffen möglichst aus natürlichen Quellen zu decken. Die gezielte Supplementierung und Optimierung meiner Ernährung bieten eine solide Grundlage für meine langfristige Gesundheit.

Darüber hinaus habe ich die Erfahrung gemacht, dass mein Körper — bevor ich auf klassische medizinische Behandlungen zurückgreife, bei denen der Fokus oft auf den Symptomen statt auf den Ursachen liegt — durch natürliche Maßnahmen häufig besser reguliert und seine Selbstheilungskräfte aktiviert. Eine gründliche Urs-

---

70 David Andrew Sinclair ist ein australischer Biologe. Er ist unter anderem Professor für Genetik an der Harvard Medical School und beschäftigt sich intensiv mit den molekularen und genetischen Mechanismen des Alterns.

chenforschung und das Verstehen der eigenen Gesundheitsprobleme können zeigen, welche natürlichen Maßnahmen am effektivsten sind. Erst wenn dieser Ansatz nicht ausreicht, bin ich der Meinung, dass die Schulmedizin hinzugezogen werden sollte, um gesundheitliche Probleme zu bewältigen – jedoch nicht als Ersatz für die Selbstheilung.

Es ist wichtig zu erkennen, dass die Optimierung und das Verständnis des eigenen Körpers nicht von heute auf morgen geschehen. Vielmehr stellt sich ein schrittweiser Prozess ein, bei dem kontinuierliche Anpassungen zu großen Fortschritten führen. Der Compounding-Effekt zeigt, dass langfristige Erfolge durch regelmäßige, kleine Anpassungen erzielt werden, ohne sich überfordert zu fühlen. Es ist sinnvoll, mit kleinen Änderungen zu beginnen und diese schrittweise zu erweitern, um nachhaltige Verbesserungen in der Gesundheit zu erreichen.

Ich plane diese Vorgehensweise weiter zu verfolgen, um nicht nur mein aktuelles Niveau zu halten, sondern auch, um möglichen gesundheitlichen Problemen präventiv entgegenzuwirken. Langfristig geht es mir darum, ein gesundes Gleichgewicht zu finden, das sowohl meinen Körper, meinen Geist und meine Seele stärkt.

In der Zukunft wird es zunehmend wichtiger, den Fokus auf Prävention zu legen. Derzeit wird meiner Meinung nach zu wenig in präventive Maßnahmen investiert, obwohl der Nutzen enorm wäre. Ein weiterer wichtiger Aspekt ist, dass die bestehende Vertragsstruktur zwischen Ärzten und Krankenkassen oft nicht nur die Prävention und ursachenorientierte Medizin vernachlässigt, sondern auch Anreize für kurzfristige Symptombehandlung setzt. Ärzte könnten unbewusst weniger motiviert sein, präventive Maßnahmen zu fördern, da diese meist mittel- bis langfristige Erfolge mit sich bringen, die nicht unmittelbar ihre Einnahmen beeinflussen. Diese Praxis könnte zu einem höheren Fokus auf akute Behandlungen führen und langfristig die Gesundheitskosten in die Höhe treiben. Bei Gesundheitsausgaben im Jahr 2022 von rund 498 Milliarden Euro in Deutschland fließt nur ein kleiner Teil von etwa fünf bis sechs Prozent, das entspricht etwa 25 bis 30 Milliarden Euro, in präventive Maßnahmen. Es wäre von großem Nutzen, wenn Krankenkassen beginnen würden, beispielsweise die Kosten für ausgewählte Nährstofftherapien zu übernehmen. Durch gezielte Prävention könnten viele Krankheiten vorgebeugt und langfristig die Behandlungskosten gesenkt werden. Daher ist es sinnvoll, das Gesundheitssystem auf eine verstärkte Unterstützung präventiver Maßnahmen auszurichten, um sowohl die individuelle Gesundheit als auch die Effizienz des gesamten Gesundheitssystems zu fördern.[71]

Wenn ich dir eines mit auf den Weg geben darf, dann ist es, dass es so wichtig ist, sich mit seiner Gesundheit und seinem Wohlbefinden auseinanderzusetzen. Der Einfluss der Gene, die mit dazu beitragen, wie alt wir werden, sollte dabei nicht überschätzt werden. Die Wissenschaft ist in den letzten Jahren zu der Erkenntnis gekommen, dass unsere Gene nur zu rund 20 Prozent dafür verantwortlich sind, wie es uns Menschen im Laufe unseres Lebens gesundheitlich ergeht. Etwa 30 Prozent sind von der Umwelt beeinflusst, in die wir hineingeboren werden. Den verbleibenden Teil haben wir selbst in der Hand. Jeder von uns kann durch gesunde Lebensgewohnheiten, Ernährung und Lebensstil aktiv die eigene Gesundheit, das Wohlbefinden sowie den Alterungsprozess und die Lebenserwartung beeinflussen. Besonders in Deutschland gibt es in Bezug auf die Lebenserwartung Nachholbedarf, da die Menschen hier rund 1,7 Jahre kürzer leben als in anderen westeuropäischen Ländern. Deutschland zählt somit zu den Schlusslichtern in Westeuropa, was die Lebenserwartung betrifft. Diese kürzere Lebenserwartung hängt unter anderem mit einer weniger ausgeprägten Prävention und Früherkennung, insbesondere von Herz-Kreislauf-Erkrankungen, sowie mit unzureichenden Maßnahmen in den Bereichen Tabak-/Alkoholprävention und gesunder Ernährung zusammen.[72]

---

71 Die jährlichen Gesundheitsausgaben sind in Deutschland von 1992 bis 2022 um rund 312 Prozent gestiegen.

72 Die Daten stammen aus einer Studie des Bundesinstituts für Bevölkerungsforschung und des Max-Planck-Instituts für demografische Forschung.

Eine ausgewogene Ernährung, die sowohl Makro- als auch Mikro-nährstoffe berücksichtigt, ist meines Erachtens ein wesentlicher Be-standteil eines gesunden Lebensstils. Indem wir unseren Körper mit den notwendigen Nährstoffen versorgen, legen wir den Grundstein für ein aktives und erfülltes Leben.

Noch nie in der Geschichte hatten wir so umfangreiches Wissen über eine gesunde Lebensweise. Heutzutage haben mehr Menschen denn je die Möglichkeit, in jedem Alter ein erfülltes und gesundes Leben zu führen – ein Privileg, das früher kaum denkbar war.

Nehmen wir uns die Zeit, unsere Ernährung zu optimieren und – falls erforderlich – zu supplementieren. Unsere Gesundheit ist unser wertvollstes Gut: Kümmern wir uns um sie, und sie wird sich um uns kümmern. Seien wir Designer unserer Gesundheit, unseres Wohlbe-findens und damit unserer Lebensqualität!

Quellenangaben und weiterführende Literatur

Blech, Jörg: Masterplan Gesundheit. Was Körper und Geist brauchen, um lange jung zu bleiben, München, Deutsche Verlags-Anstalt, 2023

Bundesinstitut für Bevölkerungsforschung (BiB): Deutschland fällt bei Lebenserwartung in Westeuropa weiter zurück, 2024, https://www.bib.bund.de/DE/Presse/Mitteilungen/2024/2024-05-22-Deutschland-faellt-bei-Lebenserwartung-in-Westeuropa-weiter-zurueck.html, 17.06.2024

Deutsche Gesellschaft für Ernährung (DGE): 2015, https://www.dge.de/wissenschaft/referenzwerte, 16.07.2024

Deutscher Bundestag: Antrag Schwere Verlaufsformen bei Infektionen mit dem Coronavirus SARS-CoV-2 reduzieren – Vitamin-D-Mangel in der Bevölkerung beseitigen, Immunabwehr stärken, 2020, https://dserver.bundestag.de/btd/19/201/1920118.pdf, 16.07.2024

Die Gesundmacher: Die Diäten-Challenge – Vollwert, Low Carb und Intervallfasten im Vergleich, 2022, https://www.youtube.com/watch?v=LsoFkIdaX7Y, 16.07.2024

DocMedicus: Selen, 2024, https://www.gesundheits-lexikon.com/Labormedizin-Labordiagnostik/Spurenelemente/Selen#:~:text=Normwerte%20Erwachsene%20%E2%80%93%20Blutserum&text=Das%20Bundesinstitut%20f%C3%BCr%20Arzneimittel%20und,100%2D140%20%C2%B5g%2Fl, 16.07.2024

Elmadfa, Ibrahim; Leitzmann, Claus: Ernährung des Menschen, 6. Auflage, Stuttgart, UTB Verlag, 2019

Gøtzsche, Peter Christian: Tödliche Medizin und organisierte Kriminalität. Wie die Pharmaindustrie das Gesundheitswesen korrumpiert, München, riva Verlag, 2019

Gröber, Uwe: Die wichtigsten Nahrungsergänzungsmittel. Das Plus für Ihre Gesundheit, München, Südwest Verlag, 2019

Gröber, Uwe: Orthomolekulare Medizin. Ein Leitfaden für Apotheker und Ärzte, Stuttgart, Wissenschaftliche Verlagsgesellschaft mbH, 2000

Kapfinger, Rebecca: Makronährstoffe. Alles über Kohlenhydrate, Eiweiß & Fett, 2023, https://www.fitnessfirst.de/magazin/ernaehrung/wissen/makros#:~:text=Makron%C3%A4hrstoffe%20sind%20die%20Grundbausteine%20deiner,N%C3%A4hrstoffe%20hat%20eine%20besondere%20Rolle, 16.07.2024

Lohse, Constanze: Die 10 Minuten-Naturmedizin. Die tägliche kleine Hilfe gegen Krankheiten, die uns das Leben schwer machen, München, Gräfe und Unzer Verlag, 2022

Madsen, Bjørn Falck: Europäer mit lebenswichtigem Nährstoff unterversorgt. Eine niedrige Selenzufuhr könnte für viele unserer Gesundheitsprobleme verantwortlich sein, Magazin Vitalstoffe, Ausgabe 1, 2018, S. 53–55

Mörkl, Sabrina, Várnagy, Attila: Ernährung für die Psyche. Das Kochbuch: Richtig essen für die Seele. 60 Rezepte bei Depressionen, Angststörungen, Zwangsstörungen, posttraumatischen Belastungsstörungen, Schlafstörungen uvm., München, riva Verlag, 2023

Nehls, Michael: Das Corona-Syndrom. Wie das Virus unsere Schwächen offenlegt – und wie wir uns nachhaltig schützen können, München, Wilhelm Heyne Verlag, 2021

Nehls, Michael: Herdengesundheit. Der Weg aus der Corona-Krise und die natürliche Alternative zum globalen Impfprogramm, Vörstetten, Mental Enterprises, 2022

Nehls, Michael: Offener Brief an das Bundesgesundheitsamt (Gesundheitsminister Prof. Dr. Karl Lauterbach) als Antwort auf seine persönliche Impfempfehlung, 2022, https://michael-nehls.de/wp-content/uploads/2023/06/Offener-Brief-an-Prof.-Dr.-Karl-Lauterbach-als-Antwort-auf-seine-Impfempfehlung-1.11.2022.pdf, 16.07.2024

Niestroj, Irmgard: Praxis der Orthomolekularen Medizin. Physiologische Grundlagen. Therapie mit Mikro-Nährstoffen, Stuttgart, Hippokrates Verlag, 1999

Orfanos-Boeckel, Helena: Nährstoff-Therapie – Orthomolekulare Medizin & Bioidentische Hormone: Mangel ausgleichen, Beschwerden lindern, Alterungsprozesse aufhalten, Stuttgart, Thieme, 2022

Orfanos-Boeckel, Helena: Nährstoff-Therapie – Der Praxisleitfaden: Orthomolekulare Medizin richtig dosieren und anwenden. Vorbeugen und heilen mit Vitaminen, Mineralstoffen & Co., Stuttgart, Thieme, 2024

Osterhaus, Thiemo: Der Blutwerte-Code. Was dir Eisen, Omega-3, Vitamin D und Co. über deine Gesundheit verraten und wie du sie optimierst, München, Riva Verlag, 2023

Plaschkies, Susanne: Was Du über Mikro- und Makronährstoffe wissen solltest, 2024, https://vitamoment.de/blogs/magazin/mikro-und-makronaehrstoffe, 16.07.2024

Rehberg, Carina: Selen entgiftet Schwermetalle und Umweltgifte, 2024, https://www.zentrum-der-gesundheit.de/bibliothek/ratgeber/detox-uebersicht/entgiftung-mit-selen, 16.07.2024

Robert-Koch-Institut: Themenschwerpunkt: Rauchen, 2023, https://www.rki.de/DE/Content/Gesundheitsmonitoring/Themen/Rauchen/Rauchen_node.html, 16.07.2024

Robert-Koch-Institut: Antworten des Robert-Koch-Instituts auf häufig gestellte Fragen zu Vitamin D, 2019, https://www.rki.de/SharedDocs/FAQ/Vitamin_D/Vitamin_D_FAQ-Liste.html, 16.07.2024

Rücker, Gernot: Rausch. Was wir über Drogen wissen müssen und wie ihr Konsum sicherer werden kann. Alles über Alkohol, Cannabis und Co. vom Notfallmediziner und Drogenexperten, München, Mosaik Verlag, 2023

Schäfer, Bodo; Spitzbart, Michael: Dr. Spitzbart im Interview mit Bodo Schäfer. Gesundheit und Finanzen, 2020, https://www.youtube.com/watch?v=t000BoaUC_Y&t=559s, 16.07.2024

Schmidt, Edmund; Schmidt, Nathalie: Mikronährstoff-Therapie, München, Elsevier, 2022

Schmiedel, Volker: Nährstofftherapie. Orthomolekulare Medizin in Prävention, Diagnostik und Therapie, 5. Auflage, Stuttgart, Thieme, 2022

Schurgast, Hugo, Zimmermann, Michael, Zimmermann-Burgerstein, Tanja: Burgerstein: Handbuch Nährstoffe. Mikronährstoffe richtig einsetzen. Alles über Vitamine, Mineralstoffe, Spurenelemente und Fettsäuren, 14. Auflage, Stuttgart, Thieme, 2023

Sinclair, David A., LaPlante, Matthew D.: Das Ende des Alterns. Die revolutionäre Medizin von morgen, Köln, DuMont Buchverlag, 2020

Spitzbart, Michael: Das Blut der Sieger. Warum ist man so, wie man isst?, Nürnberg, WESSP Verlag, 2000

Spitzbart, Michael: Entschlüsseln Sie Ihren Gesundheitscode. Mit dem Minimumgesetz fit und vital ohne Chemie, München, Scorpio Verlag, 2015

Statista: Anzahl der Infektionen und Todesfälle in Zusammenhang mit dem Coronavirus (COVID-19) in Deutschland seit Februar 2020, 2024, https://de.statista.com/statistik/daten/studie/1102667/umfrage/erkrankungs-und-todesfaelle-aufgrund-des-coronavirus-in-deutschland, 16.07.2024

Statista: Jährliche Gesundheitsausgaben in Deutschland in den Jahren von 1992 bis 2022, 2024, https://de.statista.com/statistik/daten/studie/5463/umfrage/gesundheitssystem-in-deutschland-ausgaben-seit-1992, 17.07.2024

Statista: Todesfälle in Zusammenhang mit dem Coronavirus (COVID-19) in Deutschland nach Alter, 2024, https://de.statista.com/statistik/daten/studie/1104173/umfrage/todesfaelle-aufgrund-des-coronavirus-in-deutschland-nach-geschlecht, 16.07.2024

Strunz, Ulrich: Die Amino-Revolution. Der Alters-Code entschlüsselt — forever young mit Eiweiß, dem Grundstoff des Lebens. Warum uns Erbsen froh, Quark schlank und Hühnereier fit machen, 5. Auflage, München, Wilhelm Heyne Verlag, 2021

Strunz, Ulrich: Blut. Die Geheimnisse unseres „flüssigen Organs", München, Wilhelm Heyne Verlag, 2015

Voelpel, Sven: 7 Jahre jünger in 7 Wochen. Mit dem META-Ernährungscode und der Jungbrunnenformel zum Erfolg, Hilden, Becker Joest Volk Verlag, 2023

Voelpel, Sven: Entscheide selbst, wie alt du bist. Was die Forschung über das Jungbleiben weiß, Hamburg, Rowohlt, 2020

ANDREAS KELLERMANN

Der Begriff Schicksal bedeutet im übertragenen Sinne „zur Heilung losgehen". Durch eine Diagnose hat sich sein Leben verändert. Eine neue Reise begann. Seine Reise zu sich selbst. Auf dieser Reise durfte er einiges loslassen und vieles neu entdecken. Der Weg zur Veränderung beginnt entweder durch viel Schmerz oder durch Inspiration. Tauche in dieses Kapitel ein und folge ihm, beginnend an der Weiche, wo er abgebogen ist. Beginne auch du deinen Weg zu gehen, schon bevor es weh tut.

ZEIT FÜR VERÄNDERUNG

ODER LEBST DU SCHON?

50 Billionen Zellen hat dein Körper. Jede Zelle hat eine Spannung von 0,7 Volt[73]. Das ist nicht viel. 50 Billionen mal 0,7 Volt hat aber eine gewaltige Kraft. Das ist deine Energie, die du 24/7 aussendest. Du funktionierst wie ein Transistor. Du empfängst und du sendest Energie. Du empfängst und sendest Informationen, als elektromagnetisches Wesen. Du kommunizierst ständig mit deinem Umfeld und bist mit allen verbunden. Die Kommunikation ist die wichtigste Brücke zwischen zwei Menschen. Wusstest du, dass der Inhalt deiner Worte nur 7 % von deiner Kommunikation mit anderen ausmacht? Unsere Kommunikation läuft zu über 95 % auf unbewusster Ebene ab. Wenn du einen Menschen magst, dann stimmt die Chemie. Eigentlich schwingt ihr auf der gleichen Frequenz. Kennst du das? Du betrittst

---

73   Quelle: YouTube Beitrag von Silke Schäfer, zu finden in Minute 13:39
Gedankenhygiene & Fokus halten | Jupiter in Zwilling bis Mai 2025 | Silke Schäfer (youtube.com)

zum Beispiel einen Raum, fühlst dich komisch und erfährst später, dass sich kurz davor zwei Menschen in diesem Raum heftig gestritten haben. Die Streitenergie ist noch in dem Raum und du spürst das unbewusst. Das sind alles Schwingungen und Frequenzen, die du empfängst und auch sendest. Die heutige Quantenphysik ist im Stande, diese Schwingungen zu messen. Sie hat festgestellt, dass unser Herz 5000-mal stärker schwingt als unser Gehirn. Leider sind wir alle immer noch viel zu verkopft. Wir versuchen, jedes Problem über unsere Ratio zu lösen. Dabei macht es mit dieser Erkenntnis, dass unser Herz sovielmal stärker magnetisch strahlt, viel mehr Sinn, unser Herz sprechen zu lassen. Dazu später, aber mehr. Ich möchte dich auf den Weg mit auf meine Reise nehmen.

Diese Zeilen schrieb ich im Sommer 2022 auf eine Anfrage für ein Buchprojekt, welches dann doch nicht realisiert wurde. So schlummerten diese Buchstaben in einer Schublade. Mir hat es damals sehr geholfen, all das, was passiert ist, durch mein Schreibdenken besser zu verarbeiten. Jetzt ist wohl der richtige Zeitpunkt gekommen, um meine Geschichte in die Welt zu bringen. Meine Mission ist es, Menschen zu verbinden. Ich möchte dir damit Mut machen, jetzt dein Leben zu leben. Was ist dein Moonshot? Welche Antwort bekommst du, wenn du dir die Frage stellst: Was wäre, wenn ...? Habe den Mut, in dich einzufühlen. Eine Veränderung fängt immer zuallererst bei dir selbst an. In deinem eigenen Circle. Erst damit wirst du eine Veränderung im Außen erkennen. Schon vergessen, die Schwingung und die Frequenz, die du aussendest, werden im Außen resonieren. Vergleichbar mit dem richtigen Ton auf dem Klavier. Eine Stimmgabel fängt erst dann an zu schwingen, wenn sie genau ihre Frequenz empfängt. Stimme nun dein Lied an, damit deine Welt zu tanzen anfängt. Dein Uni-Versum, dein all-ein stimmiger Vers schwingt mit dir.

Nun lies aber erstmal mein Kapitel über die größte Veränderung in meinem Leben. Sei gespannt, wie es dann weitergegangen ist. Ich möchte dir damit Mut machen, deinen Weg zu gehen, deinen Weg, den dir dein Herz zeigt.

Als ich an einem schönen Sommerabend in der Burger & Lobster Bank in München von einem Freund das Angebot bekam, in seinem Buch ein Kapitel schreiben zu dürfen, viel mir fast die Hummerschere von der Gabel. Mein kleines Männchen, das zwischen meinen Ohren wohnt, ist gleich fluchtartig in den tiefsten Keller gerannt und hat jede Schublade durchsucht, um eine Anleitung zu finden, wie man ein Buchkapitel schreibt. Ihr müsst wissen, ich war früher in Deutsch kein Ass. Das kleine Männchen meldete sofort an meinen Verstand, nichts gefunden im Unterbewusstsein, unmöglich, ich kann kein zwanzigseitiges Buchkapitel schreiben. Ich weiß weder, wie man schreibt, noch habe ich was zu erzählen, was andere interessiert. Doch ich durfte in den letzten zwei Jahren lernen, wie ich professionell genau solche Herausforderungen angehe, welches „Mindset" ich benötige, um mich auf eine neue Herausforderung in meinem Leben einzulassen. Eine neue Challenge war geboren. Ich spürte ein Kribbeln und ein warmes, wohliges Gefühl durchströmte meinen Körper. Andi, wenn ich es nicht versuche, dann weiß ich nicht, ob ich es kann oder nicht. Du kannst nicht scheitern, du kannst nur wachsen. Und wachsen will ich, ich will lernen, erfahren, ausprobieren, neugierig sein ... ich will mein Leben nutzen. Ich will mein Leben leben. Lass uns den Zeiger auf meiner Uhr ein bisschen zurückdrehen.

Herbst 2019. Ich bin Unternehmer und führe seit 1992 eine kleine, aber feine Handelsvertretung. Da ich es schon immer liebte, mit Menschen zusammenzuarbeiten, war der Vertrieb nach meiner Hotelfachlehre und dem Ausflug als Servicemitarbeiter in der Sterneküche von Alfons Schuhbeck die logische Konsequenz. Ich denke, meine Kunden schätzen meine Liebe zum Job. Ich war seit Jahren sehr erfolgreich. Auf den Umsatzlisten stand meine Vertretung bundesweit immer ganz oben bei den Herstellerpartnern. Ich habe zwei gesunde Söhne und war seit 9 Jahren verheiratet. Ich konnte mir leisten, was immer ich mir leisten mochte. Also sollte ich doch glücklich sein. Ich sollte glücklich sein, weil ich doch alles hatte, um glücklich zu sein. Hatte ich alles, um glücklich zu sein? Ich meinte ja, trotzdem hat der Job mich gelangweilt. Ich hatte immer das Bild im Kopf, auf meinem flauschigen, weichen Sofa in meiner Komfortzone zu sitzen und mich zu langweilen. Vor lauter „es ist doch alles okay" wurde ich lethargisch, antriebsschwach und schwerfällig. Dann kam mir der Gedanke, ich bin jetzt 50 Jahre alt, da macht man doch gewöhnlich einen Gesundheitscheck. Zum Spaß sagte ich meiner Assistentin, die werden schon irgendwas finden, weil ein Arzt immer was findet, wenn man ihn aufsucht. Nach meinem Check kam der Anruf von meinem Hausarzt prompt. Andi, dein PSA-Wert ist viel zu hoch. Bist du letzte Woche mit dem Fahrrad zu mir gefahren? Hattest du kurz vor der Blutentnahme Sex? Mein Fahrrad verstaubte so langsam im Fahrradkeller und den letzten Sex, daran konnte ich mich gar nicht mehr erinnern. Ich verstand nur Bahnhof, aber ein komisches Gefühl kam in mir hoch. Offen gestanden wusste ich weder, für was der PSA-Wert wichtig ist, noch, wofür eigentlich die Prostata zuständig ist. Ich lebte an der Oberfläche. Ich will euch ersparen, meine ganzen Arztbesuche zu erzählen. Vom Hausarzt ging es zum Urologen und dann zum Radiologen. Am 13.12.2019, zwei Tage nach meinem 51sten Geburtstag, bekam ich an einem Freitagabend um 18:30 Uhr den Anruf von meinem Urologen. Herr Kellermann, ich habe eine gute und eine schlechte Nachricht für Sie. Ich sagte ihm, na, dann erst die Schlechte. Wir haben was in Ihrer Prostata gefunden. Das hallte in meinen Ohren nach und mein Leben stand für diesen Moment still. Die gute Nachricht, dass man es operieren kann, nahm ich gar nicht mehr so richtig wahr. Das war die Minute, wo sich mein Leben verändern sollte. Warum? Ich begriff zum ersten Mal, dass auch mein Leben endlich ist. Diagnose Prostatakrebs. Im Alter von 50 ein bisschen zu früh. Mein Urologe meinte, dass ich mich im neuen Jahr gleich melden solle, um die weitere Vorgehensweise zu besprechen. Ich soll erst mal das Weihnachtsfest mit meiner Familie feiern. Wir fuhren in unsere Ferienwohnung an den Bodensee, und ich hatte auf einmal das dringende Bedürfnis, allein spazieren zu gehen. Später begriff ich, dass ich die Reise zu mir selbst begonnen hatte. Ich lief, bis meine Fersen wund waren. Meine Frau hielt mir damals Gott sei Dank den Rücken frei und passte auf die Kinder auf. Am 27. Januar 2020 musste ich im Klinikum rechts der Isar in München einchecken. Irgendeinen Infekt hatte ich von einer Kundenveranstaltung in Bad Hofgastein, wo ich die Woche davor noch meiner Vertriebstätigkeit nachgegangen war, mit nach Hause gebracht. Ich hatte starke Kopfschmerzen und Husten. Die Anästhesistin wollte mich nicht durchwinken. Aber ich überspielte meinen Infekt und sagte, es sei alles in Ordnung. Damals war die Welt noch entspannt. Es gab zwar einen neuen Virus in Wuhan. Wuhan war aber weit weg. Eine Woche später kam der Corona Virus dann nach München. In der Firma Webasto wurde ein Mitarbeiter positiv getestet. Ich rutschte aber noch durch, bevor der Corona Wahnsinn begann. Ich wollte die OP auf jeden Fall hinter mich bringen. In der Nacht vor der OP habe ich kaum geschlafen. Die Nachtschwester war ein richtiger Drache. Sie sagte, dass ich mit Fieber auf gar keinen Fall operiert werden könne. Ich meinte nur, dass ihr Fieberthermometer kaputt sei. Mir geht es super. Ich habe kein Fieber. Der Professor meinte dann am Morgen, es sei meine Verantwortung. Selbstbestimmt entschied ich, wir ziehen die OP durch. Radikale Prostatektomie. Als ich nach der Narkose aufwachte, teilte mir die Schwester mit, dass ich Influenza A hätte und deswegen in Quarantäne gehen müsse. In meinem Fall hieß das Einzelzimmer. Ein Einzelzimmer, in dem ich sieben Schritte Richtung Tür, 180° Drehung und sieben Schritte Richtung Fenster gehen konnte. Wenn mich jemand besuchen durfte, dann nur mit voller Schutzkleidung. Ich bin oft in meiner Zelle sieben Schritte zur Tür und sieben Schritte Richtung Fenster gegangen, und ich habe angefangen, wieder meinen, meinen eigenen Puls zu spuren. Ich war am Anfang einer neuen Reise, eines neuen Lebens. Meines Lebens. Das spürte ich. Es ist noch nicht zu Ende, es fängt eigentlich erst jetzt richtig an. Meinen ersten Titel hat mir Prof. Dr. Schenk bei seiner Visite verliehen. Ich bin „prostate of the week". Die Operation sei gut verlaufen und ich hätte eine wunderschöne Anatomie. Na toll. In diesen 6 Tagen im Krankenhaus habe ich auch folgende Erkenntnis für mich gewonnen. Meine Ehe war am Ende. Alle Versuche meinerseits, die Partnerschaft zu retten, waren gescheitert. Wir haben uns irgendwann als Paar nach dem Kinderkriegen verloren. Aus einem kleinen Riss in der Kommunikation wurde eine große unüberbrückbare Schlucht. Wir quatschten zu Beginn unserer Partnerschaft in den Restaurants immer so lange, bis die Kellner genervt das Putzlicht anmachten und uns rausschmeißen mussten. 17 Jahre später war unsere Kommunikation gestorben. Am Abend ging jeder in ein anderes Zimmer. Es gab keinen Austausch mehr. Das Licht ging aus. Und wenn wir ein POG – Problem orientiertes Gespräch – hatten, haben wir aneinander vorbeigeredet, uns missverstanden und nicht zugehört. Es gab keine Berührungen mehr. Die Verbindung war gekappt. Für mich gab es aber lange kein Aufgeben. Trennung war keine Option. Ich bin selbst ein Scheidungskind. Ich fühlte Verantwortung meiner Familie, meiner Frau und meinen beiden Söhnen gegenüber. Meine Familie zu verlassen, schien für mich nicht denkbar. Da gab es nur für mich ein Problem. Ich war nicht glücklich. Was ist richtig? Glück oder Familie. In der Genesungszeit nach der Operation lies ich unbewusst folgenden Gedanken zum ersten Mal bewusst zu: Ist für meine beiden Söhne ein unglücklicher oder ein glücklicher Vater besser? Bin ich ein besserer Vater, wenn ich glücklich bin? Diese Frage bejahte ich mir ohne jeden Zweifel. Die große Frage war aber nun für mich, wie ich wieder glücklich werde. Ich spielte mit den Gedanken, wie es mir gehen würde, wenn ich mich von meiner Frau trennen würde. Wie würde mein Leben ausschauen? Was würde ich tun? Wo würde ich wohnen? Würde ich einsam sein oder meine Zeit mit Freunden verbringen. Würde ich jemals wieder eine Partnerin in meinem Alter finden? Wie finde ich eine neue Partnerin? Will eine Frau einen Mann ohne Prostata? Was passiert mit meiner Sexualität? Bekomme ich jemals wieder eine Erektion? Werde ich wieder kontinent? Mein Verstand verstand es hervorragend, jeden Zweifel als Gedanken in meinen Kopf zu holen. Auf meiner Plus-Minus-Liste war die rechte Spalte mit meinen Zweifeln dicht gefüllt. Aber ich hatte ein Gefühl in mir. Ein Gefühl, das mich nicht mehr losließ. Wie soll ich es ausdrücken? Vielleicht so. Und wenn nicht? Was, wenn ich eine tolle Wohnung habe, viele Freundschaften pflege, eine super Frau finde und viel Spaß, Freude und Glück habe? Was dann? Meine Vorstellungen wurden klarer. Der Nebel, der mich umgab, lichtete sich. Ich hatte ein klares Bild, wie ich mit meiner Herzensfrau auf die Berge stieg. Mit meinen Freunden bei einem kühlen Bier in der

Kneipe saß, lachte und Spaß hatte. All das gab es in meinem Leben bis 2019 so nicht mehr. Ich habe funktioniert. Ich war ein mobiler Geldautomat. Die materielle Welt umgab mich. Es fehlte an nichts und es fehlte an allem. Im Frühjahr 2020 habe ich konkret für mich an meinem Ausstiegsszenario gearbeitet. Für mich. Natürlich brauchte ich eine Wohnung, wenn möglich in der Nähe meiner Söhne. Eine große Stütze war mein bester Freund für mich. Wir trafen uns oft bei ihm auf dem Balkon. Das ein und andere Bier wurde geleert. Er half mir beim Verarbeiten meiner Themen nur durch sein Zuhören. Schließlich hatte ich zwei große Baustellen bis dahin, meine Gesundheit und meine Ehe. Eines Nachmittags rief er mich an und sagte, wenn ich ihn am Abend besuchen komme, hätte er eine Überraschung für mich. Ich war sehr gespannt. Unter dem Motto, es gibt keinen Zufall, es fällt einem zu, geschah für mich ein Wunder. Die Wohnung unter ihm, er wohnte zwischen Gärtnerplatz und Viktualienmarkt in München, wurde frei. Er gab mir die Telefonnummer der Vermieterin. Nach zwei Telefonaten war der Mietvertrag unterschrieben. In dieser Lage in München eine Wohnung zu bekommen, ist wie ein Sechser im Lotto. Jetzt schloss sich der Kreis. Wir beide hatten in den 90er Jahren sieben Jahre lang eine WG im Glockenbachviertel. Jetzt wohnten wir wieder im gleichen Haus, nur untereinander. Eigentlich sollte ich Luftsprünge machen, aber ich fing an zu heulen, als ich die Wohnungsschlüssel und den Mietvertrag in der Hand hielt. Jetzt war es endgültig. Mein Flieger hob Richtung neues Leben ab, das wurde mir in diesem Moment so bewusst. In dieser Phase der Veränderung musste ich lernen, das Alte loszulassen, meinen Blick nach vorne zu richten und loszumarschieren. Das ist so verdammt schwer. Als ich meiner Frau von der Wohnung erzählte, fiel ihr die Kinnlade runter und ihr Blick erstarrte, weil nun auch ihr bewusst wurde, ich mache Ernst. Ich ziehe aus. Aber das schwierigste Gespräch meines Lebens stand mir noch bevor. Das Gespräch mit meinen Söhnen. Bei diesem Gedanken zerriss es mir das Herz. Auch heute beim Schreiben dieser Zeilen muss ich mit meinen Tränen kämpfen. Wie soll ich meinen Söhnen beibringen, dass meine Entscheidung die richtige ist? Ich hatte ein Gefühl des Versagens in mir. Ich habe es nicht geschafft, bis zum Lebensende Ehemann zu bleiben. Meiner Frau und mir war klar, dass wir für dieses Gespräch psychologische und professionelle Unterstützung brauchten. Wir suchten eine Beratung auf, die wertvolle Tipps gab. Am 27.06.2020 sagte ich meinen Söhnen, dass ich ausziehen werde. Papa und Mama trennen sich. Wir bleiben aber immer Vater und Mutter für die beiden und sind immer für sie da. Ich fühlte mich beschissen. Meine Söhne waren schockiert. 14 Tage später zog ich aus. Ich schlief auf einer geliehenen ausziehbaren Couch, hatte einen Klapptisch, einen Stuhl und sonst nichts. Was ich viel hatte, war Zeit. Zeit für mich. Intuitiv fühlte ich, dass ich mir nun auch die Zeit nehmen musste, um in die richtige Richtung zu gehen. Ich fing wieder mit dem Bergsteigen an, das ich als kleiner Junge so liebte. Ich nahm mir im Sommer und im Winter 2020 Zeit für mich. Ehrlicherweise spielten mir die Lockdownphasen in die Karten. Für mich waren die aufgezwungenen Kontaktbeschränkungen gold wert. Ich war keinen Außenreizen ausgesetzt, war in keinem Hamsterrad drin. Ich kam zur Ruhe. Mein Selbstwertgefühl war im Keller, meine Zweifel nagten an mir. Ich bin nicht gut genug. Ich bin nicht attraktiv. Ich bin allein. All diese negativen Glaubenssätze kamen nach oben. Heute weiß ich, dass dies absolut notwendig war. Es ist wie bei einer guten Rinderbrühe. Beim Auskochen des Fleisches wird das Wasser erst trübe. Dann wandern die Trübstoffe nach oben und werden abgeschöpft. Die Suppe wird klar und schmeckt gut. Ich durfte mir meiner negativen Glaubenssätze auch erst bewusst werden, um sie dann über Bord werfen zu können und somit aufzulösen. Die nächsten Einschläge kamen aber schon wieder auf mich zu. Im Sommer 2020 tat sich eine weitere große Baustelle in meinem Unternehmen auf. Ich erhielt die Kündigung von einem meiner Herstellerpartner. Das bedeutet, dass der Vertrag noch 6 Monate weiterläuft und ich dann eine Abfindung in Höhe einer Jahresprovision erhalte. Normalerweise kein Problem, weil ich als Handelsvertreter genügend Zeit und finanzielle Mittel habe, um einen neuen Herstellerpartner zu finden. Doch 14 Tage nach dieser ordentlichen Kündigung lag die fristlose Kündigung dieses Herstellerpartners im Briefkasten. Angeblich hätte ich das Wettbewerbsverbot verletzt. Das bedeutet keine Provisionseinnahmen, keine Abfindung. Von jetzt auf gleich fehlen rund 10 % meiner Einnahmen. Da geht bei einem Unternehmer sofort das gelbe Licht an. Einen Monat später kam der nächste meiner fünf Herstellerpartner und trennte sich von allen Handelsvertretern, um auf Festangestellte in seinem Vertriebsnetz umzustellen. Ich wurde als Einziger in die Firmenzentrale geladen. Dort setzte man mir das Messer auf die Brust. Ich hatte die Wahl. Weiterhin zusammenzuarbeiten, aber auf ein Drittel meiner Provisionseinnahmen zu verzichten, oder auch die Kündigung. Aufgrund meiner Situation entschied ich mich für Weitermachen, gleiche Arbeit für weniger Geld. Ich bin hochmotiviert nach Hause gefahren. Scherz beiseite. Ich fühlte mich verantwortlich meinen Mitarbeitern gegenüber. Eine weitere Kündigung von dem zweiten Herstellerpartner hätte auch die Trennung von einem meinen Mitarbeiter bedeutet. Zudem hatte ich durch meine Trennung auch einen gestiegenen privaten finanziellen Bedarf, weil ich meiner Ex-Frau und meinen Kindern natürlich unterhaltspflichtig bin. Ja, ich wurde in meinem kleinen Boot auf hoher See schön durchgeschüttelt. Innerlich fragte ich mich immer mehr, warum? Warum passiert mir das alles? Warum? Meine Warums zerpflückten meinen Kopf. Ich war sehr dankbar, dass die Baubranche in den Pandemiejahren 20/21 geboomt hat. Mein Spruch war immer, dass der Bauzaun der beste Schutz gegen das Coronavirus ist. Anfang 2021 spürte ich in mich rein. So langsam war ich wieder bereit für eine Partnerschaft. Ich bin ein Beziehungsmensch und fühle mich mit Partnerin an meiner Seite wohler, als allein zu sein. Ich brauchte aber Zeit, meine eigenen Themen zu verarbeiten. Nach einem knappen Jahr merkte ich, dass ich wieder offen für eine Beziehung war. Wie sollte ich aber meine Herzensdame kennenlernen? Das letzte Mal war vor 17 Jahren, als ich meine Ex-Frau kennenlernte. Da gab es noch keine Smartphones. Wir kamen in einer Kneipe ins Gespräch. Das Flirten durfte ich also wieder trainieren. Wie ging das noch mal? In meinem Kopf lieferte mir mein Verstand wieder mehr Gedanken, wie es nicht geht. Aber ich hatte ein Ziel. Ich gehe wieder auf die Pirsch. Aber die Bars und Kneipen sowie die Fitnessstudios waren zu. Lockdown. Die Gesichter waren hinter Masken versteckt. Wie soll ich da eine Frau kennenlernen? Ich handelte eher unbewusst, weil ich noch keine Anleitung hatte, wie ich Ziele richtig formuliere und welche Werkzeuge es gibt, sie zu erreichen. Die Hilfe gab mir mal wieder mein bester Freund. Wir melden dich bei Tinder an. Das war nicht meine Option, ich wollte auf keine Plattform, um Sex zu haben. Aber ich bin offen für alles. Da ich keine Ahnung hatte, wie es funktioniert, überlies ich ihm, mein Tinderprofil zu erstellen. Da sein Spitzname auch Mister Tinder war, wurde ich gleich erst mal 5 Jahre jünger gemacht und die Zielgruppe auf Mitte 30 gesetzt. Nach zwei Tagen tindern wurde mir klar, ich bin das gar nicht, der sich da bei Tinder präsentiert. Ich ging wieder in mich und machte mir klar, wer bin ich denn und welche Frau such ich. Ich änderte mein Profil komplett, dass es sich für mich authentisch und echt anfühlte. Setzte das Alter meiner Zielgruppe um 10 Jahre höher, ging online und es machte wumm. Ich hatte ein Match nach dem anderen und war mit dieser Situation total überfordert. Mein Anspruch war, jeder Dame individuell gerecht zu werden. Das artete aber in Arbeit aus. Ich hatte Glück oder war es Erfolg? Erfolg ist das, was erfolgt. Ich lernte meine Herzensdame kennen. Unser erstes Date war erzwungenermaßen ein Waldspaziergang bei −15°C Außentemperatur am Tegernsee. Wie gesagt, wegen Lockdown war alles geschlossen. Keine Bühne, kein erstklassiges Restaurant, keine Show. Vielmehr Wollsocken, lange Unterhose, drei Pullis und weit und breit keine Toilette, wenn man mal austreten muss. Da rückt man schnell enger zusammen. Spaß beiseite, wir waren ungeschminkt und echt und hatten sofort eine Verbindung zueinander. Im Laufe des Zusammenseins stellte ich fest, dass die Frau an meiner Seite meine Herzensdame ist, die ich mir in meinen Träumen immer wieder visualisiert hatte. Ein Wunder? Von den Gesetzen des Lebens hatte ich im Sommer '21 noch keinen blassen Schimmer. Aber wie heißt es so schön, das Leben strebt nach Veränderung, nach Entwicklung, Evolution. Entwicklung heißt stetige Veränderung. Stillstand bedeutet Tod. Auf der Baustelle der Partnerschaft wuchs nach dem Abbruch wieder ein wunderschönes Haus auf einem festen Fundament. Die Herausforderungen beim Bau meisterten wir allesamt. Auch auf der Baustelle der Gesundheit sah man langsam, aber stetig ein wunderschönes Schloss entstehen. Ich ging durch meine Ängste durch, die alle drei Monate vor meiner Nachsorgeuntersuchung in mir hochkamen. Ich fand einen positiven Weg, meinen Kopf richtig zu programmieren. Ich hatte die Wahl, das richtige Programm für mich zu installieren. Krankheit oder Gesundheit. Ich entschied mich für das Programm Gesundheit. Unter allen Nachsorgewerten beim Urologen finde ich seitdem einen großen Smiley und ein dickes Super mit Ausrufezeichen. Ich helfe sogar anderen Patienten von ihm, die kurz vor der Operation stehen, mit Mut und positiven Denken und erzähle ihnen meine Geschichte. Mein Urologe ist begeistert von meiner positiven Einstellung. Nachdem ich von meinem Körper die rote Karte erhalten habe, weil ich die gelben Karten ignoriert hatte, bin ich vom Platz gegangen. Ich habe ein Spiel ausgesetzt. Ich bin aber körperlich und mental gestärkt wieder aufgelaufen und gewinne seitdem jedes Spiel. Meine Konzentration galt nun meiner dritten Baustelle, dem Unternehmen. Auf den anderen beiden Baustellen durfte ich bereits lernen, achtsam zu sein, was passiert, und dadurch die Botschaften des Lebens zu erkennen und seine Chancen zu nutzen. Mein wichtigster Herstellerpartner, mit dem ich seit Beginn meiner Selbständigkeit zusammenarbeite und über die Hälfte meines Einkommens erwirtschafte, der somit mein eigenes Fleisch und Blut geworden ist, kündigte Ende November 2021 an, sein Warenwirtschaftssystem umzustellen. Der Prozess sollte ein Wochenende dauern. Danach sollte alles besser werden und viele Probleme würden gelöst sein. Mitte Dezember spürte ich, dass es eher in die andere Richtung gehen sollte. Es funktionierte nichts mehr. Alle Kunden und wir im Vertrieb standen plötzlich im Regen. Die Firma fing an, sich mit sich selbst zu beschäftigen. Es gab keinen Verantwortlichen, der Fehler eingestand und Korrekturen vornahm. Es gab vielmehr viele Schuldige und ein Opfer, das Unternehmen selbst. Dieses Verhalten disste meinen Wert Ehrlichkeit. Ich fragte mich, wie lange soll das noch gutgehen und will ich überhaupt mit einem Partner zusammenarbeiten, der Ehrlichkeit, Verantwortung und Teamgeist nicht lebt. Ich hatte einen Wertekonflikt und ein Problem, wenn die Hälfte meiner Einnahmen früher oder später wegbrechen. Was sollte ich tun?

Mir wieder neue Herstellerpartner suchen und diese aufbauen. Weitere 10 bis 15 Jahre in eine schneller, höher, weiter Welt Kraft und Energie investieren. Ich fühlte, dass es auch hier Zeit für eine Veränderung war. Wie diese berufliche Veränderung aussehen wird, wusste ich an Weihnachten 2021 noch nicht. Ich gab aber diesem Gedanken Energie, Raum und Zeit. Ende Januar 2022 kam das Signal um die Ecke. Meine Partnerin berichtete mir von ihrem Telefonat, in dem es über eine Mentalitätstrainerausbildung ging. Spontan sagte ich zu, da mach ich auch mit. Das Projekt Andreas 2.0 war geboren. Ich startete noch mal neu durch. Die Energie und die Begeisterung schossen in mich rein. Meine Wissbegierde wuchs. Seitdem verschlinge ich Bücher, gehe auf Seminare, höre mir Podcast-Folgen an und schaue unzählige Beiträge auf YouTube.

Nach meiner Tätigkeit in der Spitzengastronomie und der Hotellerie, nach über 30 Jahren Vertriebstätigkeit als selbständiger Handelsvertreter mit Personalverantwortung hatte ich nun genug Erfahrung und Wissen angesammelt, um andere Menschen zu unterstützen und zu helfen. Das war die Schule meines Lebens. In diversen Ausbildungen habe ich die weltweit besten Tools kennengelernt. Letzten Endes habe ich aber nur meinen eigenen Code entschlüsselt, der schon immer in mir war. Ich habe das ent-wickelt, was nun ans Licht kommen darf.

Mein Kernthema ist die Kommunikation. Die verbale und nonverbale Kommunikation. Der Mensch ist bei mir im Mittelpunkt. In meinem Business folgte ich immer dem Slogan: Menschen kaufen von Menschen. Ich habe mich mit meinem Projekt Andreas 2.0 nach 1992 sozusagen zum zweiten Mal selbstständig gemacht. Geplant habe ich es nicht. Es ist so gekommen. Schritt für Schritt habe ich bei jeder Entscheidung, die ich treffen musste, in mich reingespürt. Fühlt es sich stimmig an? Meist musste ich die Entscheidungen, welche ich aus meinem Ego getroffen habe, wieder korrigieren. Aber das waren Erfahrungen, die ich erst reflektierend im Rückspiegel verstehen konnte und korrigiert habe. Es gibt kein Scheitern. Ein Fehler ist es erst, wenn du nicht daraus gelernt hast. Immer dann, wenn mir mein Herz die Richtung angezeigt hat, lag ich richtig. Durch all diese Erfahrungen kann ich mich in Menschen sehr gut hineinversetzen, die sich in der gleichen Situation befinden. Ich reiche ihnen meine Hand und begleite sie so lange, bis sie stark, sicher und selbstbestimmt allein ihren eigenen Weg gehen können.

Ich weiß, wie schwer es ist, neue Wege zu gehen. Dein Verstand zweifelt alles Neue an. Er kann auch gar nicht anders agieren, weil er sein Wissen „nur" aus diesem Leben sammeln durfte. Du bestehst aber aus so viel mehr als aus deiner linken Gehirnhälfte. Das ist der Teil deines Gehirns, welches die Zahlen, Daten, Fakten verarbeitet. Welches analysiert und strukturiert. Dein Bewusstsein kann in einer Sekunde 30 Informationen aufnehmen. In der gleichen Zeit nimmt aber dein Unterbewusstsein über 10.000 Informationen auf. Im Verhältnis einer Wegstrecke ist dein Verstand 1,5 Zentimeter lang. Dein Unterbewusstsein besitzt aber eine Wegstrecke von 11 Kilometern. Warum beschränken wir uns also nur auf unseren Verstand, wenn unser Unterbewusstsein so viel mehr weiß. Als Chef ist unser Verstand also weniger geeignet, als Diener leistet er aber sehr gute Arbeit. Mach dein Herz zu deinem Chef und Wunder werden geschehen. Als ich eines Samstagnachmittags die Frühlingssonne an einer urigen, einsamen Berghütte in den Münchener Hausbergen genossen habe, kam auf einmal wie aus dem Nichts ein Pärchen vorbei. Ich vernahm nur seine Worte an sie: Schatz, alles ist möglich! Das war mein Signal. Die einzige Begrenzung, die wir haben, sind wir selbst. Du ahnst nicht, welche Schöpferkraft deine Gedanken und Gefühle auf deine Realität haben. Damit dein Lebensrad mit all deinen Bereichen Gesundheit, Beruf-Finanzen, Beziehung-Partnerschaft-Familie und deine Persönlichkeitsentwicklung rund wird, damit du mit Freude und Leichtigkeit dein Leben genießt, empfehle ich dir, deine Reise zu dir selbst zu beginnen. Die Veränderung entspringt in dir selbst. Um dir die 4 magischen Säulen, auf die es ankommt, anschaulich zu machen, möchte ich dir eine Metapher von Maxim Mankevich, einer meiner Mentoren, mit auf deine Reise geben.

Die erste Säule ist dein Bewusstsein. Dein Bewusstsein ist das Level, auf dem alles aufbaut. Es besteht aus deinem Glauben und deinen praktischen Erfahrungen. Lerne zwischen deinen Wünschen von deinem Ego und deinen Wünschen aus deinem Herzen zu unterscheiden. Gehst du zum Beispiel in ein 3-Sterne-Restaurant, um andere zu beeindrucken, dann agierst du rein aus deinem Ego. Ernährst du dich aber bewusst gesund und streichst Zucker und Fett aus deinem Speiseplan, kümmerst du dich liebevoll um deinen Körper, dem Tempel deiner Seele. Das wäre ein Herzensanliegen. Du kannst dein Bewusstsein mit einem Fahrzeug vergleichen. Die meisten Menschen sind noch zu Fuß oder mit dem Fahrrad unterwegs. Indem du dein Bewusstseinslevel erhöhst, kommst du mit dem Auto oder dem Flugzeug viel schneller an dein Ziel. Du entscheidest jeden Tag neu, mit welchem Fahrzeug du dich fortbewegst.

Die zweite Säule ist deine Intention. Was willst du in deinem Leben? Weißt du, in welche Richtung dein Fahrzeug fahren soll. Kennst du dein Ziel?

Der Dalai Lama soll einmal gesagt haben: „Wer wirklich will, findet einen Weg; wer nicht will, findet Ausreden."

Die dritte Säule ist deine Energie. Deine Energie ist direkt mit deiner Emotion verbunden. Wie viel Sprit hat dein Fahrzeug, um ans Ziel zu kommen? Nutze deine Energie, die du hast, sinnvoll und vergeude sie nicht mit unwichtigen Dingen. Dein Herz wirkt dabei wie ein Magnet und zieht bestimmte Dinge, Situationen und Menschen in dein Leben.

Die vierte Säule ist das Quantenfeld. Das ist deine Zündung. Du kannst dich ins tollste, schnellste Auto setzen. Tank ist gefüllt und du kennst dein Ziel. Solange du aber nicht den Motor startest, wird nichts passieren. Das Quantenfeld ist deine Herz-Verstand Verbindung. Man spricht auch von Herz-Hirn-Kohärenz. Der Weg, um diese Verbindung herzustellen, führt über dein Unterbewusstsein. Und das Tor zu deinem Unterbewusstsein öffnest du in der Meditation. In der Stille.

Dein Lebensweg zu mehr Freude, Liebe und Leichtigkeit führt also nicht über die Höher-schneller-weiter-Methode, die dir beigebracht wurde, sondern über Tiefer-klarer-Bewusster. In der Stille liegt die Würze.

Diese Zeilen schreibe ich an einem einsamen Campingplatz in der Nähe von Pesaro an der Steilküste der Adria. In dieser Stille fliegen mir die Worte für diesen Text zu.

Habe den Mut, in der Zeit der Veränderung endlich dein Leben zu leben und damit die Menschen in deinem Umfeld zu beglücken.

Pablo Picasso wird das Zitat zugeschrieben: „Der Sinn des Lebens liegt darin, deine besondere Gabe zu entdecken, während der wahre Zweck darin besteht, diese Gabe mit anderen zu teilen."

Hier geht es zur Website von Andreas Kellermann:
www.andreas-kellermann.com

HEIKO J. JANSSEN

Heiko J. Janssen ist ein erfahrener Breathwork-Coach, der Führungspersönlichkeiten dabei unterstützt, innere Ruhe und Gelassenheit durch bewusstes Atmen zu finden. In einer hektischen Welt bietet Heiko transformative Breathwork-Sessions an, die durch gezielte Atemtechniken und achtsame Begleitung Blockaden lösen und die Selbstwahrnehmung steigern, um so mehr Klarheit, Sinnhaftigkeit & Verbundenheit im Alltag zu erleben. Seine Mission ist es, Menschen zu helfen, ihre Energie zu lenken und Stress in Wohlbefinden zu verwandeln. Mit Heiko J. Janssen gelingt der Weg von der Anspannung zur Gelassenheit. Sein Motto lautet: Leadership neu gedacht: Führe mit Herz & Intuition!

DIE TRANSFORMATIVE KRAFT DES ATEMS

ODER LEBST DU SCHON?

WIE BREATHWORK DEIN BERUFLICHES UND PERSÖNLICHES LEBEN VERÄNDERT

VORWORT

In der Hektik des modernen Lebens vergessen wir oft, wie machtvoll und transformativ der einfache Akt des Atmens sein kann. Wir nehmen ihn unbewusst eher als selbstverständlich an, da es automatisch vonstattengeht, und sind uns der Atemmöglichkeiten und Atemtechniken, von denen es Hunderte weltweit gibt, im Alltag nicht bewusst. Zudem gibt es insbesondere auf der Welt zwei unterschiedliche kulturelle Sichtweisen, die westliche Richtung, die mehr wissenschaftlich geprägt ist, und die östliche Richtung mit alten und bewährten Atemlehren wie Yoga, Meditation. Diese scheinen sich allerdings in den letzten Jahren mehr und mehr aufeinander zuzubewegen.

In diesem Artikel werden die Themen Atmung, Atem und Atemarbeit in eine Verbindung gebracht, die dem Leser in der Kürze neue Perspektiven aufzeigen sollen, selbstverantwortlich und bewusster den Atem einzusetzen für ein gesünderes Leben.

Als Ethical Leadership Coach und Breath Master unterstütze ich seit vielen Jahren Menschen und Führungspersönlichkeiten, aus dem rastlosen stressigen Hamsterrad des Lebens auszusteigen und mehr Sinn, Klarheit und mehr Stress-Resilienz im Leben zu finden. Dabei habe ich festgestellt, dass eine der zugänglichsten und doch am meisten unterschätzten Ressourcen zur persönlichen und beruflichen Transformation unser Atem ist.

In der Anrede verwende ich in der Folge die Du-Form, weil sich unser, uns steuerndes, Unterbewusstsein nur angesprochen fühlt, wenn es das Du hört.

Wusstest du, dass viele Menschen an einer Form von chronischer Atemfunktionsstörung leiden, wie: Chronisch obstruktive Lungenerkrankung (kurz COPD), Asthma, Schlafapnoe, chronische Verstopfung, Belastungsasthma, Mundatmung, Schnarchen, Herz-Kreislauf-Insuffizienz.

Ungünstige Atemgewohnheiten und andere Atemprobleme können eine Vielzahl chronischer Beschwerden verschlimmern: Dazu zählen ein erhöhtes Schlaganfallrisiko, Sodbrennen, ADHS, das metabolische Syndrom und vieles mehr.

Achte mal darauf, wenn du das nächste Mal in einem Zug oder Bus unterwegs bist, wie die Leute atmen. Du wirst erstaunt sein. Viele Menschen neigen dazu, übermäßig schnell und häufig durch den Mund zu atmen und dabei unbewusst ihre Schultern hängen lassen. Muss das so sein. NEIN! Ich habe bei mir gesehen, wie sich meine eigene Gesundheit durch die Annahme einfacher Atemgewohnheiten verändert hat. Mir selbst war dies auch lange nicht bewusst. Ich betreibe seit Jahren regelmäßig Sport. Ich fahre gerne Fahrrad und übe dies auch in Form von Spinning/Cycling ganzjährig regelmäßig im Studio aus. Dabei stellte ich fest, dass ich prinzipiell kein Konditionsproblem habe, ich allerdings die Luft nicht optimal mit Druck ausatme. Neben angepasstem Training helfen mir täglich bewusst durch-

geführte Atemübungen, meine Atmung und damit mein Wohlbefinden zu verbessern. Es geht darum, die Gewohnheiten mit deinem Atmen zu überprüfen und ggf. diese anzupassen und zu verändern. Es kann lebensverändernd wirken im positiven Sinne.

Wenn du deine Atmung anpasst, kannst du dein Leben positiv beeinflussen.[74]

Wenn du dich umgeben fühlst von der Hektik des Berufsalltags, von
Stress und Verpflichtungen und der Lärm der Arbeitswelt dein In-
nerstes förmlich zu erdrücken scheint, und du spürst, dass du in diesem rastlosen Hamsterrad des Alltags nicht mehr weiterkommen
kannst. Dann betrachte diesen Artikel als eine Einladung an dich,
lieber Leser, dich auf eine tiefere Reise zu begeben – eine Reise, die
von der Selbstwahrnehmung, neuem Atembewusstsein und der
Selbstführung inspiriert ist.

In den kommenden Kapiteln wird der Atem und dessen Bedeutung
auf unterschiedlichen Ebenen erläutert. Dies kann aufgrund des
breiten Themas im kleinen Rahmen eines Artikels umrissen werden.
Darüber hinaus werden die verschiedenen Facetten des Breathworks
und Loslassens sowie grundlegende Atemtechniken beschrieben
(wichtige praktische Übungen sind am Ende Kapitel dieses Kapitels
aufgeführt), die dich im Alltags- und Berufsleben unterstützen sollen, um ein resilienteres Leben zu führen.

Mein Anliegen ist es, dir nicht nur Wissen und praktische Hinweise
zu vermitteln, sondern dich auch zu ermutigen, deinen eigenen persönlichen Zugang zu Atemtechniken und zu dieser wundervollen
Praxis zu finden. Möge dieser Artikel dir helfen, den Atem als Werkzeug der Transformation zu entdecken und zu nutzen, und dir den
Mut geben, aus dem Hamsterrad auszusteigen und bewusster zu atmen.

---

[74] Vgl. James Nestor; Breath – Atem. Neues Wissen über die vergessene Kunst des Atmens,
2023

Atme tief ein und lass uns gemeinsam die Brücken zu neuen Horizonten bauen.

1. DIE BEDEUTUNG DES ATEMS FÜR KÖRPER UND GEIST

Breathwork oder Atemarbeit bezieht sich auf eine Vielzahl von Atemtechniken und -übungen, die darauf abzielen, sich bewusst auf den Atem zu konzentrieren und ihn gezielt zur Förderung der körperlichen und geistigen Gesundheit, der Leistungsfähigkeit und des emotionalen Gleichgewichts zu nutzen.

Sie ist nicht nur eine Technik, sondern ein Tor zu einem tieferen Selbstverständnis und zu einer kraftvollen Verbindung mit dem eigenen Inneren. Für dich kann diese Praxis eine Brücke zu außergewöhnlichen Wegen und wirksamen Ergebnissen in deinem Leben und Beruf sein.

Der Atem ist für dich wie ein unsichtbarer Faden, der deinen Körper und Geist verbindet. Mit jedem tiefen Atemzug nimmst du frische Energie und Lebenskraft auf. Es fühlt sich an, als ob die Luft, die du einatmest, dich sanft umarmt und deine Zellen mit neuem Leben füllt. Beim Ausatmen lässt du verbrauchte Luft in Form von CO_2 los. Es ist ein Moment des Loslassens von allem. Mit einem einzelnen Atemzug scheidest du Giftstoffe aus deinem Körper aus, verlierst du ein bisschen Fett, entspannt dein Nervensystem und dein Herz schlägt etwa zwanzig Prozent langsamer.

Leider nehmen viele Menschen den Atem als selbstverständlich an, dass er da ist. Dabei ist es der Atem, den wir, wenn wir die Welt erblicken, als Erstes erleben, wir atmen, und es ist der letzte Atemzug, der uns vom Diesseits des Lebens verabschiedet.

Dein Atem ist ein Rhythmus, der dich daran erinnert, dass du lebendig bist, dass du im Hier und Jetzt existierst. Er ist dein stiller Begleiter in Momenten der Freude und des Kummers, dein Anker in Zeiten der Unsicherheit und dein Freund, der dich in die Ruhe und Gelassenheit führt. Wir schauen uns in diesem Kapitel die Konsequenzen des dysfunktionalen Atmens an und betrachten dann die physiologischen und psychologischen Auswirkungen unserer Atmung. Danach werfen wir einen kurzen Blick auf die Möglichkeiten und positiven Auswirkungen des Atemanhaltens (Breathholds) und stellen danach eine Verbindung zwischen Körper, Geist und Atem her. Am Ende des Kapitels widmen wir uns dem Thema Schlaf und stellen guten und schlechten Schlaf gegenüber.

Die Ursachen für dysfunktionale Atmung

Für eine dysfunktionale Atmung sind drei wesentliche Faktoren neben der zu flachen Atmung verantwortlich: chemische Ungleichgewichte, Körperhaltung und Bewegungsabläufe und mentale Verfassung.[75]

Die Geschwindigkeit, mit der du atmest, spielt eine wichtige Rolle für deine allgemeine Gesundheit. Wenn du zu wenig atmest, entziehst du deinem Körper Sauerstoff; wenn du zu viel atmest, überstimulierst du dein Nervensystem und erzeugst ein chemisches Ungleichgewicht in deinem Blutkreislauf. Die meisten von uns atmen zu viel und zu oft, was eine der Hauptursachen für Erkrankungen wie schlechte sportliche Leistung, Asthma, Angstzustände und mehr ist.[76]

Viele Menschen leiden an einem leichten oder schweren biochemischen Ungleichgewicht in ihrem Körper, das durch Hyperatmung verursacht wird. Achte daher auf deine Atmung und atme weniger und richtig.

Dein Nervensystem ist die Schaltzentrale deines Atems. Stress, Angst oder Depression bringen dein Nervensystem dazu, schneller und mit kürzeren Atemzügen zu atmen. Diese Überatmung im oberen Brustbereich signalisiert deinem Gehirn, dass du in Gefahr bist, was wiederum mehr Stress, mehr Angst, mehr Panik und Depression auslösen und letztlich zu Entzündungen und Krankheiten führen kann. Es ist ein Teufelskreis, den viele von uns erleben. Doch du kannst diesen Kreislauf durch richtiges, normales Atmen durchbrechen.

---

75 Vgl. Patrick McKeown, Atme und heile dich selbst, 2022
76 Vgl. Richie Bostock, Superkraft Atmung, 2. Auflage 2022

Hast du dir schon mal Gedanken darüber gemacht, welche Konsequenzen deine Haltung, die du einnimmst, auf deine Atmung und dein Wohlbefinden haben könnte?

Beobachte mal beim Lesen, wie du gerade sitzt oder stehst. Vielleicht hast du die Schultern hochgezogen, den Rücken gekrümmt und den Hals nach vorne gestreckt mit leicht geöffnetem Mund. Diese schlechte Körper- und Mundhaltung ist eine der Hauptfaktoren für Kopfschmerzen sowie Rücken- und Nackenschmerzen.

Eine schlechte Haltung beeinträchtigt auch deine Atmung. Ein verdrehter Hals, ein eingefallener Brustkorb, ein offener Kiefer oder eine Verstopfung in Nase oder Mund behindern den Luftstrom zu deinen Lungen. Wenn die Lungen sich nicht vollständig entfalten können, müssen Herz und Kreislaufsystem härter arbeiten, um das Blut zu verteilen, was wiederum Stresssignale an dein Gehirn sendet. Dein gesamter Körper muss auf Hochtouren laufen, nur um die grundlegenden Stoffwechselbedürfnisse zu erfüllen. So kannst du zwar überleben – aber nicht wirklich aufblühen.

Zwischenfazit: Atme langsam und tief

Ein weiterer Aspekt des richtigen Atmens ist die Atmung im normalen Leben durch die Nase und nicht durch den Mund. Die Nasenatmung bringt naturgemäß viele Vorteile mit sich.

Sie sorgt für eine bessere Sauerstoffversorgung, denn wenn du durch die Nase atmest, wird die Luft erwärmt, befeuchtet und verdichtet, sodass du mit jedem Atemzug etwa 20 Prozent mehr Sauerstoff aufnehmen kannst als beim Atmen durch den Mund. Die Härchen, die Schleimhaut und die komplexe Struktur deiner Nasengänge helfen dabei, Viren, Krankheitserreger und Bakterien herauszufiltern. Zudem beruhigt die Nasenatmung dein Nervensystem und hilft, deine Herzfrequenz zu senken und deinen Blutdruck auszugleichen.

Die Herzfrequenz spiegelt dabei das Verhalten deines Nervensystems wider. Die Herzfrequenzvariabilität (HRV) steht in direkter Verbindung mit deinem autonomen Nervensystem (ANS) und dessen Gleichgewicht zwischen dem parasympathischen (Ruhe und Regeneration) und dem sympathischen (Aktivität) Teil. Durch die Ausbalancierung dieser beiden Bereiche hilft dir das ANS, auf tägliche Stressfaktoren zu reagieren und wichtige Körpersysteme wie Herzfrequenz, Atmung und Verdauung zu regulieren. Die HRV ist die effizienteste Methode, um das Gleichgewicht deines ANS abzuschätzen, da sie unmittelbar die Herzaktivität beeinflusst. Je höher die Herzfrequenzvariabilität ist, desto geringeres Stressempfinden liegt vor.

Während des Atmens durch die Nase wird sechsmal mehr Stickstoffmonoxid freigesetzt, ein Molekül, das deine Immunfunktion stärkt und die Durchblutung fördert. Du kannst dich besser konzentrieren, da bei der Nasenatmung der Hippocampus in der Amygdala stimuliert wird. Dies unterstützt wiederum dabei, deine emotionale Reaktion auf die von dir aufgenommenen Informationen zu regulieren.

Atme bitte mal bewusst durch die Nase und beobachte
Leider atmet ein Großteil in der Bevölkerung, wie bereits erwähnt, durch den Mund ein und aus, mit teils langfristig fatalen Folgen für den Einzelnen. Wenn du durch den Mund atmest, setzt du deinen Körper und insbesondere deine ungeschützte Lunge allen Einflüssen der äußeren Umgebung aus ohne Filterfunktion wie bei der Nase. Mit der Zeit kann all diese rohe, ungeheizte, verschmutzte Luft aufgrund des gereizten Organs „Lunge" eine ganze Reihe chronischer Krankheiten hervorrufen.

Das Infektionsrisiko ist höher, was schließlich zu chronischen Atemwegserkrankungen wie Asthma, COPD (chronisch obstruktive Lungenerkrankung), verengte Atemwege (Bronchien) beitragen kann. Zu viel Luftstrom durch die Atemwege kann dein Schnarchen und Schlafapnoe verschlimmern und die Schlafqualität erheblich verschlechtern. Die schlechtere Sauerstoffversorgung limitiert deine Konzentrationsfähigkeit und Fokussierung sowie die Verarbeitung von Informationen.

Atemtest:
Wie atmest du gerade?
Durch die Nase oder den Mund?

Lerne, wenn du es noch nicht tust, tagsüber überwiegend durch die Nase ein- und auszuatmen und im Schlaf ausschließlich durch die Nase zu atmen.[77]

Okay, bevor Einwände kommen, ich kann doch nicht durch die Nase atmen, weil ...

Möglichkeiten der Nasenreinigung gibt es zahlreiche: Neti Pot – zweimal täglich, morgens und abends; rezeptfreie Nasensprays (mit Salzlösung) und Dampfbäder. Mögliche Probleme mit der Struktur der Nase sind komplexer zu betrachten und zu behandeln und hier sollte ggf. ein Fachmediziner konsultiert werden.

Zusammengefasst sieht die optimale Atmung beim Menschen so aus, dass sie tief, gleichmäßig und ruhig ist (kohärent). Hier sind einige Merkmale, die eine gesunde und effektive Atmung auszeichnen:

1. Atme tief in den Bauch und nicht nur in die Brust. Dies ermöglicht eine vollständige Nutzung der Lungenkapazität und fördert die Entspannung.

2. Atme durch die Nase ein und aus. Die Nasenlöcher filtern, erwärmen und befeuchten die Luft, bevor sie in die Lungen gelangt. Dabei halte einen gleichmäßigen Atemrhythmus bei, zum Beispiel atmest du 4 Sekunden lang ein und 4 Sekunden lang aus. Vermeide dabei bitte eine flache Atmung. Tiefe Atemzüge versorgen deinen Körper besser mit Sauerstoff und fördern die Durchblutung.

3. Das Ausatmen sollte entspannt sein. Dies hilft, das parasympathische Nervensystem (PNS) zu aktivieren, das für Ruhe und Erholung verantwortlich ist.

4. Nehme dabei eine aufrechte Körperhaltung ein, sei es im Sitzen oder Stehen. Dies unterstützt eine freie und ungehinderte Atmung. Insbesondere sei hier die Zwerchfellatmung genannt, die auch als Bauchatmung oder abdominale Atmung bekannt ist. Es ist eine Atemtechnik, bei der das Zwerchfell (ein kuppelförmiger Muskel unterhalb der Lungen) aktiv einbezogen wird. Diese Art der Atmung ist besonders effizient und bietet zahlreiche gesundheitliche Vorteile.

---

77 Vgl. James Nestor, Breath – Atem. Neues Wissen über die vergessene Kunst des Atmens, 2023

Beim Einatmen senkt sich das Zwerchfell, wodurch sich der Raum in der Brusthöhle vergrößert und die Lungen sich mit Luft füllen können. Beim Ausatmen hebt sich das Zwerchfell wieder an und drückt die Luft aus den Lungen heraus. Während der Zwerchfellatmung hebt und senkt sich der Bauch sichtbar. Beim Einatmen dehnt sich der Bauch nach außen, während er sich beim Ausatmen wieder zusammenzieht. Die Atemzüge sind tief und langsam, was zu einer besseren Sauerstoffaufnahme und einem effektiveren Austausch von Kohlendioxid führt. Dadurch findet eine verbesserte Sauerstoffversorgung statt, denn durch die tiefen Atemzüge wird mehr Sauerstoff in die Lungen und somit in den Blutkreislauf transportiert.

Die langsame und tiefe Atmung aktiviert den Parasympathikus, einen Teil des Nervensystems, der für Ruhe und Entspannung sorgt. Dies kann helfen, Stress und Angst zu reduzieren. Die vollständige Ausnutzung der Lungenkapazität kann dazu beitragen, die Lungenfunktion zu verbessern und die Atemmuskulatur zu stärken. Die Bewegung des Zwerchfells massiert die inneren Organe und stimuliert den Vagusnerv (dein steuernder Hirnnerv), was die Verdauung und die Durchblutung fördern kann. Diese Vorteile sprechen eindeutig dafür, sich damit zu beschäftigen und die Zwerchfellatmung in dein Leben zu integrieren, wenn du es nicht bereits machst. Eine genauere Beschreibung dieser Atemtechnik findest du unter dem Punkt „Atemtechniken".

Die physiologischen Auswirkungen des Atems

Stell dir vor, du stehst auf einer malerischen Klippe, die sich über das endlose, glitzernde Meer erhebt. Die frische, salzige Brise streicht sanft über dein Gesicht und du nimmst einen tiefen Atemzug. In diesem Moment strömt die Luft in deine Nasenlöcher und wandert durch die Atemwege, vorbei an der Kehle und hinunter in deine Lungen. Die Lungenflügel dehnen sich aus wie die Segel eines stolzen Schiffes, das sich bereit macht, in die unendliche Weite des Ozeans zu segeln. Dieser tiefe Atemzug ist nicht nur eine mechanische Bewegung, sondern eine lebensspendende Kraft. Der Sauerstoff, den du einatmest, gelangt in die winzigen Alveolen (Lungenbläschen) in deinen Lungen, wo er von Millionen von kleinen Blutgefäßen, den Kapillaren, aufgenommen wird. Hier findet ein magischer Austausch statt: Der Sauerstoff verbindet sich mit dem Hämoglobin in deinen roten Blutkörperchen und wird durch dein Kreislaufsystem zu jedem Winkel deines Körpers transportiert.

Während dein Herz rhythmisch schlägt, sendet es diese kostbare Fracht, den Sauerstoff, in jeden Muskel, jedes Organ und jede Zelle. Dein Gehirn, das Zentrum deines Bewusstseins und deiner Kreativität, leuchtet auf wie eine Stadt bei Nacht, wenn es den frischen Sauerstoff empfängt. Deine Muskeln fühlen sich gestärkt und bereit, jede Herausforderung zu meistern.

Aber der Atem hat noch eine tiefere, subtilere Ebene. Wenn du bewusst und langsam atmest, aktiviert sich dein parasympathisches Nervensystem – der Teil deines Nervensystems, der für Ruhe und Erholung zuständig ist. Dein Herzschlag verlangsamt sich, dein Blutdruck sinkt und eine tiefe, beruhigende Welle der Entspannung durchströmt dich. Etliche Studien weisen auf den Zusammenhang langsamer Atmung und gesundheitlich zuträglicher Entspannung hin.[78]

Es ist, als ob du in einem warmen, beruhigenden Bad liegst, das all deine Sorgen und Spannungen wegspült. Gleichzeitig hat bewusstes Atmen die Kraft, deine Emotionen zu beeinflussen. Wenn du in einem Moment der Angst oder des Stresses tief durchatmest, sendest du deinem Gehirn ein Signal, dass alles in Ordnung ist. Dieses einfache, aber kraftvolle Werkzeug kann dir helfen, dich zu zentrieren, Klarheit zu finden und inneren Frieden zu erlangen. Und dann gibt es noch die spirituelle Dimension des Atems. Viele Kulturen und Traditionen betrachten den Atem als Lebensenergie – als Prana, Chi oder Qi. Jeder Atemzug ist ein Zeichen deiner Existenz, ein Beweis, dass du hier und jetzt lebst, dass du Teil dieses wunderbaren, mysteriösen Lebens bist. Wie fühlt es sich an, zu wissen, dass jeder Atemzug so viel mehr ist als nur ein physischer Akt? Hast du schon einmal be-

---

[78] Vgl. frontiers Human Neuroscience, How Breath-Control Can Change Your Life: A Systematic Review on Psycho-Physiological Correlates of Slow Breathing, Aug 2018

wusst die Kraft deines Atems genutzt, um dich zu beruhigen oder zu stärken, denn je bewusster du dir über deinen Atem wirst, desto mehr Kontrolle hast du.

Die psychologischen Auswirkungen des Atems
Stell dir vor, du befindest dich inmitten eines hektischen Tages. Dein Geist rast, dein Herz schlägt schneller und deine Gedanken springen von einem Punkt zum nächsten wie ein wilder Fluss. In diesem Moment, mitten im Sturm des Lebens, gibt es einen Anker, der dich zurückholen kann — dein Atem. Du schließt die Augen und nimmst einen tiefen, bewussten Atemzug. Langsam fühlst du, wie der Atem in deine Lungen strömt, wie eine sanfte Welle, die den Strand umspült. Mit jedem Atemzug füllt sich dein Körper mit neuer Energie und mit jedem Ausatmen lässt du ein wenig von der Anspannung los. Diese einfache Handlung, das bewusste Atmen, hat eine tiefgreifende Wirkung auf deinen Geist. Psychologisch gesehen ist der Atem ein mächtiges Werkzeug. Wenn du tief und gleichmäßig atmest, aktivierst du dein parasympathisches Nervensystem, das für Entspannung und Erholung zuständig ist. Dein Körper sendet Signale an dein Gehirn, dass du sicher bist, dass es keinen Grund zur Panik gibt. Dieses Signal ist wie ein beruhigendes Flüstern inmitten eines lauten Raumes, das dir sagt: „Alles ist gut." Wenn du in einem Zustand der Angst oder des Stresses bist, kann dein Atem flach und unregelmäßig werden. Dies verstärkt das Gefühl der Panik und sendet deinem Gehirn die Botschaft, dass Gefahr droht. Aber wenn du bewusst tief atmest, kannst du diesen Kreislauf durchbrechen. Dein Atem wird gleichmäßig und tief, und dein Gehirn erhält die Botschaft, dass die Gefahr vorüber ist. Eine tiefe Ruhe durchströmt deinen Geist, wie Sonnenstrahlen, die durch dunkle Wolken brechen. Der Atem hat auch die Fähigkeit, dich in den gegenwärtigen Moment zu bringen. Oft sind unsere Gedanken in der Vergangenheit verstrickt oder sorgen sich um die Zukunft. Aber der Atem, der immer im Hier und Jetzt geschieht, kann dich zurück in die Gegenwart holen. Indem du dich auf deinen Atem konzentrierst, kannst du einen Moment der Achtsamkeit schaffen, in dem du einfach nur bist. Dieser Moment der Präsenz kann dir Klarheit

schenken und den Lärm der Welt für einen Augenblick verstummen lassen. Darüber hinaus kann der Atem deine Emotionen regulieren. In Momenten intensiver Emotionen, sei es Wut, Traurigkeit oder Freude, kann ein bewusster Atemzug dir helfen, diese Gefühle zu verarbeiten und zu integrieren. Es ist, als ob der Atem einen sicheren Raum schafft, in dem du deine Emotionen beobachten und annehmen kannst, ohne von ihnen überwältigt zu werden. Und dann gibt es die transformative Kraft des Atems in der Meditation und Achtsamkeitspraxis. Durch bewusste Atemübungen kannst du tiefere Ebenen deines Bewusstseins erreichen. Du kannst innere Ruhe finden, alte Wunden heilen und ein Gefühl tiefer Verbundenheit mit dir selbst und der Welt um dich herum entwickeln. Dein Atem wird zu einem Tor, das dich in die inneren Landschaften deines Geistes führt, wo du Frieden und Weisheit findest. Der Atem ist mehr als nur ein physischer Prozess; er ist ein Begleiter, ein Heiler, ein Lehrer. Er erinnert dich daran, dass du lebendig bist, dass jeder Moment kostbar ist und dass du die Kraft hast, deinen Geist zu beruhigen und dein Herz zu öffnen. Wichtig ist, wie du dich fühlst, während du atmest.

Breathholds/Atemhalten
Hier möchte ich kurz auf die Praxis von bewussten Breathholds/bewusstes Atemanhalten kommen und die verschiedenen Arten des Breathholds/Atemhaltens und die Möglichkeiten aufzeigen, diese in dein Alltagsleben zu integrieren.

1. Art: Suspension-Breathhold: Dabei atmest du einmal vollständig ein mit vollen Lungen und hältst dann den Atem.

2. Art: Du machst einen passiven Breathhold. Nach dem Einatmen atmest du so weit aus, dass noch ca. 50% Luft in der Lunge verbleibt, und dann hältst du den Atem.

3. Art: Du atmest einmal kräftig ein und atmest dann vollständig aus, maximal, und dann hältst du den Atem.
Diese unterschiedlichen Breathhold-Arten fühlen sich individuell

unterschiedlich an. Probiere es einfach aus. Fange bitte dabei mit 20 bis 30 Sekunden Atemanhalten an und steigere es dann bis zu 2 bis 3 Minuten. Behalte dabei immer dein Wohlfühlen im Blick. Es bedarf eine wenig Übung. Wenn du dies täglich tust, wirst du schnelle Fortschritte feststellen. *Hinweisen möchte ich dich hier auf deinen jeweiligen Gesundheitszustand (siehe hierzu die Haftungsausschlüsse und Kontraindikationen unter Punkt Atemtechniken).* Welche unterschiedlichen positiven Folgen und Konsequenzen treten nun bei der Ausübung von Breathholds auf?

Auf der einen Seite verbesserst du bei der Einatmung die Lungenkapazität, die Sauerstoffversorgung und du reduzierst deine Angstgefühle. Auf der anderen Seite schaffst du es, durch das Ausatmen deine Atemmuskulatur zu verbessern (durch die größere Ausdehnung), deine CO_2 Toleranz sowie deine mentale Klarheit zu erhöhen.

Die Verbindung zwischen Körper, Geist und Atem

Die Verbindung zwischen Körper, Geist und Atem ist wie ein harmonisches Dreieck, in dem jede Ecke auf wundersame Weise mit den anderen verbunden ist. Diese Beziehung ist tiefgreifend und lässt sich in vielen Aspekten des menschlichen Erlebens und der Gesundheit erkennen. Lassen wir uns tiefer in diese faszinierende Verbindung eintauchen. Stell dir vor, du stehst in einem ruhigen, friedlichen Garten. Die Vögel zwitschern sanft und die Blumen verströmen ihren süßen Duft. Du nimmst einen tiefen Atemzug und fühlst, wie die frische Luft deine Lungen durchstromt, deinen Körper erfrischt und deinen Geist beruhigt. In diesem einfachen Akt des Atmens liegt eine tiefe Weisheit, die seit Jahrtausenden in vielen Kulturen und Traditionen erkannt und verehrt wird.

Dein Körper ist das Gefäß, das den Atem aufnimmt. Jeder Atemzug liefert lebenswichtigen Sauerstoff zu deinen Zellen und entfernt Kohlendioxid, ein Abfallprodukt des Stoffwechsels. Wenn du tief atmest, dehnen sich deine Lungen aus, und dein Zwerchfell bewegt sich nach unten, was zu einer besseren Sauerstoffaufnahme führt. Dieser Prozess versorgt deine Muskeln und Organe mit Energie, erhöht deine Vitalität und unterstützt die körperliche Gesundheit. Aber der Atem tut noch mehr: Er kann Muskelverspannungen lösen, den Blutdruck senken und das Immunsystem stärken.[79]

Dein Geist ist der Ort, an dem Gedanken, Emotionen und Bewusstsein wohnen. In Zeiten von Stress, Angst oder Überforderung kann der Atem ein Anker sein, der dich zurück in die Gegenwart holt. Durch bewusste Atemübungen kannst du deine Gedanken beruhigen und deinen Geist klären. Wenn du tief und gleichmäßig atmest, sendest du Signale an dein Gehirn, dass du sicher bist, was wiederum die Produktion von Stresshormonen wie Adrenalin und Cortisol reduziert. Dies schafft einen Raum der Ruhe und Gelassenheit, in dem du klarer denken und besser Entscheidungen treffen kannst.

Der Atem ist die Brücke, die deinen Körper und Geist verbindet. Er ist der stille Begleiter, der immer bei dir ist, egal wo du bist oder was du tust. Der Atem kann dir helfen, in den gegenwärtigen Moment zurückzukehren und eine tiefe Verbindung zu dir selbst herzustellen. In der Meditation und Achtsamkeitspraxis wird der Atem oft als Fokuspunkt verwendet, um den Geist zu beruhigen und eine tiefere Ebene des Bewusstseins zu erreichen. Durch den Atem kannst du sowohl körperliche Spannungen als auch mentale Blockaden lösen und ein Gefühl des inneren Friedens und der Einheit erfahren.

Die wahre Magie entsteht, wenn Körper, Geist und Atem in Harmonie zusammenarbeiten. Wenn du bewusst atmest, beeinflusst du sowohl deinen physischen Zustand als auch deinen mentalen Zustand. Ein entspannter Körper führt zu einem ruhigeren Geist und ein ruhiger Geist fördert die körperliche Entspannung. Diese wechselseitige Beziehung schafft einen Kreislauf des Wohlbefindens, der dich in Balance hält und dir hilft, alltägliche Herausforderungen mit mehr Gelassenheit und Klarheit zu meistern.

In stressigen Momenten kannst du dich auf deinen Atem konzentrieren, um deinen Körper zu entspannen und deinen Geist zu beruhigen. In Zeiten der Ruhe kannst du durch tiefes Atmen Energie tanken und deine innere Mitte finden. Der Atem ist ein kraftvolles Werkzeug, das dir jederzeit zur Verfügung steht und dir hilft, die Ver-

---

[79] Vgl. Richie Bostock, Superkraft Atmung, 2. Aufl., 2022

bindung zwischen Körper und Geist zu stärken. Hast du schon einmal erlebt, wie der Atem dir geholfen hat, eine tiefere Verbindung zu dir selbst herzustellen? Wie fühlt sich diese Harmonie zwischen Körper, Geist und Atem für dich an?

Schlechter Schlaf versus guten Schlaf

Ich denke, alle Menschen haben schon mal schlecht geschlafen, dennoch klagen viele von uns über dauerhafte Schlafstörungen, unruhigen Schlaf (viele Menschen schlafen aktuell schlecht). Kennst du das auch? Es ist nicht egal, wie du schläfst. Schlaf ist ein Zustand, meistens in der Nacht, der so alltäglich und doch so mysteriös ist, dass er einen tiefen Einfluss auf deine Lebensqualität hat.

Stell dir zwei Szenarien vor: eine Nacht des unruhigen, abgebrochenen Schlafs und eine Nacht des tiefen, erholsamen Schlafs. Die Unterschiede in diesen beiden Erfahrungen sind nicht nur spürbar, sondern auch tiefgreifend und durch wissenschaftliche Erkenntnisse untermauert. Nun lass uns die Unterschiede aufzeigen.

Schlechter Schlaf:

Stell dir vor, du liegst in deinem Bett, die Uhr tickt unerbittlich weiter, und doch findest du keine Ruhe. Dein Geist ist ein Karussell von Sorgen und Gedanken, das sich immer schneller dreht. Es ist das grundlegende menschliche Problem, dass wir zu 95 % von unseren unbewussten Überzeugungen beeinflusst werden. Jeden Tag haben wir über 60.000 Gedanken, von denen leider 70 % bis 80 % negativ, entmutigend und einschränkend sind. Zudem wiederholen sich 95 % dieser Gedanken ständig.

Der ersehnte Schlaf bleibt dann häufig aus. Du drehst dich von einer Seite auf die andere und die Stunden ziehen sich endlos hin. Am nächsten Morgen wachst du auf, fühlst dich benommen und erschöpft. Dein Körper ist schwer, als ob er durch dichten Nebel wandert. Deine Augen sind müde und dein Kopf schmerzt. Dies ist die Realität des schlechten Schlafs.

Allerdings sind dies leider nicht die einzigen Begleiterscheinungen. Aus Sicht der Schlaf-Wissenschaft hat schlechter Schlaf tiefgreifende Auswirkungen auf deinen Körper und Geist. Chronischer Schlafmangel kann zu einer Vielzahl von gesundheitlichen Problemen führen:

1. Dein Gehirn benötigt Schlaf, um sich zu regenerieren und Informationen zu verarbeiten. Schlechter Schlaf kann deine Konzentration, dein Gedächtnis und deine Entscheidungsfähigkeit beeinträchtigen.

2. Schlafmangel kann zu Reizbarkeit, Stimmungsschwankungen und erhöhter Anfälligkeit für Stress und Angst führen.[80] Dein emotionales Gleichgewicht gerät ins Wanken und selbst kleine Herausforderungen können überwältigend erscheinen.

3. Schlechter Schlaf kann das Immunsystem schwächen, das Risiko für Herz-Kreislauf-Erkrankungen erhöhen und zu Gewichtszunahme und Stoffwechselstörungen beitragen.

4. Schlafmangel beeinflusst die Produktion von Hormonen, die Hunger und Sättigung regulieren, was zu erhöhtem Appetit und ungesunden Essgewohnheiten führen kann.

Guter Schlaf:

Für einen guten und gesunden Schlaf sind vorab einige Voraussetzungen zu erfüllen, d.h. es muss eine gute Basis vorliegen. Stell dir vor, du liegst in deinem Bett, das Zimmer ist angenehm dunkel und ruhig. Dein Kopf sinkt in das weiche Kissen und dein Atem wird langsam und gleichmäßig. In diesem Moment findest du die Ruhe, nach der du dich gesehnt hast. Dein Körper entspannt sich und dein Geist gleitet sanft in den Schlaf. Du wachst am nächsten Morgen auf und fühlst dich erfrischt und voller Energie. Dein Kopf ist klar, deine Augen strahlen, und dein Körper ist bereit, den Tag zu erobern. Dies ist die Magie des guten Schlafs – ein Zustand, der dich auf allen Ebenen deines Seins stärkt. Guter Schlaf ist nicht nur eine Quelle des Wohlbefindens, sondern auch eine Grundlage für die Gesundheit:

---

[80] Vgl. praktischArzt Ratgeber, Schlafmangel, Zu wenig Schlaf – Auswirkungen und Folgen von Schlafmangel, 20.12.2022 – *https://www.praktischarzt.de/ratgeber/zu-wenig-schlaf-schlafmangel/*

Während des Schlafs durchläuft dein Gehirn verschiedene Phasen, darunter den REM-Schlaf, der für die Konsolidierung von Erinnerungen und die Verarbeitung von Emotionen entscheidend ist. Bei Erwachsenen macht der REM-Schlaf etwa 20 bis 25 % des gesamten Schlafs aus.[81] Guter Schlaf verbessert deine Lernfähigkeit, Kreativität und Problemlösungsfähigkeiten. Zudem fördert erholsamer Schlaf deine ausgeglichene Stimmung und emotionale Stabilität. Du bist besser in der Lage, mit Stress umzugehen und positive Emotionen zu erleben.

Während des Schlafs repariert und regeneriert sich dein Körper. Wachstumshormone werden freigesetzt und geschädigte Zellen werden repariert. Dies unterstützt die Heilung und stärkt dein Immunsystem. Darüber hinaus reguliert es die Produktion von Hormonen wie Insulin, Cortisol und Leptin, was zu einem gesunden Stoffwechsel und einem stabilen Blutzuckerspiegel beiträgt. Die Wissenschaft zeigt uns, dass Schlaf ein unverzichtbarer Bestandteil unseres Lebens ist, der weitreichende Auswirkungen auf unsere körperliche und geistige Gesundheit hat. Er ist der Grundstein für ein erfülltes, energiegeladenes Leben.[82]

2. TRANSFORMATIONAL BREATHWORK (REISEN) ALS WEG ZUR STRESSREDUKTION UND ENTSPANNUNG DURCH BEWUSSTES ATMEN

In diesem Kapitel beleuchten wir ausführlich den Zusammenhang des Transformational Breathwork mit der Stressreduzierung und Entspannung und gehen dann auf die Wirkungen von Breathwork auf unterschiedlichen Ebenen ein. Danach wird die Verbindung zwischen dem Loslassen von Gefühlen und unserer Atmung beschrieben.

Transformational Breathwork ist eine spezielle Atemtechnik, die darauf abzielt, körperliche, emotionale und spirituelle Blockaden zu

---

81 Vgl. auch Wikipedia *https://de.wikipedia.org/wiki/REM-Schlaf*, aufgerufen am 03.07.2024

82 Vgl. *https://www.uni-ulm.de › fileadmin, website_uni_ulm, hssbgm, newsletter_ Schlaf_Juni 2021*, aufgerufen 07.07.2024

lösen. Durch kontrolliertes und bewusstes Atmen können Menschen tief verwurzelte emotionale Muster und Stress abbauen, was zu einem Gefühl der Befreiung und inneren Ruhe führen kann. Diese Praxis wird in therapeutischen Sitzungen oder Workshops durchgeführt und kann eine kraftvolle Methode zur Selbstentfaltung und Heilung sein.

In einer Welt, in der wir ständig von äußeren Reizen und Pflichten überwältigt werden, bleibt oft wenig Raum für Selbstreflexion und emotionale Verarbeitung. Doch es gibt einen einfachen, jedoch kraftvollen Schlüssel, der uns den Zugang zu tieferem Wohlbefinden und emotionaler Freiheit ermöglichen kann: **unser Atem.**

Der Atem ist weit mehr als nur eine lebensnotwendige Funktion, er ist ein Torweg oder eine Art Brücke zum Wohlbefinden. Mit jedem Atemzug, den wir bewusst nehmen, öffnen wir die Tür zu einer Welt der inneren Ruhe und Heilung. 95 % unserer Gehirnaktivität laufen unterbewusst ab und viele unserer tiefsten emotionalen Blockaden und Ängste sind in diesem Teil des Gehirns verankert.

Doch durch spezielle Atemtechniken können wir in diese emotionale Welt eintauchen und transformative Veränderungen bewirken, wie Traumata und Emotionen loszulassen, alte Gewohnheiten aufzugeben und Glaubensmuster sowie Strukturen zu verändern. In Coaching und auch in Therapien gelingt es den Klienten zum Teil über einen längeren Zeitraum der Begleitung durch Experten nicht, tief in ihre emotionale Ebene bzw. Gefühlsebene einzutauchen, und es bleibt vieles auf der kognitiven Verstandsebene hängen. Die angestrebte Heilung oder Veränderung tritt dann ggf. nicht ein.

Was passiert nun während einer transformativen Breathwork-Reise, um die beschriebenen tiefgreifenden Veränderungen zu erfahren? Dies gelingt durch die Deaktivierung des sogenannten Default Mode Networks (DMN). Das DMN verbindet verschiedene Teile des Denkens, der Entscheidungsfindung und der interpretativen Funktionen des Gehirns. Hierzu gehört die Fähigkeit zur Selbstreflexion, zur mentalen Projektion, über Vergangenheit und Zukunft nachzudenken usw. Dieses Netzwerk, das Ende der 1990er Jahre von Dr. Marcus Raichle (Vgl. Wikipedia) entdeckt wurde, ist dann aktiv, wenn wir nicht mit bestimmten kognitiven Aufgaben beschäftigt sind. Eine Hyperaktivität des DMN wurde wissenschaftlich mit verschiedenen geistigen, emotionalen und körperlichen Zuständen in Verbindung gebracht, darunter auch chronischer Stress.[83]

Das DMN erzeugt Anspannung und Unzufriedenheit und ist immer aktiv, wenn keine kognitiven Aufgaben anstehen. Es kann eine Flut von geistiger Aktivität und Körperspannung hervorrufen, einschließlich negativer Gedanken und Grübeleien (Gedankenkarussel). Das DMN filtert nicht, zensiert nicht und hört nie auf zu arbeiten, es sei denn, du bist bewusst mit einer bestimmten kognitiven Aufgabe beschäftigt. Wenn dein aufgabenorientierter Geist ruht, arbeitet das DMN verstärkt. Dies ist eine wissenschaftlich erwiesene Tatsache, die durch fMRI-Scans bestätigt wurde.

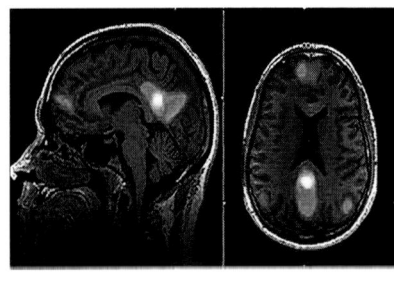

Quelle:
Regionen des DMN; das DMN im fMRT. Abbildung aus Graner et al. (2013) in Wikimedia, aufgerufen 20.06.2024

Die Deaktivierung des DMN geschieht im Frontallappen unseres Gehirns. Es ist der Bereich des Gehirns, der für das Ego und die Gedanken und damit auch für unseren Gedankendschungel verantwortlich ist. Durch intensive Atemtechniken wie beim Transformational Breathwork (Technik ist zum Beispiel eine Form der bewussten, verbundenen Atmung) wird die Aktivität in diesem Bereich für einen kurzen Zeitraum heruntergefahren. Dieser Zustand wird als „transiente Hypofrontalität" bezeichnet. In diesem Zustand sind wir in der Lage,

83 Vgl. Nervenarzt 2011 DOI 10.1007/s00115-011-3307-6 © Springer-Verlag 2011; *https://www.academia.edu/3094503/_Default_mode_Netzwerk_des_Gehirns,* aufgerufen am 30.06.2024

unser Ego und unsere Gedanken zu beruhigen und uns auf eine tiefere, emotionale Ebene zu begeben.[84]

Transformative Atemsessions bieten eine Möglichkeit, außerkörperliche Erfahrungen zu machen, tiefsitzende Themen zu überwinden, Stress und Ängste loszulassen und alltägliche Spannungen zu reduzieren. Doch das Hauptproblem liegt in unserer Gesellschaft selbst. Uns wird oft beigebracht, dass es nicht in Ordnung ist, unsere Gefühle und Emotionen auszudrücken. Diese Unterdrückung führt dazu, dass sich unausgesprochene Gefühle als Spannung im Körper festsetzen. Jeder selbstzerstörerische Gedanke wird im Körper registriert und kann sich als Stress, Angst und schließlich als Krankheit manifestieren. Wir tragen einen Rucksack mit Emotionen ständig mit uns, der über die Jahre schwerer wird. Es ist mittlerweile durch wissenschaftliche Studien erwiesen, dass ein hoher Prozentsatz aller uns bekannten Krankheiten stressbedingt ist. Mögliche körperliche Folgen von zu viel Stress sind u.a. ein erhöhtes Risiko für Herz-Kreislauf-Erkrankungen; ein erhöhtes Risiko für Magen-Darm-Erkrankungen, ein erhöhtes Risiko für Stoffwechselstörungen wie Diabetes, Fettleibigkeit; geschwächtes Immunsystem wie Erkältungen, Infektionen; Verspannungen und Schmerzen; Schlafstörungen; Erschöpfung und Müdigkeit. Und hinzu kommen noch die psychologischen Folgen von zu viel Stress, diese sind: Angststörungen wie Panikattacken; Depressionen; Burnout wie Erschöpfung und Distanzierung von der Arbeit; Konzentrationsschwierigkeiten wie Probleme beim Lernen und Arbeiten; Reizbarkeit und Aggressivität wie Wutausbrüche; vermindertes Selbstwertgefühl wie Zweifel an den eigenen Fähigkeiten; Gefühl der Überforderung und Hilflosigkeit.

Die stressbedingten Krankheitsbilder sollen darauf hinweisen und aufzeigen, dass durch Praktizieren von bewusster Atmung und Breathwork-Praktiken Krankheitsbilder aus eigener Kraft gelindert

---

84 Vgl. Artikel in Pharmazeutische Zeitung, Muntermacher, Motivator, Dünger - Den Kopf frei bekommen, 18.05.2022 - *https://www.pharmazeutische-zeitung.de/muntermacher-motivator-und-duenger-133144/seite/4/?cHash=171aa85825b77aeeff53ab564cf6e226, aufgerufen am 07.06.2024*

und vielleicht geheilt werden können und wir nicht in der Opfermentalität verfallen bzw. verharren müssen.[85]

Viele Menschen verbringen ihr ganzes Leben damit, vor ihren eigenen Gefühlen und Emotionen davonzulaufen. Doch der Körper vergisst nie. Die oben genannten Erkrankungen sind heute so hoch wie nie zuvor. Leider tragen wir nicht nur unseren eigenen Ballast, sondern auch den unserer Vorfahren mit uns herum.

Die Kraft des transformativen Breathworks ermöglicht uns, die Tür zu unserem Unterbewusstsein zu öffnen und die Wurzeln unserer tiefsten Unbehagen und Kämpfe an die Oberfläche zu holen im Theta-Gehirnwellenzustand. Dieser Thetazustand trägt dazu bei, Ängste und Stress abzubauen, fördert eine tiefere emotionale Verbundenheit und stärkt das Immunsystem. Wir bewegen uns immer in einem Kreislauf von Atmen, Denken, Fühlen. Sie bedingen sich wechselseitig. Vielleicht hast du in deinem Leben schon häufiger den Versuch unternommen, angstvolle Gedanken zu ändern, um dich besser zu fühlen mit ruhiger Atmung, und dabei feststellen müssen, dass dies kein einfacher Prozess ist. Dagegen ist es ein viel einfacherer Prozess, den angstvollen Atem zu ändern, um dich besser zu fühlen und dadurch positive Gedanken zu entwickeln.

Anstatt die Symptome mit Medikamenten zu behandeln, können wir den Ursachen durch bewusstes Atmen direkt an die Wurzel gehen. Es benötigt zukünftig ein effizienteres Zusammenwirken des schulmedizinischen Wissens und den „eigenverantwortlichen" Selbstheilungskräften durch bewusstes Atmen mit all den bekannten Atemtechniken.

Die Wirkung von Breathwork ist auf drei Ebenen erkennbar:
1. Durch die intensive Atemtechnik findet ein veränderter Gasaustausch im Körper statt, wodurch sich die Biochemie verändert, da

---

85 Vgl. Ratgeber der mkk (meine Krankenkasse). Mentale Gesundheit, Der große Stressratgeber - *https://www.meine-krankenkasse.de/ratgeber/mentale-gesundheit/stress/, aufgerufen am 07.06.2024*

CO_2 abgeatmet wird. Dies kann zu einer verbesserten Sauerstoffversorgung und einem ausgeglicheneren pH-Wert im Körper führen.

2. Das Hauptziel beim Transformational Breathwork ist es, auf der emotionalen Ebene zu arbeiten und Emotionen freizusetzen. In den Sitzungen ist es häufig der Fall, dass Teilnehmer anfangen zu lachen, zu weinen oder zu schreien – und das ist ausdrücklich erlaubt. Denn das Unterdrücken von Emotionen führt dazu, dass diese jahrelang mit sich herumgetragen werden, anstatt sie loszulassen, mit den oben aufgelisteten Folgen.

3. Durch das Beruhigen des Frontallappens und das Eintauchen in das Unterbewusstsein können tiefsitzende mentale Blockaden und Glaubenssätze angesprochen und transformiert werden.

Viele Menschen haben eine Herausforderung damit, in einen guten Kontakt mit sich selbst und den eigenen Gefühlen zu kommen bzw. zu gehen, geschweige denn kontaktvoll empathisch anderen Menschen zu begegnen.

Wenn wir uns als „Spezies" Mensch weiterentwickeln wollen, müssen wir eine gesündere Beziehung dazu entwickeln, wie wir mit unseren Gefühlen und Emotionen umgehen. Jedes Gefühl, dass du ignorierst, setzt sich als Spannung im Körper fest. Jedes unausgesprochene Gefühl wird als Schmerz festgehalten. Doch durch bewusstes Atmen kannst du diese Gefühle und Emotionen loslassen und tiefgreifende Heilung erfahren.

Der Atem ist ein kraftvolles Werkzeug, das uns nicht nur das Leben ermöglicht, sondern auch Zugang zu tieferem Wohlbefinden und emotionaler Freiheit bietet. Durch transformative Atemtechniken können wir in unser Unterbewusstsein eintauchen, tiefsitzende Blockaden lösen und ein Leben in Balance und Harmonie führen.

Unterschied:
Unbewusste & Unterbewusste

Unbewusst: Verarbeitung von Informationen und Erfahrungen, die unterhalb des bewussten Bewusstseins stattfinden; Aktivitäten, die ohne aktives Nachdenken ablaufen, wie zum Beispiel Autofahren; automatische Reaktionen auf bestimmte Situationen.

Unterbewusst: Beinhaltet Informationen, die uns nicht direkt bewusst sind, wie verdrängte Erinnerungen, Emotionen und Gedanken.

ZUSAMMENHANG ZWISCHEN DEM LOSLASSEN VON GEFÜHLEN UND UNSERER ATMUNG (BREATHWORK)

Hier kommt der Kreislauf von Atmen, Denken, Fühlen ins Spiel. Wenn du etwas beobachtest, bewertest du in deinem Gehirn in Bruchteilen von Sekunden diese Beobachtung, und diese Wertung erzeugt ein Gefühl (z.B. Angst) in dir, dass wiederum eine Handlung bzw. Reaktion zur Folge hat, ein immer wiederkehrender Ablauf deines Lebens. Leider passiert es oft, dass wir an diesem Gefühl dann lange festhalten und es in uns tragen. Wie wir in diesem Artikel bereits erfahren haben, sind es insbesondere die Emotionen, die wir bis dato nicht gefühlt haben, die uns den schweren Rucksack bescheren. Durch (transformatives) Breathwork hast du einerseits Möglichkeiten, diesen Rucksack von alten Emotionen zu befreien. Durch das intensive Atmen löst du auf der emotionalen Ebene, sprichst die Gedankenebene an und führst dazu auf der körperlichen Ebene Reaktionen herbei, den Rucksack zu leeren.

Andererseits kannst du frühzeitig durch das Loslassen von Gefühlen bei dessen Entstehung einwirken, dass es gar nicht zu Emotionen kommt. Es geht dabei um eine Art Kapitulation von Gefühlen.[86]

Die normale Reaktion eines Menschen ist es, dass er das Gefühl nicht fühlen will und damit in den Widerstand geht mit der Folge, dass sich das Gefühl verstetigt und es bleibt. Ein anderer Weg im Umgang mit dem Gefühl wäre das Erkennen des negativen Gefühls, es dann anzunehmen und zu fühlen und dann bewusst mit einer tiefen Ausatmung loszulassen und sich damit von den Energien, die Stress verursachen, zu befreien.

Eine sehr schöne Methode des Loslassens ist Lachen, weil es sowohl auf physischer als auch auf emotionaler Ebene wirkt. Wenn wir lachen, werden Endorphine freigesetzt, die uns glücklicher machen und Stress abbauen. Gleichzeitig entspannt sich unser Körper. Auf

---

86   Vgl. David R. Hawkins, Loslassen – Der Pfad widerstandsloser Kapitulation, 4. Auflage 2023

emotionaler Ebene hilft Lachen uns, negative Gefühle loszulassen und eine neue Perspektive auf Probleme zu gewinnen. Es erlaubt uns, uns von Sorgen und Ängsten zu distanzieren und einfach den Moment zu genießen.

Eine weitere Technik, die 90-Sekunden-Regel, soll nicht unerwähnt bleiben.

Die Regel besagt, dass die meisten deiner Empfindungen nach 90 Sekunden von allein wieder abklingen, wenn du dich nicht weiter damit beschäftigst. Du zählst dabei von 90 an runter und konzentrierst dich auf eine ruhige, gleichmäßige Atmung. Alles, was über 90 Sekunden hinausgeht, ist oft das Ergebnis deiner Gedanken, die die ursprüngliche Emotion immer wieder neu entfachen.

3. DER ATEM UND DIE EMOTIONALE INTELLIGENZ IM BERUFLICHEN UMFELD

In diesem Kapitel betrachten wir das Zusammenspiel unseres Atems mit der emotionalen Intelligenz. Die emotionale Intelligenz[87] und Empathie-Fähigkeit werden häufig im Zusammenhang wichtiger Kompetenzen im Berufsleben genannt.

Die Frage ist, ob emotionale Intelligenz in Verbindung steht mit unserer Atmung. Also lass uns noch tiefer in die faszinierende Verbindung zwischen emotionaler Intelligenz und der Bedeutung des Atems eintauchen. Diese Reise führt uns durch die verschiedenen Facetten der emotionalen Intelligenz und zeigt, wie der Atem als ein unschätzbar wertvolles Werkzeug dienen kann.

Emotionale Intelligenz beginnt mit der Selbstwahrnehmung. Es ist die Fähigkeit, deine eigenen Emotionen und inneren Zustände zu erkennen und zu verstehen. Stell Dir vor, du hast einen stressigen Tag und deine Gedanken rasen. In diesem Moment setzt du dich hin,

---

87 Emotionale Intelligenz ist ein Begriff, der 1990 von John D. Mayer (University of New Hampshire) und Peter Salovey (Yale University) geprägt wurde. Er bezieht sich auf die Fähigkeit, sowohl eigene als auch fremde Emotionen richtig wahrzunehmen, zu verstehen und zu beeinflussen.

schließt die Augen und nimmst einen tiefen Atemzug. Du spürst, wie die Luft in deine Lungen strömt, du fühlst das sanfte Heben und Senken deines Brustkorbs. Mit jedem Atemzug wirst du deiner Gedanken und Emotionen bewusster. Vielleicht bemerkst du, dass dein Atem flach und schnell ist, was auf Stress oder Angst hinweist. Indem du dich auf deinen Atem konzentrierst, trittst du in einen Zustand der Achtsamkeit ein, in dem du deine inneren Zustände klarer wahrnehmen kannst. Diese bewusste Selbstwahrnehmung ist der erste Schritt zur emotionalen Intelligenz und hilft dir, deine Gefühle zu erkennen und zu benennen.

Hinzu kommt die Fähigkeit zur Selbstregulierung. Angenommen du stehst vor einer herausfordernden Situation, die deine Emotionen in Aufruhr versetzt. Dein Herz schlägt schneller, deine Muskeln verspannen sich und dein Geist ist unruhig. In diesem Moment kannst du durch bewusste Atemübungen deinen Körper und Geist beruhigen. Langsame, tiefe Atemzüge aktivieren dein parasympathisches Nervensystem, das für Entspannung und Erholung verantwortlich ist. Dein Herzschlag verlangsamt sich, dein Blutdruck sinkt und eine Welle der Ruhe durchströmt deinen Körper. Dies ermöglicht es dir, einen klaren Kopf zu bewahren und deine Emotionen zu regulieren, anstatt von ihnen überwältigt zu werden. Der Atem dient als Anker, der dich in stürmischen Zeiten stabil hält und dir hilft, bewusst und besonnen zu reagieren.

Jetzt kommen wir zur Empathie. Sie ist deine Fähigkeit, die Gefühle anderer Menschen zu erkennen und nachzuempfinden. Diese Fähigkeit ist ein Kernbestandteil der emotionalen Intelligenz und kann durch bewussten Atem vertieft werden. Wenn du in einem Gespräch tief und aufmerksam atmest, bist du präsenter und offener für die Emotionen deines Gegenübers. Dein Atem hilft dir, in Kontakt mit deinen eigenen Gefühlen zu bleiben und gleichzeitig die subtilen emotionalen Signale des anderen wahrzunehmen. Du spürst die feinen Nuancen der Emotionen und kannst mit Mitgefühl und Verständnis reagieren. Diese empathische Verbindung stärkt deine Beziehungen und schafft eine Atmosphäre des Vertrauens und der Verbundenheit. Dein Atem wird zu einem Werkzeug, das dir hilft, tiefer zuzuhören und dich in die Lage des jeweils anderen zu versetzen.

Mit emotionaler Intelligenz bist du in der Lage, positive Beziehungen aufzubauen und zu pflegen sowie effektiv zu kommunizieren. In sozialen Interaktionen kann der Atem dir helfen, ruhig und präsent zu bleiben. Nehmen wir mal an, du bist in eine hitzige Diskussion geraten und spürst, wie deine Emotionen hochkochen. Durch bewusstes Atmen kannst du deine Impulse kontrollieren und eine besonnene Haltung bewahren. Dein Atem dient als Anker, der dich inmitten von sozialen Dynamiken stabil hält. Du bist weniger anfällig für impulsive Reaktionen und kannst bewusster und respektvoller kommunizieren. Dies führt dich zu harmonischeren und tiefer gehenden Beziehungen, da du in der Lage bist, auf die Bedürfnisse und Gefühle anderer einzugehen.

Ein weiterer interessanter Aspekt der emotionalen Intelligenz ist die Fähigkeit, sich selbst zu motivieren und positive Ziele zu verfolgen. Dein Atem kann dir dabei helfen, dich zu fokussieren. Wenn du dich auf deine Atmung konzentrierst und tief atmest, findest du die Energie und Entschlossenheit, Hindernisse zu überwinden und deine Träume zu verwirklichen. Stellen wir uns die Situation vor, du stehst vor einer großen Herausforderung und fühlst dich überwältigt. Durch bewusstes Atmen kannst du deinen Geist klären und deine inneren Ressourcen aktivieren. Dein Atem gibt dir die Kraft und Ausdauer, die du benötigst, um voranzukommen und deine Ziele zu erreichen.

4. ATEMTECHNIKEN BZW. PRAKTISCHE ÜBUNGEN IM ALLTAG

Dieses Kapitel soll dazu dienen, dir als Leser praktische Atemtechniken näherzubringen, die du im Alltag und auch teilweise während der Arbeitszeit anwenden kannst. Es erfolgen auch zu Beginn des Kapitels Sicherheitshinweise, denn nicht alle aufgeführten Atemmethoden sind für jeden geeignet. Bei bekannten gesundheitlichen Einschränkungen bitte ich ein erhöhtes Augenwerk auf die Hinweise zu geben.

HAFTUNGSAUSSCHLUSS:
Bei den Atemmethoden und Techniken, zu denen Phasen der Überatmung, des Anhaltens des Atems und energetisierenden Stresses gehören, möchte ich darauf aufmerksam machen, dass diese Übungen viele Vorteile bieten, jedoch nicht für jeden geeignet sind, insbesondere wenn du schwanger bist, Epileptiker bist oder an chronischen Herzerkrankungen leidest und Probleme mit dem Blutdruck oder weitere Kontraindikationen[*] hast, die der Ausübung entgegenstehen können. Hierzu solltest du vorab den Arzt deines Vertrauens aufsuchen.

*Eine **Kontraindikation** ist eine Vorerkrankung oder ein Umstand, der darauf schließen lässt, dass ein bestimmtes Medikament oder eine bestimmte Technik nicht verabreicht werden darf (oder möglicherweise nicht sicher eingesetzt werden kann).

Praktische Übungen für den Arbeitsplatz
■■ Stopp-Methode zur Sofortberuhigung

S   Stoppe, was du gerade tust. Nimm einen Moment, um innezuhalten.

T   Tief durchatmen: 3-mal tief ein- und ausatmen durch die Nase.

O   Observiere: Was geht dir gerade durch den Kopf? Welche Emotionen und Körperempfindungen nimmst du wahr? Beobachte, ohne zu urteilen.

P   Plane: Überlege dir, welche nächsten Schritte sinnvoll und hilfreich sind.

Hochregulierende Atemtechniken
Sind Atemmethoden, die darauf abzielen, die körperliche und geistige Balance zu fördern. Sie beinhalten oft bewusste und kontrollierte Atemmuster, die die Herzfrequenz und den Blutsauerstoffgehalt regulieren.

■■ Feueratmung (Kapalabhati)
Eine kraftvolle Technik zur Energiegewinnung. Die Feueratmung, auch bekannt als Kapalabhati, ist eine kraftvolle Atemtechnik aus

dem Yoga, die dir helfen kann, deinen Energielevel zu steigern, deine Lungenkapazität zu verbessern und deinen Geist zu klären. Diese Technik besteht aus schnellen, rhythmischen Ausatmungen durch die Nase, begleitet von passiven Einatmungen. Dies wirkt reinigend und energetisierend.

1. Zur Vorbereitung finde einen ruhigen Ort, an dem du ungestört bist.
2. Bitte setze dich aufrecht hin. Wenn du magst, lege eine Hand auf den Bauch, um dich besser auf die Bewegung deiner Bauchdecke zu konzentrieren.
3. Beginne dann mit einer tiefen Einatmung durch die Nase, um deine Lungen zu füllen.
4. Führe dann eine schnelle, kraftvolle Ausatmung durch die Nase durch, indem du deinen Bauch aktiv einziehst. Die Ausatmung sollte kurz und explosiv sein, wobei die Bauchmuskeln angespannt werden, um die Luft herauszustoßen. Lass dabei die Einatmung passiv und entspannt geschehen. Nach jeder kraftvollen Ausatmung wird die Luft automatisch durch die Entspannung der Bauchmuskeln in deine Lungen gesogen.
5. Wiederhole diesen Zyklus von kraftvollen Ausatmungen und passiven Einatmungen in einem schnellen Rhythmus.
6. Ein typisches Tempo könnte etwa eine Ausatmung pro Sekunde sein.
7. Führe etwa 20 bis 30 solcher Atemzüge in einer Runde durch.
8. Nach einer Runde nimmst du eine tiefe Einatmung und hältst den Atem für ein paar Sekunden an, bevor du langsam ausatmest.
9. Wiederhole diesen Prozess für 3 bis 5 Runden, je nach deinem Komfort und deiner Erfahrung.

▶ *Vorteile der Feueratmung:*

Die Technik hilft, deinen Energielevel zu steigern und dich wacher und fokussierter zu fühlen. Die schnellen, kraftvollen Ausatmungen helfen dabei, die Lungen zu reinigen und Giftstoffe aus dem Körper zu entfernen. Durch diese intensive Atmung wird deine Lungenkapazität erhöht und die Atemmuskulatur gestärkt. Die Feueratmung kann dir helfen, deinen Geist zu klären und deine Konzentration zu verbessern. Die Technik kann ebenso helfen, Stress und Angst abzubauen und ein Gefühl des inneren Gleichgewichts zu fördern.

■■ Superventilation

Eine kraftvolle intensive Atemtechnik, die darauf abzielt, den Körper mit einer erhöhten Menge an Sauerstoff zu versorgen. Sie ist eine fortgeschrittene Technik und sollte mit Vorsicht und Achtsamkeit praktiziert werden.

1. Suche dir einen ruhigen, bequemen Ort, an dem du ungestört bist. Setze dich bequem hin oder lege dich hin. Achte darauf, dass deine Schultern entspannt und deine Wirbelsäule gerade ist.

2. Schließe die Augen und nimm ein paar tiefe Atemzüge, um dich auf die Übung vorzubereiten. Konzentriere dich darauf, wie die Luft in deinen Körper einströmt und ihn wieder verlässt.

3. Beginne damit, tief und gleichmäßig durch die Nase oder den Mund einzuatmen. Fülle deine Lungen vollständig, sodass sich dein Bauch und deine Brust heben.

4. Atme schnell und kraftvoll durch den Mund oder die Nase aus. Die Ausatmung sollte kürzer und intensiver sein als die Einatmung. Stelle dir vor, du möchtest schnell und effektiv die gesamte Luft aus deinen Lungen herausdrücken.

5. Setze diesen Zyklus fort: Tiefe, volle Einatmungen und schnelle, kraftvolle Ausatmungen. Ein typischer Rhythmus könnte etwa 20 bis 30 Atemzüge pro Minute sein. Die Einatmungen und Ausatmungen sollten kontinuierlich und ohne Pause erfolgen.

6. Führe die Superventilation für etwa 1 bis 3 Minuten durch. Wenn du Anfänger bist, starte mit einer kürzeren Dauer und erhöhe die Zeit allmählich, wenn du dich wohler fühlst.

7. Nach Abschluss der intensiven Atmung nimmst du eine tiefe Einatmung und hältst den Atem für etwa 10 bis 15 Sekunden an. Atme dann langsam und kontrolliert aus. Bleibe für ein paar Momente ruhig sitzen oder liegen und spüre die Veränderungen in deinem Körper und Geist.

▶ *Vorteile der Superventilation:*

1. Die Technik erhöht den Sauerstoffgehalt in deinem Blut, was zu einer verbesserten körperlichen und geistigen Leistungsfähigkeit führen kann.

2. Superventilation kann dir helfen, deinen Energielevel zu steigern und dich wacher und vitaler zu fühlen.

3. Die intensive Atmung kann deinen Geist klären und deine Konzentration und Fokussierung verbessern.

4. Die bewusste und tiefe Atmung kann dir helfen, Stress und Anspannung abzubauen und ein Gefühl der Ruhe und Gelassenheit zu fördern.

5. Die regelmäßige Praxis der Superventilation kann deine Lungenkapazität und Atemmuskulatur stärken.

SICHERHEITSHINWEISE Superventilation ist eine intensive Atemtechnik und sollte mit Vorsicht praktiziert werden. Wenn du an Atemwegs- oder Herz-Kreislauf-Problemen leidest, konsultiere bitte einen Arzt, bevor du diese Technik ausprobierst. Achte darauf, die Technik nicht zu übertreiben. Höre auf deinen Körper und mache Pausen, wenn du dich schwindelig oder unwohl fühlst.

Praktiziere Superventilation nicht während des Autofahrens oder beim Bedienen von Maschinen.

▪▪ Technik: 10–20–30

Die Atemtechnik 10–20–30 ist eine strukturierte Methode, die aus einer Abfolge von Atemzügen besteht, die in drei Phasen unterteilt sind: 10 Sekunden einatmen, 20 Sekunden Atem anhalten und 30 Sekunden ausatmen.

1. Suche dir einen ruhigen Ort, an dem du ungestört bist. Setze dich bequem hin oder lege dich hin. Stelle sicher, dass du eine entspannte Haltung einnimmst, bei der deine Wirbelsäule gerade ist und deine Schultern entspannt sind.

2. Schließe die Augen und nimm ein paar tiefe Atemzüge, um dich auf die Übung vorzubereiten. Konzentriere dich darauf, wie die Luft in deinen Körper einströmt und ihn wieder verlässt.

3. Atme tief und gleichmäßig durch die Nase ein. Zähle dabei innerlich bis 10. Fülle deine Lungen vollständig, sodass sich dein Bauch und deine Brust heben. Diese langsame und bewusste Einatmung hilft, deinen Körper mit Sauerstoff zu versorgen und das parasympathische Nervensystem zu aktivieren, was zu Entspannung führt.

4. Halte deinen Atem an und zähle innerlich bis 20. Während dieser Phase lasse deinen Körper sich an den Zustand der Sauerstoffsättigung gewöhnen. Diese Phase kann anfangs herausfordernd sein, aber sie hilft, deine Lungenkapazität zu erhöhen und fördert deine Konzentration und Achtsamkeit.

5. Atme langsam und kontrolliert durch den Mund aus. Zähle dabei innerlich bis 30. Lasse die Luft sanft und gleichmäßig entweichen, ohne sie herauszupressen. Diese lange Ausatmung aktiviert den Vagusnerv, der eine beruhigende Wirkung auf dein Nervensystem hat, und hilft, Stress abzubauen.

6. Wiederhole diesen Atemzyklus (10 Sekunden einatmen, 20 Sekunden Atem anhalten, 30 Sekunden ausatmen) für 5 bis 10 Minuten. Mit der Zeit kannst du die Dauer der Übung schrittweise verlängern, je nachdem wie wohl du dich dabei fühlst.

▶ *Vorteile der 10–20–30 Atemtechnik:*

1. Die Technik hilft, dein Nervensystem zu beruhigen und den Cortisolspiegel zu senken, was zu einer Reduktion von Stress und Angst führt.

2. Durch die bewusste Konzentration auf die Atemphasen wird deine Achtsamkeit gefördert. Dies kann zu einer besseren Selbstwahrnehmung und einem klareren Geist führen.

3. Das tiefe Einatmen und das längere Anhalten des Atems tragen zur Erhöhung deiner Lungenkapazität bei und verbessern die Sauerstoffversorgung deines Körpers.

4. Die lange und kontrollierte Ausatmung aktiviert dein parasympathisches Nervensystem, das für Ruhe und Erholung zuständig ist. Dies kann zu einem Gefühl der Entspannung und des Wohlbefindens führen.

5. Durch die bewusste Atemkontrolle kannst du negative Emotionen wie Angst oder Wut besser regulieren, was zu einer ausgeglicheneren emotionalen Balance führt.

Atemtechniken zum Ausbalancieren

Atemtechniken zum Ausbalancieren sind Methoden des bewussten Atmens, die darauf abzielen, das Gleichgewicht zwischen Körper und Geist wiederherzustellen. Diese Techniken helfen dir, das Nervensystem zu regulieren, Stress abzubauen und das allgemeine Wohlbefinden zu fördern. Durch gezielte Atemmuster können Spannungen gelöst, die Konzentration verbessert und eine innere Ruhe geschaffen werden.

■■ Die 4–4 Atemtechnik:

Die 4–4 Atemtechnik ist eine einfache, aber effektive Technik und besteht aus gleich langen Phasen des Ein- und Ausatmens, jeweils 4 Sekunden lang.

1. Suche dir einen ruhigen Ort, an dem du ungestört bist. Setze dich bequem hin oder lege dich hin. Achte darauf, dass deine Schultern entspannt und deine Wirbelsäule gerade ist.

2. Schließe die Augen und nimm ein paar tiefe Atemzüge, um dich auf die Übung vorzubereiten. Konzentriere dich darauf, wie die Luft in deinen Körper einströmt und ihn wieder verlässt.

3. Atme tief und gleichmäßig durch die Nase ein. Zähle dabei innerlich langsam bis 4.

4. Fülle deine Lungen vollständig, sodass sich dein Bauch und deine Brust heben. Die langsame Einatmung hilft, deinen Körper mit Sauerstoff zu versorgen und dein Nervensystem zu beruhigen.

5. Atme langsam und kontrolliert durch den Mund oder die Nase aus. Zähle dabei innerlich wieder langsam bis 4. Lasse die Luft sanft und gleichmäßig entweichen, ohne sie herauszupressen. Diese langsame Ausatmung hilft, Stress abzubauen und ein Gefühl der Ruhe zu fördern.

6. Wiederhole diesen Atemzyklus (4 Sekunden einatmen, 4 Sekunden ausatmen) für 5 bis 10 Minuten. Mit der Zeit kannst du die Dauer der Übung schrittweise verlängern, je nachdem wie wohl du dich dabei fühlst.

▶ *Vorteile der 4–4 Atemtechnik:*

1. Die Technik hilft, dein Nervensystem zu beruhigen und den Cortisolspiegel zu senken, was zu einer Reduktion von Stress und Angst führt.

2. Durch die bewusste Konzentration auf die Atemphasen wird deine Achtsamkeit gefördert. Dies kann zu einer besseren Selbstwahrnehmung und einem klareren Geist führen.

3. Das regelmäßige Üben der gleichmäßigen Atmung kann deine Atemmuskulatur stärken und deine Lungenkapazität verbessern.

4. Die langsame und kontrollierte Atmung aktiviert dein parasympathisches Nervensystem, das für Ruhe und Erholung zuständig ist. Dies kann zu einem Gefühl der Entspannung und des Wohlbefindens führen.

5. Durch die bewusste Atemkontrolle kannst du negative Emotionen wie Angst oder Wut besser regulieren, was zu einer ausgeglicheneren emotionalen Balance führt.

■■ Box-Atmung: (wird u.a. bei den Navy Seals eingesetzt)

Die Boxatmung, auch bekannt als 4–4–4–4 Atmung, ist eine einfache, aber äußerst wirkungsvolle Atemtechnik und besteht aus vier gleich langen Phasen: einatmen, Atem anhalten, ausatmen und Atem anhalten, jeweils 4 Sekunden lang.

1. Suche dir einen ruhigen Ort, an dem du ungestört bist. Setze dich bequem hin oder lege dich hin. Achte darauf, dass deine Schultern entspannt und deine Wirbelsäule gerade ist.

2. Schließe die Augen und nimm ein paar tiefe Atemzüge, um dich auf die Übung vorzubereiten. Konzentriere dich darauf, wie die Luft in deinen Körper einströmt und ihn wieder verlässt.

3. Atme tief und gleichmäßig durch die Nase ein. Zähle dabei innerlich langsam bis 4. Fülle deine Lungen vollständig, sodass sich dein Bauch und deine Brust heben. Diese langsame Einatmung hilft, deinen Körper mit Sauerstoff zu versorgen und dein Nervensystem zu beruhigen.

2. Halte den Atem an und zähle dabei innerlich langsam bis 4. Diese Phase hilft, die Sauerstoffaufnahme zu maximieren und fördert die Achtsamkeit.

3. Atme langsam und kontrolliert durch den Mund oder die Nase aus. Zähle dabei innerlich wieder langsam bis 4. Lasse die Luft sanft und gleichmäßig entweichen, ohne sie herauszupressen. Diese langsame Ausatmung hilft, Stress abzubauen und ein Gefühl der Ruhe zu fördern.

4. Halte den Atem erneut an und zähle innerlich langsam bis 4. Diese Phase hilft, dein Nervensystem weiter zu beruhigen und deine Konzentration zu schärfen.

5. Wiederhole diesen Atemzyklus (4 Sekunden einatmen, 4 Sekunden Atem anhalten, 4 Sekunden ausatmen, 4 Sekunden Atem anhalten) für 5 bis 10 Minuten. Mit der Zeit kannst du die Dauer der Übung schrittweise verlän-

gern, je nachdem wie wohl du dich dabei fühlst. Eventuell probierst du den Zyklus auch mal mit einer 6-Sekunden-Ausatmungsphase.

▶ *Vorteile der Boxatmung:*

1. Die Technik hilft, dein Nervensystem zu beruhigen und den Cortisolspiegel zu senken, was zu einer Reduktion von Stress und Angst führt.

2. Durch die bewusste Konzentration auf die Atemphasen wird deine Achtsamkeit gefördert. Dies kann zu einer besseren Selbstwahrnehmung und einem klareren Geist führen.

3. Das regelmäßige Üben der gleichmäßigen Atmung kann deine Atemmuskulatur stärken und deine Lungenkapazität verbessern.

4. Die langsame und kontrollierte Atmung aktiviert dein parasympathisches Nervensystem, das für Ruhe und Erholung zuständig ist. Dies kann zu einem Gefühl der Entspannung und des Wohlbefindens führen.

5. Durch die bewusste Atemkontrolle kannst du negative Emotionen wie Angst oder Wut besser regulieren, was zu einer ausgeglicheneren emotionalen Balance führt.

▄█▌ Wechselnde Nasenloch-Atmung (Nadi Shodhana):
Ein Weg zu Balance und Klarheit. Die wechselnde Nasenloch-Atmung, auch bekannt als Nadi Shodhana, ist eine beruhigende und ausgleichende Atemtechnik aus dem Yoga.

1. Suche dir einen ruhigen Ort, an dem du ungestört bist. Setze dich bequem in eine aufrechte Position, zum Beispiel im Schneidersitz oder auf einem Stuhl. Achte darauf, dass deine Schultern entspannt und deine Wirbelsäule gerade ist.

2. Schließe die Augen und nimm ein paar tiefe Atemzüge, um dich auf die Übung vorzubereiten. Konzentriere dich darauf, wie die Luft in deinen Körper einströmt und ihn wieder verlässt.

3. Hebe deine rechte Hand und forme mit Daumen, Ringfinger und kleinem Finger eine Mudra. Der Daumen wird verwendet, um das rechte Nasenloch zu schließen, und der Ringfinger oder kleine Finger, um das linke Nasenloch zu schließen. Deine linke Hand kann entspannt auf deinem Knie liegen.

4. Schließe dein rechtes Nasenloch mit dem Daumen und atme langsam und

tief durch das linke Nasenloch ein. Zähle dabei innerlich bis 4 oder wähle eine für dich angenehme Zählzeit.

5. Schließe nun dein linkes Nasenloch mit dem Ringfinger oder kleinen Finger und öffne das rechte Nasenloch. Atme langsam und vollständig durch das rechte Nasenloch aus. Zähle dabei wieder bis 4 oder wähle eine für dich angenehme Zählzeit.

6. Atme nun durch das rechte Nasenloch ein und zähle dabei erneut bis 4.

7. Schließe dein rechtes Nasenloch mit dem Daumen und öffne das linke Nasenloch. Atme langsam und vollständig durch das linke Nasenloch aus. Zähle wieder bis 4.

8. Wiederhole diesen Zyklus (einatmen links, ausatmen rechts, einatmen rechts, ausatmen links) für 5 bis 10 Minuten. Du kannst die Dauer der Übung schrittweise verlängern, je nachdem wie wohl du dich dabei fühlst.

▶ *Vorteile der wechselnden Nasenloch-Atmung:*

1. Die Technik hilft, deine beiden Gehirnhälften zu synchronisieren und ein Gefühl der inneren Balance und Klarheit zu schaffen.

2. Durch die beruhigende Wirkung auf das Nervensystem kann die Technik helfen, Stress und Angst abzubauen.

3. Die bewusste Konzentration auf die Atemphasen fördert deine Achtsamkeit und kann zu einer besseren Selbstwahrnehmung führen.

4. Das regelmäßige Üben der wechselnden Nasenloch-Atmung kann deine Atemmuskulatur stärken und deine Lungenkapazität verbessern.

5. Die Technik hilft, die Energiebahnen (Nadis) in deinem Körper zu reinigen und auszubalancieren, was zu einem gesteigerten Gefühl von Vitalität und Wohlbefinden führen kann.

Atemtechniken zum Runterregulieren

Atemtechniken zum Runterregulieren sind Methoden des bewussten Atmens, die darauf abzielen, den Körper und Geist zu beruhigen und zu entspannen. Diese Techniken helfen, das parasympathische Nervensystem zu beruhigen, den Stresspegel zu senken und eine tiefere Entspannung zu erreichen. Sie können dabei helfen, die Herzfrequenz zu verlangsamen, die Muskelspannung zu reduzieren und ein Gefühl innerer Ruhe zu schaffen.

∎∎ Die 4–7–8 Atemtechnik (für gutes Einschlafen)

Diese Technik wurde von Dr. Andrew Weil entwickelt und ist eine einfache, aber äußerst effektive Methode. Diese Technik besteht aus drei Phasen: einatmen für 4 Sekunden, Atem anhalten für 7 Sekunden und ausatmen für 8 Sekunden.

1. Suche dir einen ruhigen Ort, an dem du ungestört bist. Setze dich bequem hin oder lege dich hin. Achte darauf, dass deine Schultern entspannt und deine Wirbelsäule gerade ist. Diese Technik kann auch direkt im Bett praktiziert werden, wenn du dich auf das Schlafengehen vorbereitest.

2. Schließe die Augen und nimm ein paar tiefe Atemzüge, um dich auf die Übung vorzubereiten. Konzentriere dich darauf, wie die Luft in deinen Körper einströmt und ihn wieder verlässt.

3. Atme tief und gleichmäßig durch die Nase ein. Zähle dabei innerlich langsam bis 4.

4. Fülle deine Lungen vollständig, sodass sich dein Bauch und deine Brust heben. Diese langsame Einatmung hilft, deinen Körper mit Sauerstoff zu versorgen und dein Nervensystem zu beruhigen.

5. Halte den Atem an und zähle dabei innerlich langsam bis 7. Diese Phase hilft, die Sauerstoffaufnahme zu maximieren und fördert die Achtsamkeit.

6. Atme langsam und kontrolliert durch den Mund aus. Zähle dabei innerlich langsam bis 8. Lasse die Luft sanft und gleichmäßig entweichen, ohne sie herauszupressen. Diese lange Ausatmung aktiviert dein parasympathisches Nervensystem, was zu Entspannung und Stressabbau führt.

7. Wiederhole diesen Atemzyklus (4 Sekunden einatmen, 7 Sekunden Atem anhalten, 8 Sekunden ausatmen) für 10 Atemzüge. Vielleicht tritt bei dir die Müdigkeit bereits vorher ein. Mit der Zeit kannst du die Anzahl der Zyklen schrittweise erhöhen, je nachdem wie wohl du dich dabei fühlst.

▶ *Vorteile der 4–7–8 Atemtechnik:*

1. Die Technik hilft, dein Nervensystem zu beruhigen und dir dabei zu helfen, schneller zu entspannen und Stress abzubauen.

2. Durch die beruhigende Wirkung auf deinen Geist und Körper kann die Technik dir helfen, leichter in den Schlaf zu finden und die Schlafqualität zu verbessern.

3. Fokussiertes Atmen stärkt deine Achtsamkeit und lenkt von belastenden Gedanken ab.

4. Die lange Ausatmung und das Atemanhalten aktivieren dein parasympathisches Nervensystem, das für Ruhe und Erholung zuständig ist. Dies kann zu einem Gefühl der Entspannung und des Wohlbefindens führen.

5. Das regelmäßige Üben der 4-7-8 Atemtechnik kann deine Atemmuskulatur stärken und deine Lungenkapazität verbessern.

■■ Die 5–10 Atemtechnik:
Ein einfacher Weg zu mehr Entspannung und Fokus

Die 5–10 Atemtechnik ist eine wirkungsvolle Methode, bei der du für 5 Sekunden ein- und für 10 Sekunden ausatmest. Diese Technik hilft dir, dein parasympathisches Nervensystem zu aktivieren, das für Ruhe und Erholung zuständig ist.

1. Suche dir einen ruhigen Ort, an dem du ungestört bist. Setze dich bequem hin oder lege dich hin. Achte darauf, dass deine Schultern entspannt und deine Wirbelsäule gerade ist.

2. Schließe die Augen und nimm ein paar tiefe Atemzüge, um dich auf die Übung vorzubereiten. Konzentriere dich darauf, wie die Luft in deinen Körper einströmt und ihn wieder verlässt.

3. Atme tief und gleichmäßig durch die Nase ein. Zähle dabei innerlich langsam bis 5. Fülle deine Lungen vollständig, sodass sich dein Bauch und deine Brust heben. Diese langsame Einatmung hilft, deinen Körper mit Sauerstoff zu versorgen und dein Nervensystem zu beruhigen.

4. Atme langsam und kontrolliert durch den Mund oder die Nase aus. Zähle dabei innerlich langsam bis 10. Lasse die Luft sanft und gleichmäßig entweichen, ohne sie herauszupressen. Diese lange Ausatmung aktiviert dein parasympathisches Nervensystem, was zu Entspannung und Stressabbau führt.

5. Wiederhole diesen Atemzyklus (5 Sekunden einatmen, 10 Sekunden ausatmen) für 5 bis 10 Minuten. Mit der Zeit kannst du die Dauer der Übung schrittweise verlängern, je nachdem wie wohl du dich dabei fühlst.

▶ *Vorteile der 5–10 Atemtechnik:*

1. Die Technik hilft, dein Nervensystem zu beruhigen und den Cortisolspiegel zu senken, was zu einer Reduktion von Stress und Angst führt.

2. Durch die bewusste Konzentration auf die Atemphasen wird deine Achtsamkeit gefördert. Dies kann zu einer besseren Selbstwahrnehmung und einem klareren Geist führen.

3. Das regelmäßige Üben der verlängerten Ausatmung kann deine Atemmuskulatur stärken und deine Lungenkapazität verbessern.

4. Die lange und kontrollierte Ausatmung aktiviert dein parasympathisches Nervensystem, das für Ruhe und Erholung zuständig ist. Dies kann zu einem Gefühl der Entspannung und des Wohlbefindens führen.

5. Durch die bewusste Atemkontrolle kannst du negative Emotionen wie Angst oder Wut besser regulieren, was zu einer ausgeglicheneren emotionalen Balance führt.

■■ **Die 5–15 Summende Biene Atemtechnik:**
Ein Weg zu tiefer Entspannung und innerer Ruhe

Die 5–15 Summende Biene Atemtechnik, auch bekannt als Bhramari Pranayama, ist eine beruhigende Atemübung aus dem Yoga. Sie kombiniert das langsame Einatmen mit einem summenden Geräusch während der langen Ausatmung, was an das Summen einer Biene erinnert. Dabei atmest du für 5 Sekunden ein und für 15 Sekunden aus.

1. Suche dir einen ruhigen Ort, an dem du ungestört bist. Setze dich bequem in eine aufrechte Position, zum Beispiel im Schneidersitz oder auf einem Stuhl. Achte darauf, dass deine Schultern entspannt und deine Wirbelsäule gerade ist.

2. Schließe die Augen und nimm ein paar tiefe Atemzüge, um dich auf die Übung vorzubereiten. Konzentriere dich darauf, wie die Luft in deinen Körper einströmt und ihn wieder verlässt.

3. Atme tief und gleichmäßig durch die Nase ein. Zähle dabei innerlich langsam bis 5. Fülle deine Lungen vollständig, sodass sich dein Bauch und deine Brust heben. Diese langsame Einatmung hilft, deinen Körper mit Sauerstoff zu versorgen und dein Nervensystem zu beruhigen.

4. Atme langsam und kontrolliert durch die Nase aus und erzeuge dabei ein summendes Geräusch, ähnlich dem Summen einer Biene. Zähle dabei innerlich langsam bis 15. Das Summen sollte gleichmäßig und kontinuierlich sein. Diese lange Ausatmung mit dem summenden Geräusch hilft, Stress abzubauen und ein Gefühl der tiefen Entspannung zu fördern.

5. Wiederhole diesen Atemzyklus (5 Sekunden einatmen, 15 Sekunden ausatmen mit Summen) für 5 bis 10 Minuten. Mit der Zeit kannst du die Dauer der Übung schrittweise verlängern, je nachdem wie wohl du dich dabei fühlst.

▶ *Vorteile der 5–15 Summende Biene Atemtechnik:*

1. Die Technik hilft, dein Nervensystem zu beruhigen und den Cortisolspiegel zu senken, was zu einer Reduktion von Stress und Angst führt.

2. Das summende Geräusch während der langen Ausatmung wirkt beruhigend auf deinen Geist und fördert eine tiefe Entspannung.

3. Durch die bewusste Konzentration auf die Atemphasen und das Summen wird deine Achtsamkeit gefördert. Dies kann zu einer besseren Selbstwahrnehmung und einem klareren Geist führen.

4. Das regelmäßige Üben der verlängerten Ausatmung und des Summens kann deine Atemmuskulatur stärken und deine Lungenkapazität verbessern.

5. Durch die bewusste Atemkontrolle und das beruhigende Summen kannst du negative Emotionen wie Angst oder Wut besser regulieren, was zu einer ausgeglicheneren emotionalen Balance führt.

FAZIT UND AUSBLICK

Atmen ist weit mehr als nur ein physischer Prozess; es ist ein kraftvolles Werkzeug, das uns zu einem tieferen Verständnis von uns selbst und der Welt um uns herum führen kann. Indem wir uns bewusst mit unserem Atem verbinden, öffnen wir die Tür zu einem Leben voller Klarheit, innerem Frieden und Resilienz. Jeder Atemzug ist eine Gelegenheit, präsent zu sein und die Verbindung zwischen Körper, Geist und Seele zu stärken. In einer Welt, die oft von Hektik und Stress geprägt ist, kann der bewusste Atem uns helfen, innezuhalten und zu uns selbst zurückzufinden. Er ist wie ein Anker, der uns in stürmischen Zeiten Halt gibt und uns daran erinnert, dass wir immer die Kontrolle über unser inneres Wohlbefinden haben. Durch gezielte Atemtechniken können wir nicht nur unsere körperliche Gesundheit verbessern, sondern auch emotionale und mentale Blockaden lösen.

Ich lade dich ein, deinen Atem als deinen ständigen Begleiter und besten Freund zu betrachten, der dir in jedem Moment zur Seite steht. Nimm dir täglich Zeit, um bewusst zu atmen, sei es durch einfache Atemübungen, Meditation oder Breathwork-Sessions. Erkunde verschiedene Techniken und finde heraus, welche für dich am besten funktionieren. Egal ob du nach mehr Energie, innerer Ruhe oder emotionaler Heilung suchst – dein Atem kann dir den Weg weisen. Möge dieser Artikel dir den Mut und die Inspiration geben, bewusster zu atmen und die transformative Kraft des Atems in dein tägliches Leben zu integrieren. Atme tief ein, entspanne dich und lass uns gemeinsam auf diese wunderbare Reise zu mehr Gesundheit und Wohlbefinden gehen. Wie möchtest du deine Atmung als Nächstes bewusst einsetzen? Vielleicht beginnst du mit einer einfachen Übung, indem du ein paar Minuten am Tag tief und gleichmäßig durch die Nase atmest. Oder du probierst eine Breathwork-Technik aus, um tiefer in dein Unterbewusstsein einzutauchen und emotionale Blockaden zu lösen.

Was auch immer du wählst, erinnere dich daran: Dein Atem ist dein stärkster Verbündeter auf dem Weg zu einem erfüllteren und gesünderen Leben.

Hier geht es zur Website von Heiko Janssen:
www.heikojjanssen.com

Weiterführende Literatur

James Nestor; Breath – Atem. Neues Wissen über die vergessene Kunst
des Atmens, 26.05.2020, Neuauflage 2023, Verlag Penguin Publishing Group,
ISBN 978-0-7352-1361-6

Patrick McKeown, Atme und heile dich selbst, 19.04.2022, Riva Verlag,
ISBN 978-3-7423-1921-0

frontiers Human Neuroscience, How Breath-Control Can Change Your Life:
A Systematic Review on Psycho-Physiological Correlates of Slow Breathing,
Aug 2018, https://www.ncbi.nlm.nih.gov/pmc/articles/PMC6137615/

Richie Bostock, Superkraft Atmung, 2. Aufl., 17.01.2022, Goldman Verlag,
ISBN 978-3-442-22334-3

praktischArzt Ratgeber, Schlafmangel, Zu wenig Schlaf – Auswirkungen und Folgen
von Schlafmangel, 20.12.2022, https://www.praktischarzt.de/ratgeber/
zu-wenig-schlaf-schlafmangel/

https://www.uni-ulm.de/fileadmin/website_uni_ulm/hssbgm/Newsletter_Schlaf_
Juni2021.pdf

Vgl. Nervenarzt 2011 DOI 10.1007/s00115-011-3307-6 © Springer-Verlag 2011;
https://www.academia.edu/3094503/_Default_mode_Netzwerk_des_Gehirns

Quelle: Regionen des DMN; das DMN im fMRT. Abbildung aus Graner et al. (2013) in

Wikimedia. https://de.wikipedia.org/wiki/Default_Mode_Network, aufgerufen am
14.07.2024

David R. Hawkins, Loslassen – Der Pfad der widerstandslosen Kapitulation,
4. Auflage 2023, sheema Verlag, ISBN 978-3-831560-25-6

ANDREA KAUSCHE

Die Berge sind die große Leidenschaft von Andrea Kausche. Die Kraft und die Gewaltigkeit der Natur bringen ihre Seele zum Leuchten. Deshalb ist für sie das Erklimmen von Gipfeln ein wesentlicher Bestandteil ihres Weges hin zu sich selbst, hin zu ihrer Erfüllung. Als Gipfelcoach hilft Andrea Menschen in Veränderungsprozessen, die ihre Verwirklichung suchen, „Perspektiven von oben zu entwickeln". Sie unterstützt sie, in ihre Kraft zu kommen, ihre wahren Träume und Ziele zu entdecken, ihre Vision zu entwickeln und konkrete Schritte für ihre Zukunft zu planen.

ODER LEBST DU SCHON?

RESI
AUS LIENZ

EINLEITUNG

Ich möchte in diesem Kapitel die Geschichte von Resi aus Lienz erzählen, einen kleinen Einblick geben, was Resilienz eigentlich bedeutet, einen Ausblick verschaffen, wie man resilient werden kann und wie es Resi letztendlich gelernt hat, mit ihren Lebensthemen umzugehen.

Resi ist 58, seit 8 Jahren getrennt und seit 6 geschieden, nach 24 gemeinsamen Jahren, davon 17 verheiratet, und lebt in Lienz im österreichischen Osttirol.

Sie hat zwei Söhne, Johannes und Victor, sie sind jetzt 24 und 21 und aus dem Haus. Resi hat also viel Freiheit und kann sich ihre Zeit vollständig selbst einteilen. Früher hat sie einmal ein ganz „normales" Leben als Mutter und Ehefrau geführt mit allem, was dazu gehört, mit einigen Höhen und Tiefen, die in so einem Leben nicht ausbleiben. Näheres hierzu im Abschnitt „Jetzt wird es kurz ernst. Oder auch: Ein ganz normaler Lebensweg."

Danach folgt eine Passage mit der Theorie über Resilienz. Um dann auf den zweiten Teil des Lebensweges von Resi einzugehen, in dem sie sich mit über 50, kurz nach ihrer Trennung, ganz mutig das erste Mal in ihrem Leben selbstständig gemacht hat. Siehe im Abschnitt „Am Ende wird alles gut, und wenn es noch nicht gut ist, ist es noch nicht das Ende."

JETZT WIRD ES KURZ ERNST. ODER AUCH: EIN GANZ NORMALER LEBENSWEG.

Als Resi 39 war, starb ganz plötzlich ihre Mutter mit 60 Jahren! Resis Kinder waren 4 und 2. Sie haben ihre Oma geliebt, weil sie immer mit ihnen gespielt, gebastelt, gebacken und ihnen vorgelesen hat, wenn sie da war. Es war ein Schock, keiner hat es erwartet. Und Resi wusste nicht, wie sie mit der Situation umgehen sollte. Zum einen war da die eigene Trauer und zum anderen wollte sie ihre Kinder emotional auffangen. Der Begriff „Resilienz" war zu diesem Zeitpunkt noch nicht so verbreitet, geschweige denn wusste man, was in Situationen, die Resilienz erfordern, zu tun ist (in Osttirol schon gleich gar nicht!).

Resi wollte eine „starke Mutter" sein und den Kindern nichts vorheulen, weil sie auch dachte, es sei besser für die Kleinen, wenn sie sich im Zaum hielte. Und so tat sie, als ob nichts wäre, ging bereits am Nachmittag, 10 Stunden nach der schrecklichen Nachricht, mit dem 2-jährigen Victor ins Kinderturnen und meinte, funktionieren zu müssen, weil die Söhne noch so klein waren.

Heute sieht Resi das anders. Trauern ist wichtig, es ist ein Prozess, für den es keine Abkürzung gibt. Trauern ist auch essenziell, um mit Traumata und Schock umgehen zu können. Verdrängung ist immer die schlechteste Alternative. Übrigens ist positiv denken, optimistisch und im Vertrauen sein nicht Verdrängung, sondern das Ergebnis eines durchgemachten Prozesses. Wer verdrängt und aufgesetzt positiv ist, den holt über kurz oder lang der Schatten ein!

Was war das Ergebnis bei Resi? Sie hat nie richtig getrauert. Die Absicht, nur mal fürs Erste zu funktionieren, wurde zu einem „Dauerfunktionieren", und bestimmte Themen mit der Mutter hat sie nicht wirklich aufgearbeitet. Bis zu dem Zeitpunkt, als sie sich mit Persönlichkeitsentwicklung beschäftigt hat und später Coach geworden ist. Dann hat sie sich viel mit Prägungen, Muster, ihrer Kindheit, generationenübergreifenden Traumata, Lebensgestaltung, den universellen Gesetzen und vielem mehr beschäftigt.

Bis dahin ist allerdings noch einiges mehr passiert. Der Schwiegervater starb ebenso plötzlich an einem Herzinfarkt, auch mit Anfang 60. Und die Familie wurde immer wieder durch Arbeitslosigkeit und Krankheit gebeutelt. Es gab kaum ein Jahr, in dem nichts war. Trotzdem war eigentlich alles so weit im grünen Bereich. Es war immer genug da, die 4-Zimmer-Gartenwohnung in einem schicken Lienzer Vorort für Gutsituierte konnte immer bezahlt werden, es ging regelmäßig in den Urlaub, der Einkauf erfolgte meist im Bioladen, den Kindern fehlte es an nichts. Und auch ihre Ehe war lange Zeit wirklich gut. Die typischen Herausforderungen hatten oft ihren Ursprung in den Prägungen und Mustern von Resi und ihrem Mann, derer sie sich damals beide nicht bewusst waren, geschweige denn stellen konnten. Heute weiß Resi, dass sie unbewusst vieles unter den Teppich gekehrt haben.

Als Resis jüngerer Sohn Victor 9 Jahre alt war, erkrankte er „schwer". Warum die Anführungszeichen? Weil objektiv gesehen, wenn es hier so etwas wie Objektivität gibt, die Erkrankung vielleicht gar nicht so „schwer" war, aber Resi empfand es als extrem schwer! Es war nicht lebensbedrohlich. Es war etwas mit den Augen. Die Ärzte sagten, es sei eine Autoimmunerkrankung. Die Heilpraktiker sagten, Resi solle dieses Wort gar nicht aussprechen, um es nicht zu manifestieren. Resi lief mit dem Kind von Pontius zu Pilatus. Die mit dem ganzheitlichen Ansatz sagten, er wolle etwas nicht mehr sehen. Ein Rheumatologe in der Kinderklinik in Villach sagte, er brauche ein Medikament, das wie eine Atombombe sei, aber seine Erkrankung erfordere auch eine Atombombe! Dass er dies im Beisein des Kindes gesagt hat, wird Resi ihm niemals verzeihen! Oder vielleicht doch, denn heute weiß sie, dass Vergebung ein Schlüssel für Zufriedenheit und Glück ist. Denn schließlich entzieht man dem anderen die Macht über sich und nimmt das Zepter wieder selbst in die Hand. Und als die Situation für

Resi immer schlimmer wurde, weil es immer wieder sogenannte Schübe gab und Cortison, Ibuprofen und Immunsuppressiva über Jahre ständige Begleiter waren, war Resi so verzweifelt, dass sie „eigentlich" keinen Ausweg mehr sah.

Doch dann passierte das Entscheidende, das ihr ganzes restliches Leben prägen sollte. Ohne bis dahin irgendetwas von Gedankenhygiene oder dergleichen gehört zu haben, wurde ihr auf einmal klar, dass sie nicht aus dieser Situation herauskommen konnte, auch nicht, wenn sie nach Neuseeland fliehen würde, solange er ihr Sohn war. Sie würde die Sorgen um ihn immer mitnehmen, egal wohin sie ginge. Die Lösung war: Sie musste ihre Haltung verändern. Und dies war nur eine Entscheidung! Sie entschied sich, eine lockerere, entspanntere und positivere Einstellung zu der Krankheit zu haben, und lernte, die guten Tage mit wenig Schmerzen, wenn Spaß und Freude vorherrschten, zu huldigen. Sie lernte auch, dass es nicht ihre Krankheit war, und entschied, nicht mehr zu sagen „WIR sind jetzt bei 2 mg Cortison." (Die Mütter hier können das sicher ein Stück weit nachvollziehen.), sondern „Victor ist jetzt bei 2 mg Cortison."[88] Was zweifelsohne etwas weniger bekloppt war.

Ab diesem Moment änderte sich alles! Resi war nicht mehr so panisch. Sie kam ins Vertrauen und glaubte daran, dass sich irgendwann alles zum Guten wenden wird. Sie war das erste Mal bewusst resilient in ihrem Leben, fähig, eine Krise ohne dauerhaften Schaden zu überstehen, weil sie sich dafür entschieden hatte!

Was ihr zu diesem Zeitpunkt leider nicht bewusst war, ist die Tatsache, dass sie ihren älteren Sohn Johannes, damals 12, völlig „vernachlässigt" hat. Er war plötzlich auf sich alleine gestellt. Wenn er mittags aus der Schule kam, musste er sich sein Essen alleine machen, war mit seinen Hausaufgaben alleine, fuhr eigenständig ins Fußballtraining und regelte sein junges Leben alleine. Und wenn Resi mit dem kranken Sohn aus dem Krankenhaus nach Hause kam, hatte sie keine Energie mehr, kein Ohr für ihn, war kaputt und voller Sorge!

---

[88] Cortison muss ausgeschlichen werden, um es dann wieder absetzen zu können. Diesen Prozess exerzierte Victor immer und immer wieder über einige Jahre.

Etwas, was ihr im Nachhinein sehr, sehr leidtut. Andererseits hat dieser Umstand Johannes auch in diesen jungen Jahren schon resilient gemacht. Er lernte früh, mit schwierigen Situationen umzugehen, wurde schnell selbstständig und meistert heute sein Leben mit allen Aufs und Abs sehr gut. Resi ist sehr stolz auf ihn.

4 Jahre später kam die nächste Krise: Diagnose Brustkrebs! Jetzt könnte man meinen, dass Resi an diesem Punkt komplett den Mut verloren hätte. Aber es geschah das Gegenteil! Sie hatte natürlich auch das Glück, dass die Aussichten sehr gut waren. Knoten sehr früh entdeckt, noch sehr klein (eigentlich selbst gar nicht tastbar, aber er war an einer sehr guten Stelle und dann eben doch zu ertasten) und nur mittelmäßig aggressiv. Resis Lebensführung war gut, sie war schlank, ernährte sich gut, bewegte sich viel, rauchte sehr wenig und dann bald gar nicht mehr. Alles erfolgversprechende Punkte für eine gute Prognose. So gut, dass sie sich sogar entschied, auf das (schulmedizinisch) verordnete Tamoxifen[89] zu verzichten, dass ihre Hormonproduktion schlagartig heruntergefahren hätte und möglicherweise starke Nebennwirkungen wie Schweißattacken, Schlaflosigkeit, Gewichtszunahme, Depressionen, Osteoporose und einiges mehr[90] mit sich hätte bringen können. Das Ganze bei einer nur mäßig reduzierten Wahrscheinlichkeit, ein Rezidiv[91] bekommen zu können.

---

89   Erklärung unter: *https://www.krebsgesellschaft.de/onko-internetportal/basis-informationen-krebs/basis-informationen-krebs-allgemeine-informationen/wirkstoff-glossar/tamoxifen.html*; aufgerufen am 28.05.2024

90   „Mögliche Nebenwirkungen: Übelkeit und Erbrechen, Benommenheit, Kopfschmerzen, Wasserretention, Hitzewallungen, Vaginalblutungen, Zyklusstörungen, Veränderungen des Blutbildes (Anämie, Leukopenie, Neutropenie,Thrombozytopenie), Hautausschlag, Haarausfall (Alopezie), Katarakt, Corneatrübungen und/oder Retinopathie, Sehnervenentzündung, Wadenkrämpfe, ischämische zerebrovaskuläre Ereignisse, thromboembolische Ereignisse, Knochenschmerzen." (*https://www.krebsgesellschaft.de/onko-internetportal/basis-informationen-krebs/basis-informationen-krebs-allgemeine-informationen/wirkstoff-glossar/tamoxifen.html*; aufgerufen am 28.05.2024)

91   Unter einem Rezidiv versteht man einen Rückfall bzw. ein Wiederauftreten einer Krankheit nach klinisch vermuteter Heilung, z. B. bei einem Tumor.

Und hier fand der Lerneffekt aus der ersten großen Krise seinen zweiten Einsatz.

Es ist alles nur eine Frage der Entscheidung!

Nach einer sehr, sehr gut verlaufenen OP und ebenso guten 20-maligen Bestrahlung, absolut ohne Nebenwirkungen, entschied sich Resi, gesund zu sein! In der 4-wöchigen Reha in Kärnten hatte Resi die Form ihres Lebens. Sie machte den ganzen Tag Sport wie Nordic Walken, Pilates, Yoga, Krafttraining etc. Wenn gerade kein Kurs im Angebot war, ging sie joggen oder spazieren. Und die Treppen zu ihrem sonnigen Zimmer mit nach Süden ausgerichtetem Balkon und Bergblick (nachdem sie sich von der Nordseite ohne Balkon und ohne Bergblick sofort verlegen ließ) im zweiten Stock lief sie täglich mindestens 10-mal auf und ab. Man kannte sie nur laufenderweise und lächelte ihr anerkennend zu.

Resi war gesund, fit und resilient!

Wenn da nicht noch etwas anderes gewesen wäre, was sie doch sehr belastete ...

Genau zu diesem Zeitpunkt stand auch noch ihre Ehe auf dem Spiel. Es wäre gelogen, jetzt zu sagen, dass Resi in vollkommener Akzeptanz und Bewusstmachung, lösungsorientiert mit der Situation umging. Nein, so war es nicht!

Eine Säule der Resilienz ist die Übernahme der Eigenverantwortung, eine andere die Zukunftsplanung. Es war zwar nicht so, dass Resi sich in einer Opferrolle befunden hätte (man erinnere sich an ihre Entscheidungen in den vergangenen Situationen), dennoch war sie nicht in der Lage, in diesem Punkt eine Entscheidung zu treffen. Zu viele Pros und Contras schwirrten in ihrem Kopf herum und vernebelten ihre Sinne. Ohne auf die Details einzugehen, keine Entscheidung ist auch eine Entscheidung, aber keine zielführende. Und so wurde entschieden!

Im August 2016 stand Resi im Scherbenhaufen ihres Lebens, und dann nahm sie Schauferl und Beserl, wie es in Osttirol heißt, in die Hand und fing an zu kehren.

An diesem Punkt ging es ihr erstaunlicherweise sehr gut. Was waren die Gründe?

Zum einen hatte sie diese schwerwiegende und lebensverändernde Entscheidung nicht treffen müssen, und die ein halbes Jahr andauernde Phase der Ungewissheit, wie es wohl weitergehen wird, war endlich vorbei. Zum anderen war sie nun „vogelfrei", soweit man als Bürger eines Landes mit Steuernummer und Krankenversicherungskarte überhaupt „vogelfrei" sein kann. Sie fühlte sich zumindest frei, eine Last fiel ihr von den Schultern. Und sie begann sofort, all dies zu tun, was sie die Jahre zuvor nicht getan hatte, vor allem in die Berge gehen.

Oder war es wieder die resiliente Haltung, die sie eingenommen hatte und mit der sie jetzt nach vorne schaute, denn das Leben wird ja bekanntlich nach vorne gelebt und rückblickend verstanden?

Die Kinder schienen jedenfalls die Trennung ihrer Eltern einigermaßen gut verkraftet zu haben. Zu dem Zeitpunkt redete sich Resi natürlich ein, dass es für die Kinder immer besser ist, klare Verhältnisse und lieber getrennte, glückliche Eltern zu haben, als Vater und Mutter in einem Spannungsverhältnis. Heute weiß sie natürlich, dass alle Kinder im Grunde lieber in einer glücklichen, harmonischen Familie aufwachsen wollen und ihnen die Eltern gemeinsam ein Nest bieten, das ihnen Stabilität und Urvertrauen gibt. Außerdem waren bei diesem „Spiel" leider nicht beide Spieler glücklich.

Heute würde Resi einiges anders machen. Manche Dinge, gerade Beziehungsthemen, erfordern viel Selbstreflektion, innere und auch gemeinsame Arbeit, Kritikfähigkeit, echte Begegnung auf Augenhöhe ... Das fällt im Alltag oft unter den Tisch und wird zu lange nicht angesehen, bis es zu spät ist.

Bevor wir nun zum „Leben danach" kommen, ist es an der Zeit, den geneigten Leser mit einigen theoretischen Punkten über Resilienz vertraut zu machen.

EIN BISSCHEN THEORIE

Was ist Resilienz?

Resilienz bezeichnet die Fähigkeit eines Menschen, schwierige Lebenssituationen wie Krisen oder Katastrophen ohne dauerhafte Beeinträchtigung zu überstehen.[92]

Häufig wird sie auch als Widerstandsfähigkeit bezeichnet. In diesem Wort steckt aber die Silbe „wider", also „gegen", was meines Erachtens kontraproduktiv für Resilienz ist.

Vor Jahren hat eine Coachin auf einem Mindset-Seminar folgenden Satz in mir verankert: „Alles, was ist, darf sein, und was sein darf, kann sich verändern."

Ich kann also nur Dinge verändern, die ich an mich herangelassen habe. Nur hier kann ich sie transformieren. Solange ich eine Mauer um mich gebaut habe und bestimmte Dinge daran abprallen lasse, kommen sie auf die gleiche Art und Weise immer wieder. So lange, bis ich sie angenommen habe. Dann ist Wandlung möglich. Besser als der Widerstand ist demnach die Annahme.

Und das zeigt sich auch in der ersten der 7 Säulen der Resilienz, nämlich Akzeptanz. Kann man also akzeptieren, wenn man im Widerstand ist? Nein! Es geht also nicht darum, widerstandsfähig zu sein, sondern vielmehr darum, in schwierigen Situationen im Vertrauen zu bleiben, dass das Leben immer FÜR uns ist und es gut mit uns meint. Deshalb gefällt mir der auch in der Literatur verwendete Begriff „Anpassungsfähigkeit" in diesem Zusammenhang besser. Resiliente Menschen passen demnach bei Problemen und Veränderungen ihr Verhalten entsprechend an.[93] So wie Resi, als sie nicht mehr zusammen mit ihrem Sohn das Cortison nahm.

Natürlich gibt es nun Geschehnisse, die definitiv nicht so aussehen, als ob es das Leben gut meint! Schwere Krankheit, Behinderung, Tod und Naturkatastrophen sind auf den ersten Blick keine Situationen, die dieses Vertrauen fördern. Dies sind zweifelsohne Ereignisse, in denen kein Mensch der Welt resilient sein kann.

---

92 Vgl. Wörterbuch, Oxford, aufgerufen am 17.01.2024
93 Vgl. *https://de.wikipedia.org/wiki/Resilienz_(Psychologie),* aufgerufen am 17.01.2024

Hier klingt auch der Satz „Alles, was ist, darf sein, und was sein darf, kann sich verändern." etwas schal! Meines Erachtens kann aber mit dem vorgeschalteten Prozess der Trauer oder der inneren Einkehr Resilienz jederzeit wiedererlangt werden. Es ist eine Entscheidung! Mit anderen Worten: Kein Mensch kann immer und in jeder Lebenslage resilient sein. Aber sein Ziel sollte immer sein, (wieder) dorthin zu kommen.

Vielleicht hilft an dieser Stelle die Vorstellung, dass es einen höheren Plan gibt, auch wenn wir diesen im Moment nicht verstehen. Als weiterführende Lektüre sei hier auf „Soulmaster" von Maxim Mankevich verwiesen und insbesondere auf das Kapitel „Inkarnation: Die Seele geht zum Supermarkt".[94] Ohne einen Anspruch auf Richtigkeit erheben zu wollen, ergibt die Recherche zu (Re)Inkarnation zum Beispiel folgende These: „Reinkarnation, also die körperliche Wiedergeburt einer Seele, wird von fast allen Religionen und Kulturen der Welt als selbstverständliche Tatsache anerkannt."[95] Nach diesem Konzept gibt es kein richtig oder falsch, kein gut oder böse, denn Seelen wollen in ihrer nächsten Inkarnation bewusst bestimmte, neue emotionale Erfahrungen machen. Dazu gehören Schmerz, Leid und Trauer.[96] Auch moderne Christen finden den Ansatz der Reinkarnation immer mehr attraktiv, wenngleich es keine Beweise in der Bibel hierfür gibt.[97]

---

94 Mankevich, Maxim: Soul Master, 12. Auflage, München, Gräfe und Unzer Verlag GmbH, 2023, S. 44 ff
95 *Https://pocketbook.de/de_de/gibt-es-reinkarnation-wirklich-9783954470792* über Jan Erik Sigdell, Gibt es Reinkarnation wirklich?; aufgerufen am 16.01.2024
96 Vgl. Mankevich, Maxim: Soul Master, 12. Auflage, München, Gräfe und Unzer Verlag GmbH, 2023, S. 47
97 Vgl. *https://www.sonntagsblatt.de/artikel/spiritualitaet-mystik/wiedergeburt-re-inkarnation-seelenwanderung-bibel-christentum*; aufgerufen am 30.05.2024

Die 7 Säulen der Resilienz[98]
Akzeptanz
Optimismus
Selbstwirksamkeit
Verantwortung
Netzwerkorientierung
Lösungsorientierung
Zukunftsorientierung

Diese Säulen stellen die Grundlage für eine starkes und belastbares Mindset dar. Wie hier schnell erkannt werden kann: „**Resilienz** ist keine angeborene Eigenschaft, sondern ein variabler Prozess, der mit verschiedenen Verhaltensweisen, Persönlichkeitsmerkmalen und Ressourcen zusammenhängt."[99] Schauen wir uns diese Punkte genauer an.

Akzeptanz bedeutet im Zusammenhang mit problematischen, belastenden Situationen oder traumatischen Ereignissen: Eine resiliente Person kann verinnerlichen, dass eine Situation nicht geändert werden kann, und unterscheiden, ob das Ereignis noch nicht oder gar nicht verändert werden kann. Es geht hier also um die bedingungslose Annahme.

Unter **Optimismus** ist die Bewusstmachung, dass es für jedes Problem eine Lösung gibt, zu verstehen. Resiliente Menschen sind Möglichkeitendenker, sie wählen immer unter einer Vielzahl von noch verbleibenden Optionen diejenige aus, die unter den gegebenen Umständen die beste ist. Und sie führen sich immer das Gute vor Augen, frei nach dem Motto „Am Ende wird alles gut, und wenn es nicht gut ist, ist es noch nicht das Ende."

Menschen, die in der **Selbstwirksamkeit** sind, haben die „Opferrolle verlassen". Sie haben verstanden, dass sie Schöpfer ihres Lebens und nicht Opfer sind. Es sind nicht immer alle anderen schuld, sondern es sind einzig und allein ihr Handeln, ihre Entscheidung, ihre

---

98 Vgl. *Https://mycompetence.de/blog/7-saeulen-resilienz;* aufgerufen am 14.01.2024
99 *Https://www.oberbergkliniken.de/artikel/resilienz*; aufgerufen am 17.01.2024

Kompetenz, ihre Aktionen, die ihr Leben formen. „Schmerz ist im Leben unvermeidbar, Leid dagegen ist eine Entscheidung."[100]

Genau diese drei Punkte haben Resis Leben an einem bestimmten Punkt um 180 °C geändert. Sie hatte die Erkrankung von Victor akzeptiert, sie spürte, dass es optimistisch leichter ging, und wählte die Option, gelassener zu werden. Und sie fühlte sich nicht mehr als Opfer, sondern als Schöpfer in diesem Prozess hin zu seiner Genesung.

Apropos Genesung: Resi weiß heute gar nicht so genau, ob ihr inzwischen 21-jähriger Sohn noch Beschwerden hat, weil dieser irgendwann beschlossen hat, dass es „seine" Krankheit ist und er gar nicht mehr darüber sprechen möchte. Außerdem ist er sehr fokussiert und möchte dieser Episode seines Lebens keine Aufmerksamkeit mehr schenken. Abgesehen von ihrer Neugierde, schafft es Resi sehr gut, damit umzugehen, denn auch ihr Sohn ist Schöpfer seines ganz eigenen Lebens. Auf ihn ist Resi auch sehr stolz.

Weiter zu den Säulen. Wenn jemand **Verantwortung** übernimmt, ist damit die Eigenverantwortung gemeint. Jeder erwachsene Mensch würde vermutlich von sich behaupten, dass er die Verantwortung für sich und sein Leben übernimmt. Aber schauen wir genauer hin. „Opfer" tun dies nicht! „Opfer" sind der Spielball vom Niedergang der Gesellschaft, den politischen Entscheidungen, den steigenden Energiekosten, dem Finanzamt, der Schwiegermutter, den Launen des Partners, vom Wetter und was sonst noch alles. Alle und alles andere ist schuld an ihrer Misere, und deshalb sind sie schlecht gelaunt, deprimiert bis hin zu einem Burnout.

Ich sage nicht, dass man immer alles in seinem Leben im Griff haben kann, aber die Frage ist doch, wie viel Energie wir in etwas stecken und wie viel Beachtung wir etwas geben. Einfach mal die Zündschnur etwas länger machen und nicht so schnell ab- und ausbrennen ist die Devise. Damit übernimmt man die Verantwortung für sein gesünderes und gechilltteres Leben.

---

[100] Mankevich, Maxim: Soul Master, 12. Auflage, München, Gräfe und Unzer Verlag GmbH, 2023, S. 96

Und ich möchte an dieser Stelle explizit darauf hinweisen, dass ich kein Therapeut bin und despektierlich über ernst zu nehmende psychische Erkrankungen sprechen möchte! Ich glaube jedoch, dass in vielen Fällen zu schnell eine Depression diagnostiziert wird und Psychopharmaka verschrieben werden.

Unter **Netzwerkorientierung** ist zu verstehen, dass soziale Beziehungen in Krisensituationen sehr wichtig sind. Um resilient zu sein, muss man nicht alles allein durchstehen können. Im Gegenteil, stabile Kontakte wie Familienangehörige, Freunde, enge Bekannte und Kollegen oder auch vertrauensvolle Hilfe im Außen sind absolut notwendig für die psychische Gesundheit.

Lösungsorientierung heißt, die Aufmerksamkeit vom Problem abziehen und auf einen Zustand lenken, wie es sein sollte ... wie es ohne das Problem wäre. Der ein oder andere Leser wird die Situation kennen, dass Menschen ihnen immer und immer wieder erzählen, was alles nicht geht, schlecht ist, schiefläuft und sich falsch anfühlt. Die einzige legitime Frage hier ist: „Hast du schon eine Lösung?" Und dann wichtig: WARTEN! Nicht gleich Lösungsvorschläge machen und Möglichkeiten aufzeigen, sondern warten. Das regt die Neuverknüpfung der Synapsen an. Und gegebenenfalls die Frage wiederholen!

In diesem Zusammenhang sehr spannend ist der sogenannte „sekundäre Krankheitsgewinn". Einen erwachsenen Dauerkranken oder immer wieder Kranken, mit dem man ein vertrauensvolles Verhältnis hat, kann man durchaus einmal fragen: „Was wärest du ohne deine Krankheit?" Ich lass das mal so stehen.

Bei einem lösungsorientierten Umgang mit einer Herausforderung tut man gut, step by step vorzugehen. Menschen sehen oft den Wald vor lauter Bäumen nicht. Sie können sich die „große" Lösung nicht vorstellen, weil sie mit zu vielen kleinen Hürden beschäftigt sind. Deshalb sollten die Schritte so angemessen sein, dass das Problem immer kleiner wird. Ich nenne das mal „Scheibchentaktik".

Die letzte Säule der Resilienz ist die **Zukunftorientierung**. Schnell und effektiv gute Lösungen finden hat auch etwas mit dem Definieren von Zielen zu tun, die ja bekanntlich in der Zukunft liegen. Ein großes, weites Feld für ein eigenes Kapitel und sehr wichtig, wenn

man aus einem langweiligen, grauen, frustrierenden Leben ausstei-
gen möchte.

Hier nur so viel zum Thema „Ziele stecken": Rom ist auch nicht an
einem Tag erschaffen worden. Lerne das Plateau zu lieben! Will heißen, man erreicht seine Ziele für gewöhnlich nicht, indem man kons-
tant und gleichmäßig bergauf geht, sondern es ist eher eine Treppe.
Dieses Bild geht auch einher damit, dass man immer nur bis zum
nächsten kleinen Teilziel schauen kann und soll, um nicht vom großen Ziel eingeschüchtert und überwältigt zu sein.

Im Coaching spricht man oft von **SMART**en Zielen. Demnach sollen Ziele spezifisch, messbar, attraktiv, realistisch und terminiert
sein. Wenn man weiß, wie man sich die Zukunft vorstellt, hat man
Orientierung und Motivation!

Meines Erachtens ein Hauptproblem unserer heutigen Gesellschaft: Ziellosigkeit! Gefördert vom Konsum diverser Güter, die zur
Ablenkung davon dienen, um was es wirklich geht. Aber auch das ist
ein eigenes Thema.

Was hat Resilienz mit Trauma zu tun?[101]

Oft geht es beim Begriff Resilienz um das Thema „Stress", den Umgang damit, wie man Burnout vermeidet und in körperlicher und
seelischer Balance bleibt. Das ist aber nur ein Teil der offiziellen Definition. Resilienz hat weit mehr als nur mit einfachem Stress zu tun. Es
geht vor allem darum, nach einem psychischen Trauma wieder in
seine Kraft zu kommen und sein Leben meistern zu können.

Was ist überhaupt ein Trauma?

Vermutlich die Mehrheit der Menschen versteht unter einem Trauma
die Folge eines gewaltsamen Ereignisses wie Krieg, Unfall, Tod,
schwere Krankheiten oder sexueller Übergriff. Ein Trauma kann jedoch viel subtiler sein.

Sogenannte chronische Traumata haben ihren Ursprung in der
Kindheit, vollziehen sich schleichend und unbewusst, hinterlassen

---

101   Vgl. *https://www.i-rm.org/trauma-und-resilienz*; geöffnet am 18.02.2024 aber die gleichen Spuren im Gehirn wie oben genannte Traumata. Und hierbei geht es nicht nur „um einen Mangel an Zuneigung, sondern auch um ungenügende sensorische Stimulation, die mit emotionaler und sozialer Deprivation, also einem Mangel an Liebe und zwischenmenschlichen Kontakten einhergeht."[102] Mit anderen Worten: Wir sind als Kinder oftmals nicht bedingungslos geliebt worden und/oder uns wurde die Liebe nicht gezeigt bzw. konnte nicht gezeigt werden.

Und warum sind wir alle traumatisiert?

Wenn man sich so umhört, stellt man fest, dass es sehr viele Menschen gibt, die in ihrer Kindheit mangelnde Zuneigung erfahren haben. Eine gewagte These meinerseits ist, dass wir irgendwie alle traumatisiert sind! Warum ist das so?

Es gibt natürlich viele Gründe, aber ein Thema ist sicherlich hauptverantwortlich für ein kollektives Trauma der Generation, die zwischen 1960 und 1975 geboren wurde, wie auch Resi im Übrigen. Das ist das Thema „Kriegsenkel", die Kinder der Kriegskinder (geboren zwischen 1928 und 1946). Kriegskinder mussten sich oftmals von ihren Gefühlen abspalten, um „überleben" zu können. Dies führte zu einer Gefühlskälte bei der Erziehung ihrer Kinder, der Kriegsenkel. Und da inzwischen aus einer relativ neuen Wissenschaft, der Epigenetik, bekannt ist, dass Traumata über mehrere Generationen in unseren Zellen gespeichert sind (transgenerationale Epigenetik), kann man leicht erkennen, dass in den Kriegsenkeln immer noch Angst, Verzweiflung, Trauer und Schmerz unbewusst vorhanden sind. Traumata können also vererbt werden![103]

Sehr viele Probleme der heutigen Generationen hängen mit Traumata zusammen, selbst erlebten oder vererbten. Destruktive Glaubenssätze, sich nicht gut genug fühlen, unerklärliche Ängste, Panikattacken, Depressionen, Burnout können die Folgen sein.

---

102 *https://www.i-rm.org/trauma-ü+und-resilienz;* geöffnet am 18.02.2024
103 Vgl. *https://www.alh-akademie.de/blog/trauma-vererben;* geöffnet am 20.01.2024

Woraus wiederum beispielsweise Prokrastination entsteht, die nicht mit Faulheit gleichgesetzt werden darf, sondern ein ernstzunehmendes psychisches Problem ist.

Aber nicht nur die seit unserer Kindheit in uns steckenden Störungen sind der Hauptgrund für unsere Disposition. Maßgeblich kontraproduktiv für ein entspanntes, friedliches Leben in Glück und Freiheit sind die derzeitigen gesellschaftlichen Entwicklungen und das Weltgeschehen. Die Zahl hilfebedürftiger Menschen ist so groß wie die letzten 50 Jahre nicht mehr. Die psychiatrischen Einrichtungen platzen aus allen Nähten, die Psychologen haben nicht selten Wartezeiten von 1 Jahr und mehr. Besonders erschreckend ist die Zunahme der psychischen Erkrankungen bei Jugendlichen und jungen Erwachsenen und sogar deren Suizid-Rate! Deshalb geht das Thema Resilienz uns alle an!

Was ist eigentlich Burnout und was hat das mit Resilienz zu tun?
Burnout ist ein inflationär gebrauchter Begriff geworden. Meiner Erfahrung nach scheint fast jeder Coach nach seinem eigenen Burnout Coach geworden zu sein. Das soll ebenfalls nicht despektierlich klingen! Im Gegenteil, ich bin der Meinung, dass der beste Berater oder Therapeut weiß, von was er spricht, weil er besser „in den Schuhen seines Klienten gehen kann" (indianische Weisheit), wenn er bestimmte Dinge selbst durchgemacht hat.[104] Dies soll nur verdeutlichen, dass Burnout ein sehr weit verbreitetes Phänomen ist. Das ist insofern auch nicht verwunderlich, als es je nach Quelle 7-12 Stufen von Burnout gibt, und somit fast jeder schon einmal damit in Berührung gekommen ist. Ein Modell sind die 12 Burnout-Phasen nach Freudenberger, nachzulesen auf der Website der Heiligenfeld-Kliniken.[105]

Im Gegensatz zur Depression ist Burnout, mit seinen Erscheinungen Erschöpfung, Ausgebranntsein, Schwierigkeiten bei der Lebensbewältigung, Energieverlust, Negativismus, keine eigenständig

---

104 Vgl. *https://crossculture-academy.com/den-schuhen-eines-anderen-laufen*; geöffnet am 20.01.2024

105 Vgl. *https://www.heiligenfeld.de/blog/die-burnout-phasen;* geöffnet am 20.01.2024

Krankheit, wenngleich sich die Risikofaktoren ähneln.[106] Aber auch schon der Zwang, sich zu beweisen, die Vernachlässigung eigener Bedürfnisse oder die Verdrängung von Konflikten sind erste Anzeichen von Burnout.

Meines Erachtens kann ein Betroffener im Fall von Burnout bei den ersten Anzeichen selbstverantwortlich die Handbremse ziehen. Die Bewusstmachung der Zusammenhänge von den Faktoren und einem Burnout ist der erste Schritt hin zur Erkenntnis, dass man gut daran tut, Resilienz zu üben, um stabil zu bleiben und im besten Fall ein glückliches Leben führen zu können.

Wenden wir uns den Lösungsmöglichkeiten zu (ohne Anspruch auf Vollständigkeit).

Wie kann man nun Resilienz trainieren?

Die oben genannten Säulen der Resilienz und damit verbundenen Handlungsempfehlungen entbehren immer noch konkreter Tools, wie man nun in die Akzeptanz kommt, optimistisch und selbstwirksam ist, Verantwortung für sein Leben übernimmt und aus der Opferrolle aussteigt etc.

Ein wichtiger Punkt ist die „Gedankenhygiene"!

Ebenfalls auf einem Seminar, das mich der Entfaltung meiner Persönlichkeit näherbringen sollte, habe ich einmal einen anderen, auch sehr interessanten Satz gehört. Man solle sich in Krisensituationen, in denen man z. B. Existenzängste hat, sich Sorgen um die Zukunft, die Kinder, die Eltern macht oder um das eigene Leben, den ausbleibenden Erfolg oder ähnliches, immer folgende Frage stellen.

„Ist es wirklich, wirklich wahr?" Dieser Satz kann ein Gamechanger sein! Ist die Situation, in der wir stecken, und das Zukunfts-Szenario, das wir uns gerade ausmalen, wahr? Oftmals kreisen wir immer und immer wieder um dieselben und auch meist destruktiven Gedanken. Die Abwärtsspirale beginnt sich zu drehen. Die Gedanken

---

106 Vgl. *https://minddoc.de/magazin/unterschied-burnout-depression/;* aufgerufen am 23.06.2024

verselbstständigen sich. Nach einer Zeit ist man sich gar nicht mehr bewusst, dass man die ganze Zeit negative Gedanken hat. Die Wirklichkeit sieht jedoch fast immer rosiger aus, als man sie sich in so einem dunklen Moment ausmalt.

Es lohnt sich auszusteigen! „Ist es wirklich, wirklich wahr?", eröffnet einen Raum von alternativen, möglichen Sichtweisen.

Die meisten Horrorszenarien, die wir uns in Krisenphasen ausmalen, bleiben Gott sei Dank Hirngespinste. 90 % unserer schlimmsten Erwartungen und Befürchtungen werden niemals eintreten, sodass es vergeudete Energie ist, sich darüber Sorgen zu machen und Ängste zu haben.[107]

Ist es also wirklich, wirklich wahr, dass man nichts wert ist, weil man im Moment gerade keinen Erfolg hat, die echten Freunde fehlen oder die Eltern das Spiel spielen „du bist nur gut, wenn du etwas leistest"? Nein! Ist es wahr, dass man nicht liebens- und begehrenswert ist, weil man vom Partner verlassen wurde? Nein! War es wirklich, wirklich wahr, dass Resis Sohn Victor ein Leben in Krankheit mit vielen Medikamenten und damit verbundenen Nebenwirkungen verbringen muss? Das konnte sie damals nicht wissen. Und es kam auch nicht so! Oder auch: Ist es wirklich, wirklich wahr, dass jemand nach dem Tod seines Partners nie wieder glücklich sein kann? Nein, es ist nicht wahr! Bin ich wirklich, wirklich Opfer der äußeren Umstände? Nein!

Maxim Mankevichs einfachste Glücksformel der Welt lautet: „Glaube nicht alles, was du denkst."[108] Und das Glück eines Menschen hat meines Erachtens sehr viel mit einer resilienten Haltung zu tun. Nur wer auch in der Lage ist, Krisensituationen gut zu überstehen, kann auch glücklich sein.

Unsere Gedanken bestimmen unsere Realität! Das mag für viele Menschen (noch) komisch klingen. Ist aber wahr! Es ist ein kosmisches Gesetz, das Gesetz der Anziehung oder auch das Resonanzprinzip genannt. ALLES ist Energie! Alle Dinge und Lebewesen besitzen

---

107 · Vgl. Masuno, Shunmyo: Don't worry, 2. Auflage, München, Lotosverlag, 2022

108 Mankevich, Maxim: Soul Master, 12. Auflage, München, Gräfe und Unzer Verlag GmbH, 2023, S. 102

eine Eigenschwingung. Auch Materie wie ein Tisch, ein Stuhl, ein Auto, ein Haus ist in Wirklichkeit Energie und die verschiedenen Objekte schwingen lediglich mit unterschiedlicher Frequenz. Einige schwingen mit der gleichen, andere mit einer ähnlichen Frequenz. Und ebenso sind Gedanken und Emotionen wie z. B. Angst, Trauer, Schmerz und auch Freude, Zufriedenheit, Stolz, Inspiration, Liebe und Dankbarkeit Energie. Auf die Dankbarkeit werde ich später noch genauer eingehen.

Alles, was gleich schwingt, resoniert miteinander. Das Resonanzprinzip besagt nun, dass auch alles, was die gleiche Schwingung wie wir selbst hat, unweigerlich in unser Leben gezogen wird. Somit können wir dieses Prinzip aktiv gestalten, wenn wir uns darüber bewusst werden, was wir aussenden. Dementsprechend ist es doch lohnenswerter, Zufriedenheit und Liebe auszusenden, um davon mehr in unser Leben zu ziehen.

Pierre Franckh, ein deutscher Schauspieler, Synchronsprecher, Regisseur, Unternehmer und Autor, seit 2015 im Bereich Persönlichkeitsentwicklung tätig, hat sich in seinem Buch „Das Gesetz der Resonanz"[109] intensiv mit dem jahrtausendealten Wissen über die universellen Gesetze des Lebens und den Erkenntnissen der modernen Wissenschaft beschäftigt.

Diese neuesten Erkenntnisse der Quantenphysik, Quantenbiologie, der modernen Mathematik und der Epigenetik lassen immer deutlicher erkennen, dass es immer die Kraft der menschlichen Überzeugungsmuster ist, die uns zu dem werden lässt, was wir zu sein glauben. Von der Gesundheit bis zu Krankheit, von der Immunabwehr bis zu unserem Hormonhaushalt, von den Selbstheilungskräften bis zu unserer Glücksfähigkeit liegt alles in unserer eigenen Hand![110]

---

109   Franckh, Pierre: Das Gesetz der Resonanz, 7. Auflage, Burgrain, KOHA-Verlag GmbH, 2016

110   Vgl. Franckh, Pierre: Das Gesetz der Resonanz, 7. Auflage, Burgrain, KOHA-Verlag GmbH, 2016, S.12

Die wahren Grenzen existieren nur in unserem Kopf. Alles ist möglich! „Mit unserer Gedankenkraft und unseren Gefühlen haben wir die Möglichkeit, all die Veränderungen in unserem Leben vorzunehmen, die wir uns so sehr wünschen."[111] Wenn man also gemäß dem Resonanzprinzip seine Realität kreieren kann, führt das automatisch zu einer resilienten Haltung.

Hier angekommen ist der Mensch der Schöpfer seines Lebens! Klingt unglaublich, oder? Und manch ein Leser wird sich jetzt denken, dass er das nie schaffen würde. Zugegeben, ich habe selbst auch noch nicht alles geschafft, was ich mir wünsche und erträume. Aber ich bin davon überzeugt, dass dieses Prinzip existiert und funktioniert. Wir haben nur ein paar kleinere Schwächen, warum nicht alles so eintritt, wie erhofft. Das sind zum einen alte Glaubensmuster, die uns immer wieder wie Gummibänder in unsere alten Gedanken- und Verhaltensschleifen zurückziehen. Und zum anderen arbeiten wir meistens nicht konsequent genug an unserer Veränderung. Nur wenn wir uns konsequent mit neuen, gewünschten Überzeugungen beschäftigen, können wir die alten unerwünschten Muster ersetzen.

Die Frequenztechnologie

Eine Möglichkeit, sich hier unterstützen zu lassen, bietet die Frequenztechnologie. Es heißt, sie sei die Zukunftstechnologie. Mit Frequenzgeräten können tiefere Zusammenhänge und Hintergründe geistiger und materieller Dysbalancen im Informationsfeld analysiert werden. Durch deren Harmonisierung und Transformation kann das bioenergetische Feld balanciert werden und die eigenen regenerativen Kräfte aktiviert werden. Es gibt Geräte, die Programme mit individuellen Mikrostromfrequenzen bieten für mentale Balance, Seelenwohl, Akzeptanz, Zuversicht und vieles mehr, die psychische Ausgeglichenheit fördern und einem Burnout vorbeugen helfen können. Es gibt sogar Geräte mit Medizinproduktezulassung, die bei Depressionen und damit verbundenen Schlafstörungen unterstützen.

---

[111] Franckh, Pierre: Das Gesetz der Resonanz, 7. Auflage, Burgrain, KOHA-Verlag GmbH, 2016, S.13

Meditation

„Alles Große geht durch die Stille."[112] Mankevich beschreibt das Gebet als Form, in der der Betende zu Gott spricht, während in der Meditation Gott zum Meditierenden spricht. Meditation ist eine Art „offline" sein, die die Leitung nach oben öffnet, um Eingebungen zu erhalten.

Die meisten Menschen, die noch nie meditiert haben, denken, sie müssten jegliche Gedanken verbannen und dies könnten sie nicht. Am Anfang und auch bei Fortgeschrittenen werden immer wieder einmal Gedanken auftauchen. Das ist auch nicht schlimm. Wichtig ist nur, dass man sich nicht an ihnen festbeißt, sondern wieder loslässt. Oft hilft die Vorstellung, dass die Gedanken wie Wolken am Himmel vorüberziehen dürfen. „Sich einfach hinzusetzen und ‚an nichts zu denken', ist alles andere als einfach. Zum Glück geht es darum beim Meditieren eigentlich gar nicht. Vielmehr handelt es sich bei Meditation um eine Art Gedanken-Kontroll-Training – bei dem du lernst, die Dinge einfach sein zu lassen (ja, auch die vielen nervigen Gedanken) und so innere Gelassenheit zu erfahren."[113] Deshalb sind am Anfang auf jeden Fall geführte Meditationen sinnvoll, die es in großer Anzahl auf YouTube und den diversen Streamingdiensten gibt. Sehr empfehlenswert sind auch die Meditationen von Dr. Joe Dispenza, auf den ich später noch genauer eingehen möchte.

Die Meditation hebt unsere Stimmung, verbessert unseren Umgang mit Gefühlen, verstärkt unsere positiven Persönlichkeitseigenschaften, erhöht unsere Konzentrationsfähigkeit und macht unser Denken klarer. Der Körper schüttet bei regelmäßigem Meditieren weniger stressförderndes Cortisol aus, das wichtige Bereiche in unserem Gehirn angreift und dauerhaft schädigen kann. Zugleich werden Areale im Gehirn gestärkt, die unser Verhalten positiv beeinflussen und uns gelassener durch das Leben gehen lassen. Grund genug, damit anzufangen oder dabeizubleiben!

---

112 Mankevich, Maxim: Soul Master, 12. Auflage, München, Gräfe und Unzer Verlag GmbH, 2023, S. 25

113 *Https://www.yogaeasy.de/artikel/alles-ueber-meditation-fuer-yogis*, aufgerufen am 17.05.2024

Autogenes Training

Autogenes Training ist eine Form der Selbstregulation und dient bei übermäßiger körperlicher und seelischer Anspannung der Entspannung, beruhigt den Kreislauf, schafft einen klaren Kopf und hilft dabei, den Körper und Geist mit den Gedanken zu beeinflussen. Die Konzentration auf einzelne Körperteile beeinflusst das vegetative Nervensystem positiv und fördert die Gelassenheit.

An dieser Stelle sei erwähnt, dass Resi nach ihrem BWL-Studium, am Anfang ihres Berufslebens eine sehr stressige Phase in der Firma hatte, in der sie arbeitete. Sie hatte eine Herausforderung, die sie immer und immer wieder aus der Balance brachte. Im Rahmen eines VHS-Kurses lernte sie autogenes Training. Da sie als Vertriebsmitarbeiterin viel mit dem Auto unterwegs war, praktizierte sie es sogar in Pausen auf Parkplätzen im Auto und bekam damit einen wesentlich gelasseneren Umgang mit diesem herausfordernden Thema.

Einfache Atemübungen oder Breathwork-Sessions

Der Atem ist die wichtigste und meistunterschätzte körperliche Funktion! Mit dem Atem können wir unsere Organe, unsere Stimmung und vieles mehr beeinflussen. Unser Körper funktioniert nur, wenn wir atmen. Wir sind geboren mit dem ersten Atemzug unseres Lebens und sterben mit dem letzten. Wir sind unser Atem!

Dies spricht dafür, unserem Atem mehr Beachtung zu schenken. Da es in diesem Buch ein eigenes Kapitel über „Breathwork" gibt, möchte ich an dieser Stelle lediglich die einfachen Atemübungen für Ruhe, Gelassenheit und Gleichgewicht in Stresssituationen erwähnen. Das Besondere an der Atmung ist, dass sie unterbewusst gesteuert wird, man sie aber ohne große Anstrengung bewusst beeinflussen kann, wenn man den Atem beobachtet.[114]

Was hat es für einen Nutzen, den Atem bewusst zu beeinflussen?

---

114 Vgl. *https://www.asmi.store/blogs/news/we-are-our-bwir-sind-unser-atem-wie-unsere-atmung-uns-formt-und-wie-wir-sie-nutzen-konnen-um-unseren-korper-und-geist-zu-pragen-reath-how-our-breathing-shapes-us-and-how-we-can-use-it-to-shape-our-body-and-mind,* aufgerufen am 18.05.2024

Der Atem kann sich „als der Schlüssel zur Macht (...) über den Verstand"[115] erweisen, denn auf diese Art und Weise können wir das Unterbewusstsein beeinflussen. Dies ist sehr sinnvoll, denn oftmals denken, handeln und fühlen wir aufgrund von Mustern, die im Unterbewusstsein verankert, für uns aber nicht besonders zuträglich sind.

Ein Praxis-Tipp für ein Akzeptanztraining (erste Säule der Resilienz) ist zum Beispiel folgender: Falls man in eine stressige Situation gerät, ist es ratsam, einige Sekunden oder Minuten innezuhalten und sich die Frage zu stellen, ob man die Situation beeinflussen kann. Wenn dies der Fall ist, dann sollte man die Situation positiv verändern. Wenn dies nicht der Fall ist, dann ist Akzeptanz gefragt, die man erreichen kann, indem man 4 Sekunden langsam in den Bauchraum einatmet, 2 Sekunden die Luft anhält und wieder gleichmäßig 4 Sekunden durch den Mund ausatmet. Das Ganze 10-mal wiederholen.[116]

Herzöffnung

Liebeskummer etwa oder intensive Trauer können sich auch körperlich durch ein Stechen in der Herzgegend bemerkbar machen. Wir sprechen von einem gebrochenen Herzen. Tatsächlich ist in solchen Situationen der Atem oberflächlicher oder stockt, weil der Herzraum blockiert ist. Durch emotionale Traumata wird unser Herz-Chakra gestört.[117, 118] Das Herz zu öffnen ist eine spirituelle Praxis und ein Prozess, in dem man durch die bewusste Öffnung des Herzens auf emotionaler und energetischer Ebene alte Verletzungen, Ängste und Blockaden loslässt. Dadurch entsteht ein (neuer) Raum für inneren

---

115 *Https://www.asmi.store/blogs/news/we-are-our-bwir-sind-unser-atem-wie-unse-re-atmung-uns-formt-und-wie-wir-sie-nutzen-konnen-um-unseren-korper-und-geist-zu-pragen-reath-how-our-breathing-shapes-us-and-how-we-can-use-it-to-shape-our-body-and-mind,* aufgerufen am 18.05.2024
116 Vgl. *https://sedariston.de/expertenrat/resilienz-tipps/,* aufgerufen am 18.05.2024
117 Vgl. *https://www.yogaeasy.de/artikel/rueckbeugen-yoga-uebungen,* aufgerufen am 18.05.2024
118 Näheres zum Thema Chakrenlehre z. B. in Die Kraft der 7 Chakren von Teichmann, Jonathan Vincent

Frieden, Liebe und Mitgefühl. Durch ein offenes Herz können wir liebevolle, emotional nährende Erfahrungen machen, sowohl mit uns selbst in Form von Selbstliebe als auch mit anderen Lebewesen und auch mit dem großen Ganzen, der Welt, in der wir leben. Was natürlich wiederum die Resilienz stärkt. Die Herzöffnung auf körperlicher Ebene ist die Öffnung des Brustraumes, indem wir die Schultern nach hinten kreisen lassen, die Schulterblätter zusammenziehen und den Brustkorb nach vorne bringen und dabei tief atmen. Durch die erhöhte Sauerstoffzufuhr erlangt man körperlich und mental neue Kraft. Im Yoga erreicht man mit bestimmten Asanas, den Rückbeugen, sein Herz zu öffnen. Neben vielen körperlichen Vorteilen wie dem Entgegenwirken von Rundrücken & Co. haben diese Übungen auch viele positive psychische Effekte. Herzöffner-Asanas helfen, den Brustraum zu öffnen, tief zu atmen, loszulassen und durch die erhöhte Sauerstoffzufuhr schneller durch negative Gefühle hindurchzugehen.[119] Darüber hinaus gibt es auch eine Reihe von Herzmeditationen.

Dr. Joe Dispenza

Besonders erwähnen möchte ich noch einmal Dr. Joe Dispenza, der sich aufgrund eines eigenen Unfalls mit Wirbelsäulenfraktur und daran anschließender Selbstheilung intensiv mit der Neurowissenschaft, der Epigenetik, der Molekularbiologie, Neurokardiologie und Quantenphysik beschäftigt hat.

Wer hierzu weiterführende Literatur lesen möchte, dem empfehle ich sein Buch „Werde übernatürlich"[120] und hier insbesondere das Kapitel 1 über Anna, die mehrere gesundheitliche Herausforderungen hatte und sich durch Dr. Joes Praktiken selbst geheilt hat.

Dispenza führte umfassende Untersuchungen über die Effekte von Meditation durch, unter anderem mit epigenetischen Tests und Hirnscans durch EEG-Messungen.[121] Weiterhin auch Messungen des

---

119 Vgl. *https://www.yogaeasy.de/artikel/rueckbeugen-yoga-uebungen*, aufgerufen am 18.05.2024
120 Dr. Dispenza, Joe: Werde übernatürlich, 5. Auflage, KOHA-Verlag GmbH, 2018, S. 16
121 Quantitative Elektroenzephalogramme

individuellen Energiefeldes mittels Gasentladungsvisualisierung und der Herzkohärenz im Rahmen einer Partnerschaft mit dem Heart-Math Institute (HMI) in Kalifornien.[122] Er leitete einige weitere Studien, die zeigen, wie die Gesundheit von Menschen signifikant verbessert werden konnte. Messungen der Herzfrequenzvariabilität zeigen erstaunliche Ergebnisse hinsichtlich höherer Emotionen wie Dankbarkeit, Inspiration, Freude, Güte, Wertschätzung und Mitgefühl, wenn Menschen ihr Herz öffnen.

„Unser Herz produziert das stärkste Magnetfeld im Körper – 5000-mal stärker als das vom Gehirn erzeugte Feld."[123]

Dr. Joe Dispenza legt die wissenschaftlichen Zusammenhänge sowie die biologischen und chemischen Prozesse in den Organen, Körpersystemen und Neurotransmittern dar. Tausende von Gehirnscans bewiesen, dass es nicht bloße Einbildung war, sondern in den Gehirnen der Menschen tatsächlich Veränderungen stattfanden. Er ist der Überzeugung, dass ein klarer Gedanke bzw. eine Intention (kohärentes Gehirn) nur in Verbindung mit einer höheren Emotion (kohärentes Herz) zu einem glücklicheren, gesünderen Leben führt. Unsere biologische Energie ist veränderbar, wenn wir eine Intention (die eine elektrischen Ladung hat) mit einem Gefühl (magnetische Ladung) verbinden.[124] Wenn man Dankbarkeit, Fülle, Freiheit oder Liebe fühlt, entstehen automatisch die dazu passenden Gedanken. Dadurch wird eine Energie (emotionale Ladung) erzeugt, die das autonome Nervensystem dazu anregt, eine neue Zukunft zu kreieren.[125] Entscheidend für positive Veränderungen ist also eine klare Intention und eine höhere Emotion. Ohne die Aufladung durch das Gefühl funktioniert es nicht!

So kann die Biologie eines Menschen verändert und seine neue Realität kreiert werden. Er lebt nicht mehr in der Vergangenheit, sondern in der Zukunft.

---

122 Vgl. Dr. Dispenza, Joe: Werde übernatürlich, 5. Auflage, KOHA-Verlag GmbH, 2018, S. 456f

123 Dr. Dispenza, Joe: Werde übernatürlich, 5. Auflage, KOHA-Verlag GmbH, 2018, S. 233

124 Vgl. Dr. Dispenza, Joe: Werde übernatürlich, 5. Auflage, KOHA-Verlag GmbH, 2018, S. 223

125 Vgl. Dr. Dispenza, Joe: Werde übernatürlich, 5. Auflage, KOHA-Verlag GmbH, 2018, S. 240f

Dankbarkeit

Ein weiteres sehr effektives Tool, um seine Resilienz zu stärken, ist, sich in Dankbarkeit zu üben. Zum Beispiel in Form eines Dankbarkeits-Tagebuches, in das jeden Abend vor dem Schlafengehen 5 Dinge geschrieben werden, für die man an diesem Tag dankbar ist. Alternativ kann man sich dies auch im Bett, kurz vor dem Einschlafen vergegenwärtigen. Und gleich am nächsten Morgen kurz nach dem Aufwachen. So lässt es sich leichter freudig in den Tag starten. Mit den Gedanken, mit denen man einschläft, wacht man auch wieder auf. Und mit großer Wahrscheinlichkeit träumt man auch davon. Die Zellen speichern dies alles! Wichtig hierbei ist, dass die einzelnen Dinge, für die man dankbar ist, nicht herunter gerattert werden, sondern, wie schon erwähnt, mit einer Emotion versehen werden.

Besonders effektiv ist die sogenannte „vorweggenommene Dankbarkeit"! FÜHLE dich heute schon so, als ob du schon der bist, der du werden möchtest, und sei dankbar dafür.

An dieser Stelle sei angemerkt, dass Resi nicht immer in voller Dankbarkeit war und morgens frisch und fröhlich aus dem Bett gesprungen ist. Dennoch fand sie immer Dinge, für die es sich lohnte, dankbar zu sein, und zwar von ganzem Herzen.

Der Vagusnerv[126]

Der Vagusnerv ist der längste Nerv des menschlichen Körpers und verbindet alle Organe mit dem Gehirn. Er verläuft vom Hirnstamm bis in den Bauchraum und „spielt eine entscheidende Rolle bei vielen Körperfunktionen, von der Atmung so wie der Herzfunktion über die Verdauung bis hin zu einer positiven geistigen Gesundheit."[127] Fischer und Link sprechen sogar von „eine(r) enorm große(n) Bedeutung für die psychische Gesundheit"[128], da der Vagusnerv unser gesamtes

---

126 Vgl. Simone Fischer, Wolfgang Link: Der Vagusnerv, copyright © 2022, Augsburg, Weltbild GmbH & Co. KG, S. 8

127 Simone Fischer, Wolfgang Link: Der Vagusnerv, copyright © 2022, Augsburg, Weltbild GmbH & Co. KG, S. 7

128 Simone Fischer, Wolfgang Link: Der Vagusnerv, copyright © 2022, Augsburg, Weltbild GmbH & Co. KG, S. 8

Inneres beeinflusst und somit direkten Einfluss auf unser Wohlbefinden nimmt.

Ohne hier näher auf die Zusammenhänge eingehen zu können, ist Folgendes festzuhalten: Ein sehr häufiger Grund für eine Dysbalance des Vagusnervs ist Dauerstress und/oder Ärger, heute leider weit verbreitet. Und diese Dysfunktion kann zu Depressionen und Ängsten führen. Der Tonus des Vagus ist jedoch durch verschiedene Übungen und durch Ernährung beeinflussbar. Je höher er ist, desto besser die emotionale und psychische Verfassung (Resilienz) sowie die körperliche Gesundheit.[129] Die Stimulierung des Vagusnervs und damit die Wege zur Selbstheilung sind vielfältig. Aufgrund dieses Zusammenhangs wird er übrigens auch oft „Selbstheilungsnerv" genannt. Je häufiger man etwas Gutes für seinen Vagusnerv tut, umso besser wird das Nervensystem reguliert.[130]

Hier einige Beispiele[131]:
— Stressbewältigung durch besseres Zeitmanagement, Nein sagen, direktes Handeln anstatt Aufschieben
— Die Kunst des Nichtstuns üben, Pausen in den Alltag integrieren,
— Spazierengehen, Waldbaden
— Atemübungen
— Stimmliche Übungen, wie Gurgeln, Singen und Summen
— Augenübungen
— Kältereize wie kaltes Duschen, kaltes Wasser trinken, Eisbaden
— Massage und Akupressur, Fußreflexzonenmassage
— Meditation
— Bewegung wie Tai-Chi, Yoga
— Gesunde Ernährung

---

129 Vgl. Simone Fischer, Wolfgang Link: Der Vagusnerv, copyright © 2022 Weltbild GmbH & Co. KG, S. 28f

130 Vgl. Simone Fischer, Wolfgang Link: Der Vagusnerv, copyright © 2022 Weltbild GmbH & Co. KG, S. 43f

131 Vgl. Simone Fischer, Wolfgang Link: Der Vagusnerv, copyright © 2022 Weltbild GmbH & Co. KG, S. 44ff

Omega-3-Fettsäuren

Auf zwei Punkte möchte ich noch näher eingehen.

Das sind zum einen im Rahmen der Ernährung, zu der natürlich viele Komponenten gehören, insbesondere die Omega-3-Fettsäuren. „Dauerstress kann die Ausschüttung von entzündungsfördernden Signalstoffen [...] erhöhen und dadurch unsere Gesundheit belasten. Eine tägliche Aufnahme von EPA und DHA (in Omega-3 enthalten) wirkt dem entgegen und stabilisiert zudem die Psyche in belastenden Situationen."[132]

Omega-3-Fettsäuren tragen das Potenzial zum „Stresskiller" in sich. Dies veranschaulicht eine US-amerikanische Studie der Universität Ohio.[133] Mit ihrem Team untersuchte die Psychologin Janice Kiecolt-Glaser die Auswirkungen von Omega-3-Fettsäuren unter Einfluss von Stress bei 68 Medizinstudenten. Die Forscher erhoben Werte aus Ernährungsfragebögen, Blutuntersuchungen, Interviews und Stresstests, um herauszufinden, wie ausgeprägt die Studenten auf Stress reagierten. Das Ergebnis war, dass die Teilnehmer, die Omega 3 zu sich nahmen, seltener Stresssymptome zeigten als diejenigen der Kontrollgruppe. Es lohnt sich also im Zusammenhang mit Resilienz auch einen Blick auf die Ernährung zu werfen (weitere Ausführungen hierzu im Kapitel „Nährstoffe, die unsichtbaren Helden unserer Gesundheit – oft übersehen, aber unverzichtbar für unser Wohlbefinden").

Der zweite Punkt, auf den ich hier noch ausführlicher eingehen möchte, ist die Bewegung. Und an dieser Stelle kommen wir zurück zu Resi, zu Teil 2 ihres Lebensweges.

---

132 *Https://www.dr-johanna-budwig.de/lebenswelten/resilienz/#*; aufgerufen am 24.05.2024

133 Vgl. Literatur: Omega-3 Fatty Acids and Stress-Induced Immune Dysregulation: Implications for Wound Healing, Janice K. Kiecolt-Glaser, PhD, Ronald Glaser, PhD, Lisa M. Christian, PhD, Military Medicine, Volume 179, Issue suppl_11, November 2014, Pages 129–133

Am Ende wird alles gut, und wenn es noch nicht gut ist, ist es noch nicht das Ende.

Resi kehrte also ab August 2016 mit Schauferl und Beserl ihr Leben auf, und wenn sie nicht kehrte, ging sie auf den Berg. Und wow ... die Sehnsucht, die sie schon lange verspürte, wandelte sich in eine absolute Leidenschaft.

Auf dem Berg fühlte sie sich daheim. So richtig erklären konnte sie sich das nicht. Sie ist zwar als Kind schon immer mal im Herbst ... da geht man als Lienzer wandern, denn im Winter fährt man Ski und im Sommer geht man baden ... mit ihren Eltern wandern gegangen, damals aber eher unmotiviert, wie Kinder halt so sind, maulig.

Vielleicht steckt es in ihren Genen, denn mütterlicherseits gab es ebenfalls eine große Leidenschaft für die Berge. Hierzu eine kleine Anekdote: Resis Großeltern sind mit Resis Mutter und deren Bruder jedes Wochenende mit dem Motorrad und dem Beiwagen (!) 65 km nach Mallnitz gefahren, um ihre Freizeit mit ihren Freunden auf der Hagener Hütte, einer Alpenvereinshütte, zu verbringen. Es muss eine tolle Gemeinschaft gewesen sein, mit viel Lachen, Musik machen, z. B. Löffelschlagen[134], was Resis Opa in Perfektion beherrschte, und drinnen wie draußen Spiele spielen inmitten der fantastischen Natur der Berge.

Resi trat diversen Facebook-Gruppen mit Bergthemen bei, wie z. B. „Bergsüchtige Singles", „Aktive Bergsingles" etc. und lernte schnell viele nette Menschen kennen, mit denen sie zahlreiche Gipfel bestieg und immer mehr zu Höchstform auflief. Die Berge wurden anspruchsvoller, das Adrenalin stieg und die Gipfelsiege wurden emotionaler. Ein gigantisches Gefühl, wenn man sich selbst besiegt!

Beruflich war es zu diesem Zeitpunkt bei Resi etwas durchwachsen. Zu ihrer bisherigen Teilzeittätigkeit, die sie seit 10 Jahren liebte und zunächst nicht aufgeben wollte, kam noch eine zweite dazu, was aber organisatorisch und steuerlich suboptimal war, sodass sie beide kündigte. Nach einem kurzen Versuch im Projektmanagement, wo sie Vollzeit arbeitete, landete sie „zufällig" in einem Persönlich-

---

134   Siehe hier: *https://www.youtube.com/watch?v=CzXOl5k5RWk*

keitsentwicklungsseminar. Das Thema war, wie man als Einzelunternehmerin in seine Kraft kommt und richtig erfolgreich werden kann.

Interessanterweise war Resi zum damaligen Zeitpunkt noch gar nicht so klar, ob sie wieder in eine Anstellung möchte oder es mal mit der Selbstständigkeit ausprobieren wollte. Dieses Seminar war dann aber der Auslöser für ihren weiteren Lebensweg. Die zentrale Frage hier war: „Worin liegt deine größte Leidenschaft?" Denn nur das, was du aus ganzem Herzen tust, macht dich wirklich erfolgreich.

Resis erster Impuls war natürlich „die Berge". Sie glaubte jedoch, daraus keinen beruflichen Weg ableiten zu können, da sie ja schon über 50 war. Sie erinnerte sich dann aber daran, im August 2016, als sie sich, frisch aus der Ehe-Wohnung ausgezogen, einen Kurzurlaub in einem Wellness-Hotel gönnte, einen Bergwanderführer kennengelernt zu haben. Er ging täglich vom Hotel aus mit Interessierten eine Route und erzählte ihr, dass die Ausbildung zum Bergwanderführer in 3 Modulen à 4–7 Tage für sie locker zu schaffen ist. Außerdem keimte durch dieses Seminar in Resi der Wunsch auf, Frauen zu coachen, die in ähnlichen Situationen steck(t)en wie sie und ihr Leben eigenverantwortlich und selbstbestimmt (wieder) in die Hand nehmen woll(t)en.

Nun war die Idee geboren, Coaching mit den Bergen zu verbinden. Schnell fiel ihr die Bezeichnung „Gipfelcoach" für sich ein und sie begann 4 Ausbildungen. Zur Mediatorin und zum zertifizierten Coach, zur autorisierten „Tiroler Bergwanderführerin" und zur „Skilehrerin Level 1". Alles lief bestens und innerhalb eines Jahres hatte sie alle Scheine in der Tasche.

Es kostete sie allerdings sehr, sehr viel Mut, den Schritt in die Selbstständigkeit zu gehen. Denn aufgewachsen war sie in einem Elternhaus, in dem beide Eltern angestellt waren. Auch ihr Ex-Mann war Angestellter und Resi selbst bis dahin ja ebenfalls. Und dementsprechend war auch ihr Mindset das einer Angestellten. Letztendlich siegte aber die Neugierde, ob sie es schaffen kann, den Wunsch nach Freiheit und die Sehnsucht, ihre Leidenschaft zu leben, zu verwirklichen.

Im November 2019 lernte sie über Facebook einen Südtiroler kennen, der in Reischach am Kronplatz ein Chalet für 6 Personen besitzt und ihr anbot, dort eine Veranstaltung zu organisieren. Resi konzipierte sofort ein Ski-Retreat für 5 Frauen, die zum einen ihr Skikönnen verbessern und beim Skifahren in den Flow kommen wollten, und zum anderen sich eine Auszeit nehmen wollten. Yoga am Abend, Meditationen, Mindsetarbeit und gesundes Essen standen auf dem Programm. Im Januar 2020 hatte sie eine vorläufige Website mit ihrem Angebot online und Ende Februar ihr Gewerbe angemeldet. Letzteres wäre für das Coaching-Business nicht notwendig gewesen, aber Resi empfahl darüberhinaus auch noch Gesundheitsprodukte. Anfang März 2020 sollte es für eine Woche losgehen. 2 Tage vorher war alles gepackt, das Konzept in trockenen Tüchern und die Vorfreude groß. Tja, und dann wissen wir ja alle, was passiert war ...

Resi war kurz in der Schockstarre, tröstete sich dann aber sehr schnell damit, dass sie gar keine Umsatzeinbußen hatte, weil sie ja noch gar keinen Umsatz hatte, und erklärte es sich selbst als „Umsatzverschiebung". Dennoch, und das wurde ihr erst viel später klar, entstand in diesem Moment vermutlich schon ein „kleines" Trauma. Ihr Verstand sagte ihr zwar immer wieder „Umsatzverschiebung" und „es geht ja allen gleich" etc., aber auf körperlicher Ebene machten sich Symptome bemerkbar. Morgens kam sie schwer aus dem Bett, nachmittags musste sie sich zum Power Nap hinlegen und auch sonst war sie oft schlapp und antriebslos! Es fühlte sich an, wie wenn sie beim Schwungholen gegen eine Wand gelaufen wäre. Und der Körper lügt ja bekanntlich nicht!

Und da kam wieder der Berg ins Spiel. Alles war geschlossen und man durfte nichts mehr, außer in der Natur sein und frische Luft schnappen. Das zwar teilweise nur bedingt, im Umkreis von 5 km, aber das war Resi egal, denn sie war nach einer vorbildlichen und braven Kindheit irgendwann ein bisschen zur Partisanin mutiert. KEINER konnte ihr verbieten, etwas für ihre Gesundheit zu tun, sich zu bewegen und einer tiefen Krise entgegenzuwirken. Wieder einmal ein Punkt in Resis Leben, an dem es hieß, resilient zu sein. Und an dieser Stelle möchte ich den Bogen von der Natur und insbesondere den Bergen zur Resilienz schlagen.

Was macht die Natur mit uns?

Für Resi war sie der absolute Rettungsanker. Fernab von den sich überstürzenden Ereignissen und den Horrormeldungen kam sie auf dem Berg in die Stille. Um sie herum der erwachende Alpenfrühling mit den ersten Bergblumen, die Bienen summten und taten ihre wichtige Arbeit (sie bekamen ja keine Nachrichten und waren deshalb völlig unbeeindruckt), die Sonne wärmte ihre geschundene Seele, auf dem Gipfel sitzend, sah die Welt unter ihr klein und völlig normal aus. Ein Ort zum Abschalten und Krafttanken! Hier entstand auch Resis Slogan für ihr Gipfelcoaching-Business „Perspektiven von oben entwickeln".

Im September 2020 startete sie ihr erstes Gipfelcoaching mit 3 Frauen. Es war eine 3-tägige Hüttenwanderung im Verwall, oberhalb von Galtür in Vorarlberg. Und diese Tour übertraf gleich voll und ganz ihre Erwartungen. Die Kulisse oberhalb der Baumgrenze, denn der Ausgangspunkt liegt schon auf 1820 Meter über dem Meeresspiegel, war von Anfang an grandios. Die Teilnehmerinnen waren alle offen für das, was kommen mochte, was die Tour mit ihnen machte, und sie passten perfekt zusammen.

Das Programm bestand aus einer persönlichen Zielformulierung, aus Achtsamkeits- und Atemübungen, während des Wanderns und in den Pausen, aus Meditationen, Impulsen, Reflexionsaufgaben und Dankbarkeitsritualen. Einen Tag lang klingelte alle 2 Stunden der Wecker und die Teilnehmerinnen durften sich 5 Dinge überlegen, für die sie gerade dankbar waren, immer wieder neue Dinge! Es gab eine Kraftfresserübung und eine Menge Spaß. Jede hatte ein kleines Notizheftchen dabei, um sich ihre Nuggets aufzuschreiben.

Resi und ihre Coachees erspürten die Natur als Raum für die unendlich vielen Möglichkeiten, die es in ihrem Leben gab. Sie begingen den Weg mit allen Sinnen und fanden Analogien zu ihrem jeweiligen Lebensweg. Überwundene Hindernisse oder gemeisterte Streckenabschnitte konnten den berühmten Aha-Effekt geben, wenn die Situation auf das Leben übertragen wurde. Manchmal brauchte es auch ein wenig Mut, woran die Mädels gewachsen sind. Ideen konnten geboren werden, da der Geist in der Natur zur Ruhe kam. Raufgehen, um runterzukommen!

Die Berge sind ein idealer Kraftort, um sich mit Lebensthemen auseinanderzusetzen, sich Fragen zu stellen und hinzuhören. Die Antworten liegen auf dem Weg. Das Wandern bringt nicht nur den Körper, sondern auch den Geist in Bewegung. Durch die Verbindung der beiden Gehirnhälften, in der diagonalen Bewegung von Armen und Beinen, werden Prozesse in Gang gesetzt und die Kreativität für neue Lösungsmöglichkeiten angeregt. Wer „trittsicher" wird, kann besser Entscheidungen fällen. Und wer schließlich den Gipfel erreicht hat, der spürt, was ihm noch alles möglich ist! Die Teilnehmerinnen sahen wieder Licht am Horizont. Die Kraft und die Gewaltigkeit der Natur machten sie stressfrei und brachten ihre Seelen zum Leuchten.

Und so sind auch zahlreiche weitere Gipfelcoachings verlaufen. Es war immer eine große Bereicherung für die Teilnehmer. Und in Resi wuchs die Klarheit, dass sie auf dem richtigen Weg ist und dies ihre Aufgabe in ihrem Leben ist. Menschen in die Bergnatur begleiten und ihnen helfen, wieder in ihre Kraft und in ihre Mitte zu kommen. Die Berge sind also das perfekte Resilienztraining.

Warum? Sie liefern, wie schon erwähnt, Analogien zum Leben. Hier kann der Wanderer spielerisch üben, wie er belastende Umstände „bei den Hörnern packen" und die Erkenntnisse auf seine Alltagssituationen übertragen kann.

Wenn ein Mensch in einer Krisensituation steckt, kann er oft keine Entscheidungen mehr treffen. Also muss der Entscheidungsmuskel trainiert werden. Bestens geeignet hierfür ist eine Bergwanderung, die bereits damit beginnt, sich für einen bestimmten Berg und dann für eine von den oft mehreren Routen hinauf zu entscheiden.

Im Resilienztraining übt man den Umgang mit Unerwartetem. Das ist auf dem Berg z. B. ein Steig, der sehr mit Wurzeln durchzogen und dadurch streckenweise etwas beschwerlicher ist ... so wie auch ein ganz normaler Lebensweg. Oder ein plötzlich aufziehender Regenschauer, der an den Wanderern, ausgestattet mit Regenjacke und Regenhülle für den Rucksack (immer im Gepäck, auch im Sommer!), unbeschadet vorüberzieht, und anschließend die Sonne, die sie wieder trocknet und wärmt.

Manchmal führt eine Tour die Teilnehmer in einen dunklen Wald, der entweder als trist wahrgenommen wird oder im Sommer auch einen schönen, kühlen Schatten spendet. Manchmal geht der Weg über eine große, weite Bergwiese, sie ist hell und fühlt sich frei an. Es geht darum, anzunehmen, was ist!

Klar kann so eine Bergwanderung je nach Kondition und Übung eine Belastung sein. Deshalb sucht Resi als Gipfelcoach die Touren für ihre Coachees sorgfältig nach deren Können aus. Dennoch ist es wichtig, die Teilnehmer auch nicht zu unterfordern. Die Lernaufgabe ist ja auch, sich gewissen Herausforderungen zu stellen und diese zu meistern. Wenn also eine im Moment als Belastung wahrgenommene Situation auf dem Berg bewältigt wird, ist der Coachee daran gewachsen. Jede Krise ist eine Chance!

Eine gute Metapher für die Übernahme der Eigenverantwortung auf dem Berg ist die Situation, dass man sich verläuft, den Weg nicht mehr findet oder an einer Stelle falsch abgebogen ist. Auch hier kann geübt werden, wie man sich in solch einer Situation verhält. Der Wanderer ist nicht das Opfer der Umstände, dass die Beschilderung schlecht ist oder der Weg nicht richtig markiert ist. Mit einer guten App, einem Kompass (auf dem Handy), dem Sonnenstand und einer Karte kann auch diese Herausforderung gelöst werden, wie Resi selbst schon einige Male erlebt hat.

Die Selbstwirksamkeit wird auf dem Berg automatisch gefördert. Denn es ist zweifelsohne eine körperliche Herausforderung, manchmal auch eine mentale, die das Vertrauen in die eigene Tüchtigkeit stärkt. Wichtig dabei ist, den Fokus immer nur auf den nächsten Schritt zu legen, nicht den ganzen großen Berg vor sich sehen, sondern die nächste Etappe anvisieren. Die Teilnehmer von Resis Gipfelcoaching wachsen oftmals über sich hinaus und sind anschließend erstaunt, was sie alles geschafft haben. Das zieht natürlich sofort innere Stärke nach sich.

Wenn diese Punkte als positive Erfahrungen verbucht werden und der Coachee schließlich einen Gipfelsieg errungen hat, wenn er am Gipfelkreuz steht und das gigantische Panorama vor Augen hat, dann erkennt er die Sinnhaftigkeit seines Tuns automatisch.

Resi macht von ihren Kunden gerne ein Gipfelkreuzfoto mit ausgestreckten Armen, in Siegerpose und gibt ihnen den Tipp, dieses Foto als Anker mit in ihren Alltag zu nehmen, z. B. als Bildschirmhintergrund auf dem Handy oder Rechner, als Mousepad, auf der Bürokaffeetasse oder ähnliches. Die Rückmeldungen sind erstaunlich. Alle fühlen sich gestärkt und bekommen immer wieder den positiven Impuls im Alltag, dass sie auch hier die genannten Punkte umsetzen können und alles schaffen können, was sie sich vorgenommen haben.

Ist Resilienz also erlernbar?
Ein ganz klares JA! Vor allem beim Gipfelcoaching. ☺

Das End von der Geschicht ist, dass Resi zum einen für sich selbst den Berg als Resilienztraining schätzt und liebt. Und zum anderen ihre Berufung gefunden hat, dies auch anderen Menschen zu vermitteln. An dieser Stelle sei erwähnt, dass es nicht immer hohe Berge und große Kraftanstrengungen sein müssen. Resi hat für jede Kondition und mentale Verfassung Touren unterschiedlichen Schwierigkeitsgrades. Es kann auch mal eine Wanderung in der Ebene um einen Bergsee sein. Hauptsache Berg, im Sinne von Ambiente, Ausblick und Energie spüren!

Ich möchte schließen mit einem Zitat von Marie Freifrau von Ebner-Eschenbach:

> **„Wenn es einen Glauben gibt, der Berge versetzen kann,
> so ist es der Glaube an die eigene Kraft."**

Hier geht es zur Website von Andrea Kausche:
www.gipfelflow.de

VOLKER SCHWEIDLER

Jahrgang 1961, lebt seit seiner Geburt im oberbay-
rischen Ruhpolding. Er arbeitet seit
4 Jahrzehnten als gelernter Brauer und Mälzer
und Getränke-Betriebsmeister.
Der leidenschaftliche Bergsteiger gilt als eine
konstante Größe im örtlichen Theater- und
Trachtenverein. Unter seinem Pseudonym
„Franz Xaver Krauttreter" veröffentlicht er
in der regionalen Presse satirisch hintersinnige,
auch widersinnige, aber niemals unsinnige
Glossen und Essays.

Betrachtung und Bewältigung eines Seeleninfarkts
von Franz Xaver Krauttreter

Worum geht es?

„Geht's dir gut?" Wenn du die Frage so stellst, wirst du mit der Antwort nicht zufrieden sein. „Geht's dir gut?" Was ist das für eine Frage in der heutigen Zeit? Auf jeden Fall keine W-Frage. Worum? Was? Warum? Wie? Mit diesen Fragen gäbe es eventuell noch die Möglichkeit, das aktuelle eigene Befinden zu beschreiben oder gar zu erklären. Aber „Geht's dir gut?" lässt nur eine Antwort zu. Früher hat man höflichkeitshalber das Gegenüber gefragt: „Na, wie geht's dir oder euch?" Da war noch eine gewisse Unwägbarkeit in der Antwort zu erwarten, obwohl auch damals die Antwort zu 99 % „gut" war und mit „und selbst?" postwendend retour kam. „Auch gut", ganz klar, und das geflügelte Wort „Schlechte Leute geht's immer gut, hahaha!"

gibt's als humoristische Zugabe obendrein. „Geht so", „Muss ja", „Nicht so toll" oder „Ich habe schon schönere Tage erlebt" ist euphemistisches Ankleiden der nackten Wahrheit. Mein Lieblingsmärchen ist „Des Kaisers neue Kleider" von Hans Christian Andersen.

Man muss nichts verbrennen, man könnte es doch auch thermisch behandeln. Man kann sich mit Sondervermögen maßlos verschulden, und wer einfach zu dick ist, hat einen überproportionalen Body-Mass-Index. Die Legehennen Haltung in Käfigen heißt jetzt Kleingruppenhaltung, als einer von vielen Gipfeln bürokratischer Absurditäten. Und wenn Vollidioten randalieren und Rettungskräfte (!) angreifen, hatten sie eine schwere Kindheit und haben keinen Respekt vor den staatlichen Institutionen, aber es sind keine Vollidioten. Sie sind bildungsfern, aber nicht blöd, oder etwa doch? Viel zu viele Fragen für viel zu wenige Antworten. Oder Antworten gibt es genügend, aber die passenden Fragen fehlen. Es gibt keine blöden Fragen, nur blöde Antworten, oder etwa doch, weil die Dummheit gesellschaftsfähig wurde? Und die Menschen, die vorher fragen, ob sie ein Foto machen dürfen, werden leider immer weniger.

Alles wird so viel einfacher, wenn die Antworten vorgegeben sind oder die Antwort in der Frage schon enthalten ist. Wie wenn der Sportreporter dem intellektuell nur auf seine Disziplin fokussierten Berufssportler die Frage stellt: „Haben Sie vor dem Wettkampf schon gefühlt, dass Sie heute gewinnen werden, oder merkten Sie erst im Wettkampf, dass heute ein Sieg möglich ist?" Und der antwortet zum hundertsten Male: „Ich habe mich heute gut gefühlt und wollte mein Bestes geben." Sportberichterstattung aus der untersten Journalistenschublade, so einfach wie möglich, jederzeit wiederholbar, fantasielos, kreativlos. Viel Transpiration, wenig Inspiration. Wenn es sein muss auch bis zur totalen Verblödung, schleichend und nicht zu stoppen.

„Geht's dir gut?" – „Nein, verdammt noch mal, mir geht's nicht gut, mir geht's sogar richtig beschissen, wenn du es genau wissen willst." Das Problem ist, „nicht gut" will keiner wissen, das ist negativ. Da hast du im „Schneller-höher-weiter-Hamsterrad" etwas falsch gemacht und bist mehr oder weniger gescheitert. Denn der Macher macht, macht alles richtig und hat keine Zeit. Sobald er Zeit hat, ist er nicht mehr wichtig, weil er in dieser Zeit auch einmal nichts tun könn-te. Das ist so nicht vorgesehen. „Keine Zeit" ist heute ein Statussym-bol und gehört untrennbar zu Erfolg und Besitz. So wie es Heinrich Böll in seiner „Anekdote zur Senkung der Arbeitsmoral" vortrefflich formuliert hat. Das Alpha-Männchen hat die Macht und auch die Ver-antwortung und stirbt, von der Leistungsgesellschaft hoch angese-hen, frühzeitig an einem Herzinfarkt oder einem Schlaganfall den modernen Heldentod.

Was ist los mit mir?
Alarm! Alarm? **A L A A A R M !** Das ist keine Übung, es geht um Leben und Tod. Wer die Wolfgang Petersen Verfilmung von Lothar Günther Buchheims Roman „Das Boot" gesehen hat, weiß, was ich meine. Der feindliche Zerstörer ist plötzlich, wie aus dem Nichts, unmittelbar vor Ort und wirft Wasserbomben vor meinen Bug. Und es sind beileibe nicht nur Warnschüsse. Wer „Star Trek" gesehen hat, weiß, was ich meine. Das Raumschiff wurde angegriffen und schwer getroffen. Es droht manövrierunfähig in der Unendlichkeit des Universums zu ver-schwinden. Wer „James Bond" gesehen hat, weiß, was ich meine. Die Kommando-Zentrale des Bösewichts, des die Weltherrschaft anstre-benden Superschurken, geht in Flammen auf und droht zu explodie-ren. Die Überdruckventile öffnen sich, Warnlichter und Sirenen wei-sen unmissverständlich auf die bevorstehende Katastrophe hin, es hupt, blinkt und heult.

Der Flipperautomat ist „tilt"! Eine gewaltige Lawine fegt über mich hinweg und dann ist nur noch Stille. Der Anzeigenmodus auf der Intensivstation würde jetzt auf „Deadline"-Dauerton umschal-ten, „Exitus"? Irgendwer hat mir den Stecker gezogen. Nicht irgend-wer, ich war es selbst. „Rien ne va plus", nichts geht mehr. Kein Po-chen, kein Pulsieren, kein Luftzug mehr. Körper und Psyche riefen „stopp, nicht mehr weiter, stehen bleiben oder ich schieße!" Mein „Volle-Kraft-Voraus-Kreuzfahrtschiff", es war wohl ein „Luxusliner", hat trotz „Volle-Kraft-Zurück" einen sehr langen Bremsweg und treibt jetzt als einsames Tretboot auf dem schier endlosen Ozean. Aber ich bin nicht verloren, Gott oder wem auch immer sei Dank ist die See ruhig und ich wurde von der Lawine nicht zu tief verschüttet. Licht schimmert durch die Schneedecke. In meinem Schädel herrscht Chaos, es brummt und singt und klingelt und ich sehe grelle Sternchen auf mich zukommen. Gehörsturz oder Schlaganfall sind meine ersten Gedanken.

Ich rufe noch selbst den Notarzt, der auch sofort zur Stelle ist. Er sagt gar nicht viel, schaut mich lange an, packt mich in den Krankenwagen und nimmt mich mit. Es folgen Tränen, einfach so, mit einem nicht zu verhindernden Weinkrampf reagiere ich folgerichtig auf einen Seeleninfarkt. Stunde null – Ground Zero.

Warum ist es so weit gekommen?
Medizinisch nüchtern betrachtet lautet die Diagnose: Rezidivierende depressive Störung, schwere Episode ohne psychotische Symptome. Innere Unruhe, Freudlosigkeit, negatives Gedankenkreisen sowie somatische Beschwerden im Sinne von Herzrasen und Druck auf der Stirn, ausgeprägte Antriebslosigkeit und vermehrte Grübelneigung. Psychiatrische Vorgeschichte: Nach einem Arbeitswechsel vor ca. 20 Jahren die erste depressive Krise. Suchtanamnese: Kein Nikotin, 1 Bier täglich beim Abendessen, kein Drogenkonsum. Forensische Anamnese: Keine Schulden, keine Vorstrafe, Führerschein vorhanden. Psychopathologischer Befund: Patient ist wach, allseits orientiert, nicht alkoholisiert. Aufmerksamkeit und Konzentration sind intakt, formalgedanklich geordnet, keine Angst- oder Zwangssymptomatik. Affektiv herabgestimmt und gedrückt, inhaltlicher Gedankengang unauffällig. Keine Hinweise auf Halluzinationen, Ich-Störungen oder gesteigerte Aggressivität. Antrieb gemindert, Psychomotorik normal. Von akuter Suizidalität glaubhaft distanziert, Krankheitseinsicht und Behandlungsbereitschaft vorhanden. Patient im normalen Allgemeinzustand, neurologisch orientierend unauffällig.

Es folgt die Aufnahme in eine offene Psychosomatik-Station mit medikamentöser und psychotherapeutischer Behandlung sowie Integration in das multimodale Therapieprogramm, bestehend aus

Ergo- und Kreativtherapien, Sport- und Bewegungstherapie, Entspannung, Akupunktur und Einzel- und Gruppentherapien.

Ziel ist der Aufbau angenehmer Aktivitäten und der Abbau dysfunktionaler Einstellungen und Gedanken. Der Patient erkannte seine Tendenz, sich zu überlasten. Insgesamt besserte sich seine Stimmung nach anfänglicher Ungeduld und Unzufriedenheit sehr rasch. Daher kann in einem weitgehend remittierten Zustand die Entlassung aus der stationären Behandlung erfolgen. Wir empfehlen nach weiterer Stabilisierung eine stufenweise Wiedereingliederung.

Persönlich emotional betrachtet lautet die Diagnose: „Einer flog über das Kuckucksnest", und das ist ausnahmsweise nicht ironisch gemeint. Die ersten Tage und Nächte in der Klinik dämmere ich im Halbschlaf vor mich hin. Oder befinde ich mich bereits in einer Art Wachkoma? Es ist mir in diesem Augenblick egal. Meine Gedanken sind anfangs diffus und vernebelt. Stoisch wie die Ochsen auf der Weide bei Dauerregen ertrage ich alles. Auch das wird vorrübergehen, soweit bin ich immerhin schon. Mein demolierter Verstand organisiert sich langsam wieder und sucht Antworten auf die Fragen: „Was jetzt?" und „Warum konnte es so weit kommen?"

Nun, ich werde sechzig, aber eine vorgezogene Rentnerdepression hatte ich schon mit vierzig als „Midlife-Crisis". Mein damaliger, langjähriger Arbeitgeber ging in Insolvenz und das Trauma Arbeitsplatzverlust und die daraus resultierenden Zukunftsängste konnte ich bis heute noch nicht ganz überwinden.

Daheim warteten meine drei kleinen Töchter und eine nie mit sich ins Reine gekommene Ehefrau. Ihre Kindheit in einem streng katholischen Elternhaus konnte sie nie aufarbeiten oder bewältigen oder sich von ihrem gottgleichen Vater und dessen Macht über die Familie lösen. Widerworte oder Aufbegehren wurden nicht geduldet und im Keim erstickt. Eine diesbezügliche Aussprache oder Auseinandersetzung wurde nie ernsthaft in Erwägung gezogen oder in Angriff genommen.

Ab der Volljährigkeit ist man für sich selbst verantwortlich. Richtig bewusst wurde mir das erst, als mein Vater mit nur 66 Jahren starb. Natürlich hat man schon sein eigenes Leben mit eigener Familie, trotzdem fühlt man sich irgendwie alleingelassen, eine bis dahin immer vorhandene Rückendeckung ist auf einmal verschwunden, die Verantwortung für Familie und Firma bleibt. Hinzu kommen Jahrzehnte in der Getränkeindustrie in leitender Position. Die Lebensmittelproduktion ist zwangsläufig ein sensibler Bereich und läuft nur mit besonderer Sorgfalt. Aber das ist nichts Außergewöhnliches, das machen Millionen tagtäglich in ihrem Beruf. Ich werde niemals der unpünktliche Typ sein, dem alles irgendwo vorbeigeht und der locker über allem steht. Obwohl ich mir das von Zeit zu Zeit wünschen würde, aber sicher nicht für mein ganzes Leben. Übersteigertes Pflichtbewusstsein und ein ungesunder Männlichkeitswahn, der Indianer kennt keinen Schmerz, wurden problematisch. Ich schaffe das, und zwar allein ohne Hilfe. Kundenreklamationen, es waren tatsächlich sehr wenige, sah ich als persönlichen Angriff. Das Alter tut ein Übriges. Nach vierzig Jahren Flaschenabfüllung, auch der ständige Lärm wirkt auf den ganzen Körper und ist nicht zu unterschätzen, sinkt die physische und psychische Belastbarkeit deutlich. Aber ich bin nicht allein. Die erste Bekanntschaft in der Klinik ist ein 46-jähriger Verkehrsflugzeugpilot, auch ein Berufsfeld, das höchste Sorgfalt erfordert, der mit Angststörungen zu kämpfen hat und wohl nie mehr fliegen darf. Und ein 40 Jahre alter Landwirt kam auf mein Zimmer, der seit seiner Kindheit mit sämtlichen Landmaschinen bestens vertraut ist und von einem Tag auf den anderen so blockiert war, dass er nicht mehr in seinen Traktor steigen konnte. Landwirte sind überproportional betroffen, meist im Nebenerwerb, kaum Freizeit, wegen Stall-Neubau verschuldet und in einer oft jahrhundertealten Familientradition gefangen.

Und er schnarchte, er schnarchte gewaltig, da half auch keine Akupunktur, und die Androhung von körperlicher Gewalt auch nicht. Wie bitte soll man regenerieren, wenn man angeschlagen ist und an einen so wichtigen, erholsamen Schlaf nicht zu denken ist? Ein Problem, dem auch das Pflegepersonal machtlos gegenübersteht. Aber eine Krise bietet oft eine neue Chance, kein Nachteil ohne Vorteil. Rückblickend war das der Moment, wo mein Tiefpunkt überwunden war, denn ich musste handeln. Ich werde mich von dieser Welt, über die ich mir Zeit meines Lebens viel zu viele Gedanken gemacht habe, nicht unterkriegen lassen, weil ich keine andere habe. Ich ziehe aus. Im nachts ungenutzten Yoga-Raum baue ich mir ab sofort jeden Abend ein Bett und schlafe wie ein Baby. Erst heimlich, dann offiziell mit Zustimmung der Ärzte. Es geht aufwärts, bei langen Spaziergängen hatte ich viel Zeit nachzudenken, die Gedanken wurden nach und nach positiver und ich kann meine Situation akzeptieren. Die viele Zeit, die man hat, ist Teil der Therapie, um sich mit sich selbst auseinanderzusetzen. Nach Yoga- und Tai-Chi-Stunden plane ich in Gedanken ein Kasperltheaterstück. In der Ergotherapie hätte ich einen Nistkasten nach vorgegebenem Plan bauen können. Ausschließlich aus Holzabfällen baute ich nach meinen eigenen Plänen ein Vogel-Traumhaus, für einen Balkon war leider die Zeit zu knapp. Über dem Einflugloch habe ich „Jeder hat einen Vogel" eingebrannt, und das brauchte ich auf meiner Festplatte zwischen den Ohren nicht speichern, es war wohl immer schon so hinterlegt. Da musste sich sogar der Arzt, der sich immer ernst und professionell gab, ein kurzes positives Kopfschütteln abringen. Ich bin ich und werde es auch bleiben und mein Standpunkt ist glücklicherweise nicht festbetoniert.

Wie geht es weiter?

Die Höhen und Tiefen gehören wohl zum Menschsein dazu. Es gibt auch Menschen mit unsagbar tragischen Schicksalen, und wenn es richtig schiefläuft auch doppelt und dreifach. Und trotzdem schaffen sie es, bewundernswert positiv in die Zukunft zu blicken. Weil sie erkannt haben, dass das Leben nicht fair ist, aber trotzdem schön. Runter vom Gas, wer langsamer fährt, kommt auch ans Ziel, kann Hindernisse frühzeitig erkennen und verliert nicht so schnell die Kontrolle über seinen Lebensweg. Also, wie geht es weiter? „Show must go on!" Und die Show ging weiter, und wie! Meinen 60. Geburtstag musste ich in der Klinik feiern, wobei zum Feiern war mir überhaupt nicht zu Mute, und wegen strenger Corona-Maßnahmen waren Besuche nicht möglich. Dann reisten meine Freunde an, die wirklich guten, die echten, mit Biertischgarnitur und Weißwurst-Frühstück. Mit diesem inoffiziellen Besuch in einer infektionsschutztechnischen Grauzone (dunkelgrau!) bescherten sie mir eine emotionale Achterbahnfahrt ohne Gleichen, mit Tränen, die natürlich nur vom Fahrtwind verursacht wurden. Wirklich schräg. Wir passen so gut zusammen, weil sie so sind, wie sie sind, zuweilen auch gnadenlos ehrlich. In Gesellschaft dieser Freunde denke ich mir, bei mir ist alles in bester Ordnung. Wir wissen von allem den Preis, aber selten den Wert. Freunde, die zu einem stehen und denen nichts, aber auch gar nichts zu blöd ist, sind sehr, sehr wertvoll. Auch am Arbeitsplatz erfuhr ich eine unglaubliche Solidarität und Unterstützung. Ich konnte den Betriebsleiterposten abgeben und meine Arbeitszeit reduzieren. Eine neue, mit dem Internet aufgewachsene Generation vollzieht endgültig den Wechsel von der analogen zur digitalen Arbeitswelt. Die neue, mit dem Internet aufgewachsene Generation ist nicht nur „smart", sondern sie kann auch was, fachlich und menschlich. Sie gibt mir die Möglichkeit loszulassen, aber ihr trotzdem noch beratend zu Seite stehen zu dürfen. Die Jungen machen vieles anders und einiges besser als ich. Auch privat kann ich loslassen. Meine Kinder werden ihre eigenen Wege gehen mit allen erdenklichen und unausweichlichen Höhen und Tiefen. Mit Umwegen, Irrwegen und hoffentlich immer auch Auswegen. Sie schenkten mir eine Tasse, die mich zutiefst berührte. „Glück ist, einen Papa wie dich zu haben." Meine eheliche Beziehung wird überdacht und neu eingeordnet. Empathie im Sinne von Einfühlungsvermögen ist vorhanden, Sympathie im Sinne von Übereinstimmung, von gleicher Richtung, war von Anfang an zu wenig vorhanden, und das wird wohl auch so bleiben. Zu Beginn war es sicherlich ein wenig romantisiert, eine Harmonisierung oder gar eine Synchronisierung gab es nie. Aber das ist nicht tragisch, das geht vielen anderen genauso. Man sollte es nur ansprechen und nicht mehr schönreden. Die fiktiven, utopischen Rosamunde Pilcher Lovestorys vom „Rosaroten Ponyhof" gibt es sowieso nur im Roman oder im Fernsehen. Ehepaare mit gleichen Regenjacken sind für mich der blanke Horror. Es geht darum, Unwichtigkeiten zu erkennen und Nichtigkeiten ins Leere laufen zu lassen. Mit den Kräften hauszuhalten und die Chancen sehen, die die Krise als eine heilsame Störung bringt. Wenn es so einfach wäre! Aber das ist es in dieser Situation ganz und gar nicht. Sich eingestehen, dass man sich von einem Moment auf den anderen selbst eine Pause angeordnet hat, ist schwierig. Aber auch heilsam, weil es den beschwerlichen Weg zu Weisheit und Gelassenheit durchaus vereinfachen und erleichtern kann. Dass an diesem Weg keine Wegweiser stehen, ist hinlänglich bekannt. Ein kurzer „reset" mit ausschalten – einschalten – geht wieder, ist in den meisten Fällen zu einfach gedacht.

Ich habe Termine für eine Psychotherapie und stelle mich, nach anfänglichem Zögern, der Herausforderung. Zu Beginn war es eher mühsam und holprig, aber das Frage- und Antwortspiel mit der Psychologin wurde von Mal zu Mal routinierter und schließlich sogar recht unterhaltsam. Ich avancierte zum Geschichten-Erzähler und sie hörte mir zu. Es wurde die Story meines ganzen Lebens, vom Actionheld zum Vorruheständler, im Bauerntheater würde man vom jugendlichen Liebhaber zum Austragsbauer oder zum verkauften Großvater sprechen. Und das war gut so. Nicht mehr und nicht weniger. Das Fazit der Psychologin brachte es auf den Punkt: „Ich sei grundsätzlich ein durchweg positiver Mensch, ich müsse nur viel öfter daran denken. Und einen kleinen Sinn des Lebens gibt es immer". Ich denke mir: ‚Da hätte sie auch ohne Diplom recht'.

Ich bin auf dem richtigen Weg, aber in entgegengesetzter Richtung. Und das ist keineswegs negativ zu beurteilen. Die Frage: „Ist es wirklich so schlimm?", oder die Aussage: „Es könnte schlimmer sein.", sind keine abgedroschenen Phrasen, sondern durchaus hilfreich. Ein wohldosierter Fatalismus ist in Bayern Normalität. Dinge, die man sowieso nicht ändern kann, werden lapidar mit „Ja mei" kommentiert. Das Leben verlangsamen, könnte auch ein Weg sein, denn „wenig Zeit" vergeht schneller, „viel Zeit" vergeht langsamer. Ob dann das Leben, wenn man viel Zeit hat, auch länger dauert, konnte selbst Albert Einstein nicht endgültig klären. Er wusste nur, dass es relativ ist.

Wind aus den Segeln nehmen, durchatmen und auf dem Teppich bleiben, bei mir ist es ab und zu ein fliegender. Nur ein Rückschritt kann ein Fortschritt sein und das ist mittlerweile in vielen Bereichen so. Zeit zu haben ist neben Gesundheit der wohl größte Luxus. Diese Zeit will irgendwie ausgefüllt werden. Gerne mit nichts tun oder mit bewusstem, intensiv dümmlichem Grinsen. Lächle, dass es gewesen ist. Es gibt nicht nur negative Dinge, die sich über Jahrzehnte ansammeln und aufstauen und irgendwann das Fass zum Überlaufen bringen. Da geistern auch positive Wünsche und Träume durch den Hinterkopf. Was ich schon immer mal machen wollte, irgendwann. Wann? Jetzt! Das Leben ist zu kurz für „irgendwann". Unsere Wanduhr zeigt seit 90 Jahren ohne nennenswerte Unterbrechungen die Zeit an. Tick, tack. Ohne Elektronik, wahrscheinlich über 3.000-mal aufgezogen. Tick, tack. Ist das viel oder wenig? Schon wieder eine Frage ohne Antwort. Tick, tack. Man könnte alte, in Vergessenheit geratene Freundschaften reaktivieren. Offen auf die Leute zugehen, was kann schon passieren? Im schlimmsten Fall gab es oder gibt es einen längst vergessenen Grund, warum die Beziehung nie richtig in Schwung kam oder nie richtig beendet wurde. Eher wahrscheinlich geht es dem Gegenüber aber ähnlich und es hat sich nur nicht getraut.

Für mich habe ich mir meine sehr persönlichen Säulen der Weisheit zurechtgelegt. Ein Roman, wie bei T. E. Lawrence wird es sicher nicht, aber das ist auch nicht mein Anspruch, so vermessen oder so von mir selbst überzeugt bin ich dann doch nicht, aber sie helfen mir, kreativ zu bleiben. Denn eines will ich bestimmt nicht! Ein vorgedrucktes Poesiealbum ausfüllen: Mein Lieblingsessen, welchen Star finde ich cool, mein Lieblingstier, wen möchte ich einmal treffen? Im Erwachsenenalter geht es mit Ausfüllbüchern weiter. „Ein Guter-Tag-Tagebuch" ist ein Selbstliebe- & Dankbarkeitsbuch: Das habe ich heute gut gemacht, dafür bin ich heute dankbar. Das war heute schwierig. Jeden Tag? Voll krass, fast schon irgendwie abstrus! „Das 6-Minuten-Tagebuch": So mache ich den heutigen Tag wundervoll, was werde ich morgen besser machen, womit würdest du deine Zeit verbringen, wenn du für zwei Jahre in ein Gefängnis müsstest? Auch abstrus! „Papa erzähl mal: Hast du lieber drinnen oder draußen gespielt, was für eine Familie wart ihr, wie hast du deine Schwiegereltern kennengelernt?" Mit Steigerung: Noch abstruser! Mein Leben ist nicht zum Ankreuzen, / O Ja / O Nein / O Vielleicht / X Weiß nicht /. Ich löse mich von den Vorgaben und werde mir mein Denken von niemandem abnehmen lassen. Ein Querdenker zu sein, war und ist für mich ein wunderbares Kompliment. Mehr valentinesk, weniger kafkaesk.

Ich erwarte keine Wunder, denn ich weiß ziemlich sicher: Ich bin ich und ich werde mich nicht ändern, weil ich es nicht kann, aber meine Sichtweise bleibt immer veränderbar. Es ist eine Gratwanderung. Zu viel Aktion ist für meinen Geist und auch für meinen Körper genauso schädlich wie zu wenig. Eine ähnliche Crux habe ich in der Gesellschaft. Ich bin gerne in einer gutbürgerlichen, mittelständischen Gesellschaft integriert, aber oberflächliche Floskeln wie „gut siehst du aus" und „Bussi links und Bussi rechts" werden mir sehr schnell zuwider.

Mein älterer Bruder hat mir in unseren Kindertagen unsere Modelleisenbahn gerne vorenthalten. Rückblickend betrachtet zu Recht, er hatte die nicht unbegründete Sorge, dass ich was kaputt machen würde. Ich habe jetzt selbst eine Modelleisenbahn, eine kleine, eine sehr kleine, aber meine eigene. Das „Krauttreter-Kasperltheater" (Kasperlkabarett für erwachsene Kinder und kindische Erwachsene) ist kein Hirngespinst mehr, sondern feierte mit einem selbst verfassten Stück eine, nicht unerwartet, glanzvolle Premiere. Ich war beim Eisbaden, nur um zu sehen, was mein Körper aushalten kann; es war extrem, extrem schön, aber erst danach.

In unseren winterlichen Bergen gehe ich mit kurzen Kinderskiern auf Skitour. Unkonventionell, aber sehr praktisch und unkompliziert. Ich werde damit auch wieder Alleingänge machen, die seit Jahren wegen irrationaler Ängste undenkbar gewesen wären. Alleingang als Wallfahrt zu sich selbst, alles andere ist vorlaufen, nachlaufen, mitlaufen.

In der Adventszeit habe ich den alten Brauch des „Anklöpfelns" in meinem Heimatort mit großer, durchwegs zustimmender Resonanz wieder aufleben lassen. Meine Weihnachtskrippe hat es mit einem umfassenden Bericht in die Zeitung geschafft. Weil sie sehr detailverliebt und naturgetreu ist, aber nicht zuletzt auch, weil neben dem

Stall mit der Heiligen Familie, ein Aborthäusl mit einem Herzl in der Tür steht.

Und dann gibt es da auch noch meine Hinweisschilder. Am Futter-häuschen für die Vögel „Fly in" und „All inclusive", was sehr gut an-genommen wird. An meinem Briefkasten „Bitte keine Rechnungen einwerfen", was bisher aber noch nicht sehr erfolgreich war. Mein „Brennholzverleih" dagegen schon. Im Winter werden parkende Au-tos vor einer „Lachlawine" gewarnt und vor dem Nistkasten aus der Klinik sitzt ein Frosch und der hat einen richtigen Vogel. Mein neu-estes Projekt ist eine gewundene, circa 40 Zentimeter lange Wurzel, die ich beim Wandern gefunden habe. Der habe ich aus Kupferdraht eine Brille verpasst. Jetzt ist es eine Brillenschlange. Ein ernsthafter Clown wollte ich immer schon sein. Mit diesem Ziel bin auf dem Weg und erkenne im Regen den Bogen und im Wahn den Witz. Aber es bleibt ein Balanceakt.

„Geht's dir gut?" – „Gut nicht, aber besser." – „Ist doch gut, wenn's besser geht." – „Besser geht's, wenn's gut geht!" In diesem Sinne bleibt der tiefere Ernst meines Lebens heiter.

FXK

MEINE ERKENNTNISSE ...

... MEINE UMSETZUNG

NOTIZEN